AF384069

LÉGISLATION ÉLECTORALE

COMPARÉE

DES PRINCIPAUX PAYS D'EUROPE

PAR

EDMOND VILLEY

Professeur de droit constitutionnel comparé à l'Université de Caen
Doyen de la Faculté de droit
Correspondant de l'Institut.

Ouvrage récompensé par l'Institut

PARIS

L. LAROSE
Libraire éditeur
22, rue Soufflot, 22

A. PEDONE
Libraire éditeur
13, rue Soufflot, 13

1900

AUTRES OUVRAGES DU MÊME AUTEUR

Des Actes de l'interdit postérieurs au jugement d'interdiction *(Ouvrage couronné par l'Académie de législation de Toulouse)*, 1873 ; librairie Pédone-Lauriel, 1 vol. in-8° . . . . 4 fr. »»

Précis d'un Cours de droit criminel *(Ouvrage récompensé par l'Institut)*; 5ᵉ édition en 1891 ; librairie Pédone-Lauriel, 1 vol. in-8° . . . . 7 fr. 50

Du rôle de l'État dans l'ordre économique *(Ouvrage couronné par l'Institut)*, 1882 ; librairies Guillaumin et Pedone-Lauriel, 1 vol. in-8° . . . . 8 fr. »»

La Question sociale et l'Enquête sur la crise industrielle (broch.). (Épuisé.)

Traité élémentaire d'économie politique et de législation économique ; 1 vol. in-8°. (Épuisé.)

La Question des salaires ou la Question sociale *(Ouvrage récompensé par l'Institut)*, 1887 ; librairie Larose, 1 vol. in-12 . . . . 3 fr. 50

6ᵉ Édition de la Théorie du Code pénal de MM. Chauveau et Faustin Hélie, 1887-1889 ; librairie Marchal et Billard, 6 vol. in-8° . . . . 54 fr. »»

13ᵉ Édition des Leçons de droit criminel de Boitard, 1889 ; librairie Marchal et Billard, 1 fort vol. in-8° . 10 fr. »»

Le Socialisme contemporain (broch.), 1892 ; librairie Larose . . . . 1 fr. 50

Principes d'économie politique, 1894 ; librairies Guillaumin, Larose et Pedone-Lauriel, 1 vol. in-8° . . . 10 fr. »»

Le Mouvement féministe contemporain (broch.)

Le Socialisme contemporain *(Ouvrage couronné par l'Institut)*, 1895 ; librairies Guillaumin, Larose et Pedone-Lauriel, 1 vol. in-8° . . . . 4 fr. »»

Charles Fourier : l'homme et son œuvre (broch.), 1898 ; librairie Larose . . . . 1 fr. 50

L'Œuvre économique de Charles Dunoyer *(Ouvrage récompensé par l'Institut)*, 1899 ; librairie Larose, 1 vol. in-8° . . . . 7 fr. 50

CAEN — IMPRIMERIE CH. VALIN, 7 ET 9, RUE AU CANU

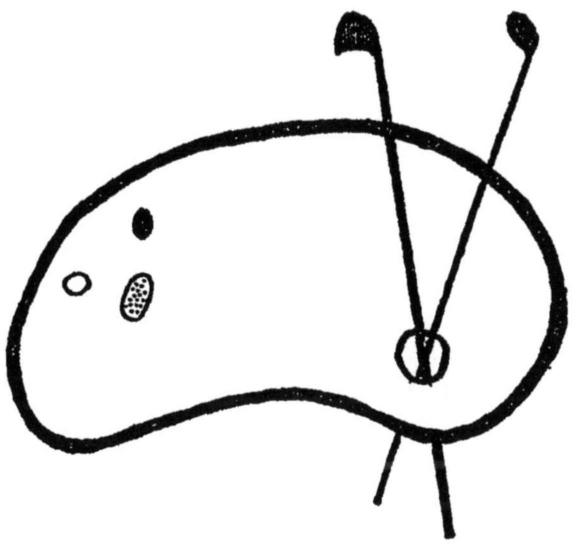

**FIN D'UNE SERIE DE DOCUMENTS
EN COULEUR**

LÉGISLATION ÉLECTORALE

COMPARÉE

DES PRINCIPAUX PAYS D'EUROPE

Ouvrage récompensé par l'Institut

L'ouvrage que nous publions n'est pas entièrement conforme au mémoire auquel l'Académie des Sciences morales et politiques a attribué une récompense de 3,000 fr. dans le concours Odilon Barrot : le plan a été changé pour grouper les développements d'une manière synthétique, et plusieurs solutions ont été modifiées.

E. V.

LÉGISLATION ÉLECTORALE

COMPARÉE

DES PRINCIPAUX PAYS D'EUROPE

PAR

EDMOND VILLEY

Professeur de droit constitutionnel comparé à l'Université de Caen

Doyen de la Faculté de droit

Correspondant de l'Institut.

Ouvrage récompensé par l'Institut

PARIS

<table>
<tr><td>L. LAROSE</td><td>A. PEDONE</td></tr>
<tr><td>Libraire éditeur</td><td>Libraire éditeur</td></tr>
<tr><td>22, rue Soufflot, 22</td><td>13, rue Soufflot, 13</td></tr>
</table>

1900

INTRODUCTION

Un courant, qui parait irrésistible, et où se remarquent à peine quelques remous négligeables, semble entraîner toutes les nations du vieux et du nouveau monde vers les institutions démocratiques, c'est-à-dire vers les institutions à base élective.

La question électorale prend, en conséquence, une importance chaque jour plus considérable ; elle domine tout l'avenir des sociétés modernes.

Cette importance est partout comprise : la législation électorale est, en tout pays libre, l'objet d'une lente et incessante élaboration, et, dans ces derniers temps, nombre d'États ont refondu complètement la leur. C'est ainsi qu'en Suisse, les cantons de Genève, de Vaud, de Neuchâtel ont fait de nouvelles lois sur les élections et votations en 1892, en 1893 et en 1894 ; que les lois belges des 12 avril, 28 et 29 juin 1894, 11 avril 1895 ont été réunies dans un nouveau Code électoral en 1895 et que la question électorale agite encore convulsivement ce pays ; qu'en Italie, un décret royal du 28 mars 1895 a approuvé le nouveau « texte unique » de la loi électorale politique ; que l'Autriche a modifié sa législation électorale en 1896, et que le Portugal, la Saxe et les Pays-Bas ont complètement refait la leur.

D'autre part, malgré ce grand mouvement de réforme, ou peut-être à cause de lui, le parlementarisme traverse manifestement, dans tous les pays où il s'est implanté, une crise grave qui préoccupe au plus haut point tous les esprits soucieux du maintien des institutions libres. Les plus optimistes comprennent qu'il fonctionne mal, que le niveau des assemblées politiques baisse et que les intérêts particuliers tendent de plus en plus à étouffer l'intérêt général.

Le moment paraît donc tout à fait opportun de faire, sur les questions les plus essentielles, une étude comparée et critique des principales législations électorales actuellement en vigueur. Nulle étude ne saurait avoir aujourd'hui plus d'importance pour l'homme d'État que celle-là ; nulle non plus ne saurait être plus attachante pour le philosophe que celle qui consiste à suivre pas à pas le grand mouvement auquel obéissent, le plus souvent inconsciemment, la plupart des nations modernes.

Remontons d'abord au principe de la souveraineté.

L'homme est fait pour vivre en société et la société est impossible sans une autorité capable de maintenir chaque individualité dans sa sphère et d'assurer le maintien de l'ordre social. Naturellement, l'homme obéit à des instincts aveugles, qui lui sont communs avec les animaux, étrangers à toute notion de morale et de droit ; sans une autorité capable de les refréner, et dans l'état d'*anarchie*, rêvé par quelques sectaires, la société ne serait qu'un immense champ de bataille et une guerre sans merci. D'ailleurs, les volontés individuelles, souvent divergentes et contradictoires, ont besoin d'une direction pour une action commune. Aussi l'histoire n'a-t-elle enregistré nulle part une société quelconque qui se soit développée sans une autorité, quelles qu'en soient la source et la forme ; et l'on peut même observer que toutes les sociétés animales obéissent à des chefs.

Cette nécessité fait apparaître un ensemble de règles qui déterminent le fondement, l'organisation et l'exercice de l'autorité sociale. Les deux premières catégories de règles embrassent le droit constitutionnel. Nous nous proposons d'étudier la première de ces catégories, en recherchant et en analysant le fondement de l'autorité sociale.

Ce fondement, si nous consultons l'histoire, nous le trouvons le plus souvent dans la Force. Mais la raison nous dit que la Force ne peut pas être un principe d'action légitime, ni dans les rapports publics, ni dans les rapports privés. La Force est un principe de lutte et de destruction, un germe de dissolution des sociétés ; il est absurde d'admettre qu'elle soit la règle des rapports sociaux ; aussi ne voyons-nous nulle part une société tant soit peu civilisée, même parmi celles où la violence a eu le plus d'empire, qui soit restée tout à fait étrangère à l'idée du Droit. Or, la plus évidente manifestation de l'idée du Droit, en même temps que la plus féconde, c'est le principe de l'égalité naturelle des hommes *en droit*.

Dans son expression la plus simple, ce principe signifie que nul individu n'a, comme tel, droit d'imposer sa volonté aux autres individus ; d'où il suit que chaque individu a un droit égal à développer son individualité sans être opprimé par ses semblables. Faut-il démontrer cela ? Mais c'est le contraire qu'il faudrait prouver ! C'est à celui qui allègue à son profit un droit à l'égard des autres à en fournir la preuve ; et, dès lors, tant que quelques-uns n'auront pas exhibé des titres supérieurs leur donnant droit de commander aux autres, l'égalité naturelle des hommes en droit devra être considérée comme une vérité évidente, qui n'a pas besoin d'être démontrée.

Cependant, en fait, il est indéniable qu'il y a entre les hommes de très grandes inégalités au point de vue intellectuel et au point de vue moral. Rationnellement, le pouvoir devrait appartenir aux plus capables et aux plus dignes ; et il serait dans l'intérêt de tous qu'il en fût ainsi. Le malheur est que nul n'a qualité pour décider qu'il est le plus capable et le plus digne et que chacun est assez porté à se croire tel.

Comment donc se fera cette désignation ? Elle ne peut résulter que de l'assentiment, du choix de tous, ou du moins du plus grand nombre ; et voilà ce qui fonde le principe de la souveraineté nationale.

Ce principe ne commande pas nécessairement telle ou telle forme de gouvernement ; mais il condamne toute forme de gouvernement contraire à la volonté nationale et implique que la constitution est toujours susceptible d'être modifiée d'après cette volonté.

Mais il faut bien comprendre le sens de ces mots « *souveraineté nationale* » et se garder de les traduire par « *omnipotence* », une confusion trop fréquente pourtant à notre époque ! Le principe de l'égalité naturelle des hommes en droit, qui fonde la souveraineté nationale, la limite en même temps ; car c'est lui aussi qui fonde la

liberté individuelle, qu'il faut de toute nécessité concilier
avec la souveraineté nationale. Si tous les hommes sont
égaux en droit, chaque homme est naturellement libre au
regard de ses semblables : je sens que j'ai un droit imprescriptible à la liberté, par cela même que je ne vois chez
aucun de mes semblables titre et qualité pour m'imposer
sa volonté, pour me commander. Cette liberté naturelle de
chaque homme n'a d'autres limites que le respect des
libertés parallèles des autres hommes et des nécessités du
maintien de l'ordre social. La raison nous dit, en effet, que
l'état social, qui est l'état naturel et nécessaire de l'homme,
implique certaines limitations de la liberté individuelle : il
est indispensable que, dans une certaine mesure, les
volontés individuelles se plient sous une direction commune et dans une action commune. La liberté individuelle
est donc, dans une certaine mesure, naturellement limitée
par l'autorité. La détermination de cette mesure est le
grand problème du Droit. Mais, comme il n'y a, en tant que
réalité vivante, que des individus réunis en société, que
la société elle-même n'est pas autre chose qu'un rapport
et une abstraction, qu'elle n'est point un être vivant,
pouvant invoquer à l'encontre des individus des droits
propres et supérieurs, et que l'État n'a de droits et d'intérêts distincts que comme représentant de la collectivité
et gardien du lien social, il en résulte manifestement, non
seulement que la souveraineté nationale n'est pas illi-
mitée, mais encore que la liberté individuelle est la règle,
et que l'autorité et la contrainte ne doivent être consi-
dérées que comme une exception à la règle, une restriction du principe, qui ne peut se justifier que par sa
nécessité.

Cela nous fixe, du moins en principe, sur *l'étendue* de la
souveraineté nationale ; cela ne nous renseigne pas sur sa
nature.

Pour J.-J. Rousseau, la souveraineté nationale, c'est le
droit de commander. « Celui qui rédige des lois, dit-il dans
« le Contrat social, n'a ou ne doit avoir aucun droit légis-
« latif ; et le peuple même ne peut, quand il le voudrait,
« se dépouiller de ce droit incommunicable, parce que,
« selon le pacte fondamental, il n'y a que la volonté

« générale qui oblige les particuliers, et qu'on ne peut
« jamais s'assurer qu'une volonté particulière est con-
« forme à la volonté générale qu'après l'avoir soumise aux
« suffrages libres du peuple. » « La souveraineté, dit-il
« encore, ne peut être représentée, par la même raison
« qu'elle ne peut être aliénée : elle consiste essentielle-
« ment dans la volonté générale, et la volonté générale ne
« se représente point ; elle est la même ou elle est
« autre ; il n'y a point de milieu. Les députés du peuple ne
« sont donc ni ne peuvent être ses représentants ; ils ne
« sont que ses commissaires : ils ne peuvent rien conclure
« définitivement. Toute loi que le peuple en personne n'a
« pas ratifiée est nulle ; ce n'est point une loi. »

Ainsi, voilà une théorie bien nette : la souveraineté
signifie le pouvoir de commander. Pour Rousseau, elle
signifie même « le pouvoir *illimité* de commander ». Il dit,
en effet : « Si l'on écarte du pacte social ce qui n'est pas
« de son essence, on trouvera qu'il se réduit aux termes
« suivants : chacun de nous met en commun sa personne et
« toute sa puissance *sous la suprême direction de la volonté*
« *générale.*» Et, pour Rousseau, *la volonté générale* se dégage
nécessairement d'elle-même de la volonté de la majorité :
« Quand on propose une loi dans l'assemblée du peuple, ce
« qu'on leur demande n'est pas précisément s'ils approuvent
« la proposition ou s'ils la rejettent, mais si elle est conforme
« ou non à la volonté générale, qui est la leur : chacun, en
« donnant son suffrage, dit son avis là-dessus, et du calcul
« des voix se tire la déclaration de la volonté générale.
« Quand donc l'avis contraire au mien l'emporte, cela ne
« prouve aucune chose, *sinon que je m'étais trompé et que*
« *ce que j'estimais être la volonté générale ne l'était pas.*
« *Si mon avis particulier l'eût emporté, j'aurais fait autre*
« *chose que ce que j'aurais voulu ; c'est alors que je n'au-*
« *rais pas été libre.* » Un paradoxe de cette force n'a pas
besoin de commentaire. C'est encore Rousseau qui a dit :
« Le souverain, par cela seul qu'il est, est toujours tout ce
qu'il doit être ! » Il dit encore : « Comme la nature donne
« à chaque homme un pouvoir absolu sur tous ses
« membres, le pacte social donne au corps politique un
« pouvoir absolu sur tous les siens, et c'est ce même pou-

« voir qui, dirigé par la volonté générale, porte le nom de
« souveraineté. » — Nous avons dit déjà que la souveraineté
nationale est naturellement limitée par la liberté individuelle ; que, par conséquent, elle ne signifie pas « *omnipotence* »; mais est-il vrai, comme l'affirme Rousseau, que la
souveraineté soit le droit de commander ? Si cela est vrai,
le peuple seul a le droit de faire la loi et de la faire exécuter ; il résume en lui, et d'une manière incommunicable,
le pouvoir législatif et le pouvoir exécutif. Et c'est bien là
l'idéal de Rousseau ; il ne l'écarte que comme impraticable :
« A prendre le terme dans la rigueur de l'acception, il n'a
« jamais existé de véritable démocratie et il n'en existera
« jamais. Il est contre l'ordre naturel que le grand nombre
« gouverne et que le petit nombre soit gouverné. On ne
« peut imaginer que le peuple reste incessamment assem-
« blé pour vaquer aux affaires publiques, et l'on voit aisé-
« ment qu'il ne saurait établir pour cela des commissions
« sans que la forme de l'administration change. » — Mais,
du moins, pour Rousseau, les élus du peuple ne sont pas
des représentants, mais des commissaires, et nulle loi n'est
valable sans la ratification du peuple.

Dans une théorie tout opposée, défendue notamment
par M. Saint-Girons [1], la souveraineté n'est pas le droit
de commander, mais « le droit de n'être commandé que
suivant la justice et l'intérêt national », de n'accepter que
des pouvoirs intelligents, habiles, désintéressés et patrio-
tiques, qui gouvernent la nation pour elle-même. Le droit
de commander ne vient pas du peuple ; il vient de Dieu. Il
suffit que la loi soit conforme au droit pour qu'elle commande le respect ; il suffit que le pouvoir agisse suivant la
justice et l'intérêt national pour mériter l'obéissance :
point n'est besoin qu'il émane directement de la volonté
nationale ; une adhésion implicite suffit.

Nous n'admettons ni l'une ni l'autre de ces théories. La
souveraineté nationale ne signifie pas le droit de commander ; elle ne signifie pas non plus le droit de n'être commandé que suivant la justice et l'intérêt national : elle
signifie le droit de n'être commandé que par des hommes

---

1. *Manuel de droit constitutionnel*, p. 5 et s.

investis de la confiance de la nation, c'est-à-dire que la source de l'autorité est la volonté nationale.

La deuxième théorie doit être rejetée, parce que, n'indiquant pas la source naturelle de l'autorité, elle légitime à la fois toutes les usurpations et toutes les révolutions.

Elle légitime toutes les usurpations. Elle dit que « le « pouvoir, le droit de commander ne vient pas du peuple, « mais de Dieu ». Il y a là une équivoque. On peut dire que l'autorité vient de Dieu, en ce sens qu'elle est une nécessité sociale, une loi providentielle de toute société ; mais cela ne touche qu'au principe de l'autorité et ne résout pas la question de savoir qui sera dépositaire de cette autorité ; et, comme Dieu n'a désigné personne à cet effet, celui qui s'empare du pouvoir sans la volonté du peuple agit sans droit ; son seul titre est la force, titre qui ne commande pas l'obéissance.

Aussi cette théorie légitime-t-elle toutes les révolutions. Le peuple, en effet, peut toujours prétendre qu'il n'est pas gouverné selon la justice et l'intérêt national ; et qui sera juge ? Écoutons le défenseur de la théorie : « La « souveraineté nationale bien comprise constitue une per- « pétuelle garantie contre les pouvoirs publics. Au nom « de la justice et de l'intérêt national méconnus par le « gouvernement, le pays, qui n'est jamais lié, qui n'a pas « consenti un contrat ni donné un mandat, garde le droit « inaltérable d'abandonner, de renverser ses chefs. Par « leur mauvaise conduite, ils ont perdu leur légitimité. « Grâce à la souveraineté nationale, les citoyens qui, nor- « malement, ont le devoir d'obéir aux pouvoirs établis et « qui ne peuvent pas prétendre avoir créé ces pouvoirs, « leur avoir donné le droit de commander, peuvent néan- « moins exiger que ces pouvoirs méritent, par la sagesse « de leurs actes, la prérogative dont ils sont investis dans « l'intérêt de la société. » — Dans ce système, la révolution peut être un mauvais calcul ; mais c'est le droit permanent du peuple qui ne se trouve pas gouverné à sa guise ! Cette théorie nous parait fausse dans son principe et dangereuse dans ses conséquences.

Arrivons à la théorie de Rousseau, qui définit la souveraineté nationale : le « droit de commander ». Cette théorie repose tout entière sur l'hypothèse du Contrat social; toute l'argumentation de Rousseau tend à démontrer que le Contrat social, par sa nature, implique soumission absolue de chacun à la volonté générale. Or, la théorie du Contrat social est si manifestement contredite et par la nature de l'homme et par l'histoire universelle, qu'elle n'a plus aujourd'hui de partisans. Il faut donc renoncer à trouver le fondement de la souveraineté nationale dans un prétendu contrat qui n'a jamais pu exister.

Quel est donc le véritable fondement de la souveraineté nationale? Nous l'avons trouvé dans le principe de l'égalité naturelle des hommes *en droit*. Or, la conséquence de ce principe est, non pas que tous ont droit de commander, mais bien que nul n'a, en tant qu'individu, le droit de commander. Cependant, comme il faut que quelqu'un commande, comme l'autorité est la condition nécessaire de toute société, la conclusion naturelle est que cette autorité, que ce droit de commander ne peut appartenir qu'à ceux auxquels la nation l'a conféré par ses choix, qu'aux représentants élus par elle.

Dans cette théorie, les électeurs ne délèguent pas à leurs représentants un droit de commander, qui ne leur appartient pas à eux-mêmes; ils désignent ceux qui leur paraissent les plus dignes d'exercer sur eux ce commandement, nul individu n'ayant par lui-même titre pour s'attribuer le commandement sur les autres.

Cette conception de la souveraineté nationale nous parait seule conforme à l'utilité sociale et aux nécessités pratiques.

Si la théorie de Rousseau était vraie, si la souveraineté nationale était le droit de commander, le peuple seul devrait faire la loi et devrait la faire exécuter. Or, le peuple a-t-il la possibilité, a-t-il la capacité de faire cela? Il ne faut pas chercher des exemples dans les petites républiques de l'antiquité, dans lesquelles quelques hommes libres, inoccupés, vivant des produits du travail des autres, pouvaient à loisir songer et vaquer aux affaires, d'ailleurs fort peu compliquées, de l'État. La question se pose pour les États modernes, généralement grands, et qui semblent avoir tendance à grandir encore, ayant des intérêts très complexes, composés d'hommes dont l'immense majorité vit de son travail. Comment veut-on que ce peuple-là exerce directement et personnellement l'autorité sociale?

D'autre part, les lois qui régissent nos grands États modernes sont d'une extrême complexité, à raison de la complexité même des intérêts engagés. Prenez, par exemple, le budget de la France, prenez le tarif des douanes : peut-on sérieusement prétendre que le peuple, que la masse des individus est apte à résoudre de semblables questions? Est-ce à elle qu'on demandera de se prononcer sur l'organisation de la défense nationale, sur le régime pénitentiaire, sur le système des impôts, sur les traités internationaux, etc. ? Non! Que l'on consulte le peuple sur des questions simples, qui veulent être résolues d'après l'intérêt de la majorité, comme certaines questions de gestion communale, rien de mieux ; mais il est tout à fait incompétent pour régler les intérêts généraux et faire ou juger les lois de l'État.

Si cela est vrai, le seul gouvernement rationnel est le gouvernement représentatif proprement dit, dans lequel l'autorité est exercée, non pas par le peuple au moyen de ses représentants, mais bien par des représentants choisis par le peuple. Ces représentants (dont le nom même, consacré par l'usage, peut induire en erreur sur leurs pouvoirs) ne sont pas les commissaires et les porte-voix de ceux qui les ont nommés, mais des gouvernants. L'élection est une sélection, qui a pour but de désigner les plus capables et les plus dignes à l'effet d'exercer le pouvoir. Le système représentatif suppose la supériorité de l'élu.

Par suite, il faut bien comprendre que, malgré les dénominations, il n'y a aucune assimilation à faire entre l'élection et un mandat. Les différences sont essentielles, notamment au point de vue de la nature du contrat, de son objet, de sa sanction. Le contrat de mandat est révocable *ad nutum*, tandis que l'élu est nommé pour un temps déterminé d'avance par la loi, sans que ses pouvoirs puissent être infirmés même par l'unanimité des électeurs. Le mandat a un objet d'intérêt privé et un but déterminé, tandis que la mission de l'élu concerne l'intérêt général et ne comporte aucune détermination précise. Le mandataire est tenu de suivre les instructions qu'il a acceptées de son mandant, tandis que l'élu doit rester complètement libre dans l'accomplissement de sa mission. Le mandataire est responsable devant le mandant de l'exécution du mandat, tandis que l'élu n'est aucunement responsable vis-à-vis de l'électeur, qui n'a d'autre droit que de donner son suffrage à un autre au scrutin suivant.

Quoi qu'il en soit, l'expression de « mandat législatif », consacrée par le législateur lui-même, a reçu droit de cité ; il suffit qu'on s'entende sur le fond des choses.

On dira que ce n'est pas là la véritable notion du gouvernement démocratique, qui suppose que le peuple se gouverne lui-même ? Nous répondrons, avec Rousseau, « qu'il n'a jamais existé de véritable démocratie et qu'il n'en existera jamais ». On dira peut-être que c'est là un gouvernement aristocratique ; et nous aurons encore Rousseau pour répondre : « Il y a trois sortes d'aristo-« craties : naturelle, élective, héréditaire. La première ne « convient qu'à des peuples simples ; la troisième est le « pire de tous les gouvernements ; la deuxième est le « meilleur : c'est l'aristocratie proprement dite. »

On a avancé que cette conception de la souveraineté nationale conduirait logiquement à l'élection de tous les agents de l'autorité, puisque l'élection serait la seule source légitime du pouvoir. Nullement ! La souveraineté nationale est respectée quand les pouvoirs publics émanent de la volonté de la nation, directement ou indirectement. Il n'est pas nécessaire que le peuple choisisse tous les fonctionnaires publics, ce à quoi il serait manifestement incompétent ; il suffit qu'ils soient choisis par ceux que la confiance du peuple a revêtus de l'autorité sociale. Le droit de choisir les agents de l'État est une fonction de gouvernement, et nous nions précisément le principe du gouvernement direct par le peuple.

On a dit encore que la souveraineté ainsi comprise peut mener au despotisme : si elle est la source du pouvoir, le chef qui a reçu l'investiture possède tous les pouvoirs suprêmes et peut dire, comme Napoléon : « Le gouverne-« ment est le représentant du peuple souverain, et il ne

« peut y avoir d'opposition contre le souverain. » —
Mais il y a là une double erreur : d'une part, c'est
confondre souveraineté et omnipotence ; avec la délini-
tion que nous avons donnée de la souveraineté, il est
évident que les représentants n'ont pas plus que les
représentés de droit illimité. D'autre part, c'est oublier
que, non seulement le peuple ne peut pas lier les géné-
rations futures, mais encore qu'il ne peut pas se lier
lui-même, attendu que la souveraineté est inaliénable
comme la liberté elle-même ; car la souveraineté, comme
l'a fort bien dit Clermont-Tonnerre, « c'est la liberté
collective de la société ».

Ainsi donc, la vraie source de l'autorité est l'élection ;
la vraie base du gouvernement représentatif est le droit
électoral. On peut bien dire que c'est la partie capitale de
la constitution d'un pays : si les dépositaires de l'autorité
publique sont bien choisis, c'est la meilleure garantie
qu'ils n'abuseront pas de leurs pouvoirs ; s'ils le sont mal,
il n'y a guère de précaution légale qui puisse les en empêcher. C'est un principe de Blackstone que, dans toute
constitution, « il y a un pouvoir qui garde sans être gardé,
« qui contrôle et n'est pas contrôlé, et dont les décisions
« sont suprêmes. » Dans une république parlementaire
comme la nôtre, ce pouvoir, c'est le Parlement. Et c'est
ce qui a fait dire au même Blackstone que « le Parlement
anglais peut toute chose qui ne soit pas impossible et
que, ce que fait le Parlement, aucune autorité de la terre
ne peut le défaire ». Mais, comme disait Stuart Mill, « *Quis
custodiet custodes ?* » Les Constituants américains avaient
vu le danger, et ils ont nettement exprimé leurs craintes
à cet égard dans *The Federalist*. Pour y remédier, ils ont
constitué un pouvoir exécutif fort et indépendant. Rien
de semblable n'existe chez nous : la meilleure garantie
que nos gouvernants n'abusent pas de leurs pouvoirs est
qu'ils ne veuillent pas en abuser !

Une bonne législation électorale est, par conséquent,
la meilleure sauvegarde des peuples.

Pour être bonne, une législation électorale doit, ce me
semble, tendre à réaliser autant que possible les trois
grandes idées que voici :

1° Que le choix des représentants émane de la nation dans son ensemble : nous voulons dire de tous les membres de la nation qui sont capables et dignes d'exercer ce choix, et non de certaines classes ou castes privilégiées : sans quoi le principe de l'égalité naturelle des hommes en droit serait violé, et l'on aurait probablement un gouvernement de classe au lieu d'un gouvernement national ;

2° Que les électeurs choisissent les plus capables et les plus dignes, puisque c'est la meilleure et, pour ainsi dire, la seule garantie efficace d'un bon gouvernement ;

3° Que les élus soient aussi indépendants que possible dans l'exercice de leur mission ; car c'est à cette condition qu'ils pourront se guider d'après l'intérêt général et non d'après les petits intérêts particuliers.

La législation électorale n'est pas seulement d'une importance capitale ; elle est particulièrement délicate, en ce qu'elle constitue le *titre* du législateur, qui semble ne pouvoir y toucher qu'en infirmant ses pouvoirs et, en quelque sorte, en se reniant lui-même. C'est pourquoi il lui sera très difficile de retourner en arrière et de retirer ou de restreindre un droit concédé. Il ne faudrait pas sans doute exagérer cette idée, qui ne devra jamais arrêter des hommes de cœur et soucieux de leur devoir devant une réforme reconnue nécessaire ; cependant, elle doit conseiller en pareille matière une certaine prudence.

Nous nous proposons de diviser cette étude de législation électorale comparée en trois parties et d'envisager successivement : les *Électeurs*, les *Éligibles* et les *Élections*.

Voici les principales questions qui seront étudiées sous chacun de ces titres :

PREMIÈRE PARTIE

Les Électeurs.

CHAPITRE   I. — *L'extension progressive du droit de suffrage en France depuis* 1780.

CHAPITRE   II. — *L'extension du droit de suffrage dans les pays étrangers.*

DEUXIÈME PARTIE

Les Éligibles.

TROISIÈME PARTIE

Les Élections.

PREMIÈRE PARTIE

Les Electeurs.

Dans cette première partie, nous étudierons l'électeur,
c'est-à-dire le droit de suffrage. Nous constaterons d'abord
l'extension progressive du droit de suffrage en France et
dans les autres pays ; puis nous envisagerons le suffrage
universel dans son principe et dans ses conséquences sociales ; nous poserons les règles de la capacité électorale ;
nous aborderons la question du suffrage des femmes et
celle du vote plural ; après quoi, nous rechercherons quel
est le meilleur système du suffrage direct ou du suffrage à
plusieurs degrés, du scrutin uninominal ou du scrutin de
liste ; nous aborderons enfin le problème, si discuté de nos
jours, de la représentation proportionnelle des minorités
et des intérêts.

CHAPITRE PREMIER

L'EXTENSION PROGRESSIVE DU DROIT DE SUFFRAGE EN FRANCE.

Dans notre histoire, il est inutile de remonter plus haut que 1789 ; on trouverait, même à l'époque où la nation était encore consultée, un système représentatif tout à fait informe. Par exemple, en 1614, alors que les lettres de convocation portaient que les élections auraient lieu « ainsi qu'il est accoutumé et qu'il est observé en semblable cas », il est constant que les provinces furent fort inégalement représentées et les opérations électorales accomplies avec la plus grande irrégularité.

Même défaut d'uniformité et de régularité dans la formation des États provinciaux, qui se développèrent dans la deuxième moitié du XIV° et au XV° siècles. Les centres importants de population y étaient seuls représentés ; les autres, ainsi que les campagnes, n'avaient point de délégués, du moins en général. Certaines portions de provinces étaient privées de représentation ; quelques-unes étaient favorisées au détriment des autres ; parfois des villes considérables ne députaient pas aux États.

Quand on songea, en 1789, à convoquer les États-Généraux, on ne savait plus comment s'y prendre. La tradition orale avait disparu ; la tradition écrite était enfouie dans les archives aux quatre coins du royaume et d'ailleurs fort disparate.

Le règlement royal du 24 juillet 1789 établit une procédure dont voici le résumé :

1° Pour le clergé, tous les ecclésiastiques possédant bénéfice participèrent directement à la nomination des députés. Les ecclésiastiques qui ne possédaient pas de bénéfice et qui résidaient dans les villes se réunirent chez le curé de leur paroisse et désignèrent des électeurs à raison de un sur vingt ecclésiastiques présents. Dans chaque chapitre séculier d'hommes furent tenus : 1° une assemblée de chanoines, qui nommaient un électeur à raison de dix chanoines ; 2° une assemblée des ecclésiastiques attachés au service du chapitre, qui nommait un député à raison de vingt ecclésiastiques. Tous les autres corps et communautés ecclésiastiques rentés, réguliers, *des deux sexes, ainsi que les chapitres et communautés de filles,* furent représentés à l'assemblée du bailliage par un seul électeur pris dans l'ordre ecclésiastique séculier ou régulier.

2° Tous les nobles, qu'ils possédassent ou non des fiefs, participèrent directement à l'élection des députés. *Les femmes possédant divisément, les filles et les veuves ainsi que les mineurs jouissant de la noblesse, pourvu que lesdites femmes, filles, veuves ou mineurs possédassent des fiefs, eurent le droit de se faire représenter à l'Assemblée électorale par des procureurs pris dans l'ordre de la noblesse.* — Les membres de la noblesse et du clergé eurent, dans certains cas, le privilège du double vote.

3° Quant au Tiers État, on fit passer sa représentation par une série d'éliminations successives. Tous les habitants composant le Tiers État, nés Français ou naturalisés, âgés de 25 ans, domiciliés et compris au rôle des impositions, formèrent une première assemblée électorale, à l'effet de rédiger le *cahier de leurs plaintes et doléances* et de désigner des délégués pour porter ce cahier à une seconde assemblée ; dans cette assemblée, les délégués des différentes paroisses et communautés réunirent leurs cahiers en un seul et nommèrent le quart d'entre eux pour porter ledit cahier à l'Assemblée générale des trois États, tenue au chef-lieu du bailliage ou de la sénéchaussée [1].

Si l'on essaie de reconnaître les principaux traits du droit électoral suivant lequel furent nommés les États-Généraux de 1789, on trouve : la division de la nation en

1. D'après les évaluations des historiens, les citoyens du Tiers État électeurs du second degré, pouvaient être au nombre de 150.000. En ce qui touche la ville de Paris, il y eut 11.706 votants, qui nommèrent 407 électeurs ; 317 seulement se présentèrent pour l'élection des députés (CHASSIN, *Les électeurs et les cahiers de Paris en 1789*, II.)

trois ordres ; un mélange de vote direct, pour les nobles
et les dignitaires ecclésiastiques, et de vote indirect pour
les autres ; les femmes admises à prendre part au vote,
soit comme membres de communautés et personnellement, soit comme possesseurs de fiefs et par procuration ;
l'électorat fixé à 25 ans et soumis à la condition d'être
domicilié et compris au rôle des impositions ; une représentation assez informe du Tiers État, lequel toutefois,
en vertu de la décision royale du 27 décembre 1788,
comprit un nombre double de celui des deux premiers
Ordres : 500 contre 250.

La question de la distinction des Ordres se posa tout
d'abord, à propos de la vérification des pouvoirs : cette
vérification aurait-elle lieu en commun ou séparément ?
On sait que la résolution du Tiers finit par triompher des
résistances des autres Ordres et des hésitations du roi,
et que, sur ordre royal du 27 juin, tous les dissidents se
réunirent au Tiers État, qui s'était déclaré déjà « *Assemblée Nationale* ».

La Révolution était faite. Deux principes formaient
désormais la base du droit public de la France : le principe de la souveraineté nationale et celui de l'égalité des
citoyens devant la loi. La législation électorale dut être
mise en harmonie avec ces deux idées.

La loi du 22 décembre 1789, *sur l'élection des membres
de l'Assemblée nationale*, après avoir supprimé les anciennes circonscriptions, divisé le royaume en départements, districts et cantons, et décidé que les représentants à l'Assemblée nationale seraient élus par département, institua deux degrés de citoyens actifs ou d'électeurs. Les électeurs du premier degré formaient les assemblées primaires ; il fallait : être français, âgé de 25 ans
accomplis, domicilié de fait dans le canton depuis un an au
moins, payer une contribution directe de la valeur de trois
journées de travail et n'être pas en état de domesticité,
c'est-à-dire serviteur à gages (décret du 27 juin 1790, art. 7).
Dans chaque municipalité, un tableau des citoyens actifs
était dressé ; pour y figurer, il fallait réunir les conditions
prescrites, et avoir prêté, depuis l'âge de 25 ans, serment
de fidélité à la Constitution, aux lois et au roi.

Les assemblées primaires nommaient un électeur à raison de 100 citoyens actifs, deux depuis 151 jusqu'à 250 et ainsi de suite, et les choisissaient parmi les éligibles du canton. Pour être éligible, c'est-à-dire électeur du 2e degré, il fallait, outre les conditions requises pour être citoyen actif, payer une contribution égale au moins à la valeur de dix journées de travail [1]. Le nombre des représentants était égal à celui des départements du royaume multiplié par neuf, et réparti suivant les trois proportions du territoire, de la population et de la contribution directe. On ne pouvait les choisir que parmi les éligibles du département, lesquels devaient payer une contribution directe de la valeur d'un marc d'argent et posséder une propriété foncière quelconque. Les assemblées électorales, investies du droit de nommer les députés, nommaient de plus les administrateurs du département et du district et les juges des tribunaux.

En résumé, les traits généraux de cette nouvelle législation électorale sont : le suffrage à double degré, le cens électoral, la majorité politique fixée à 25 ans et l'obligation du serment civique.

Ce système fut maintenu par la Constitution du 3 septembre 1791 ; seulement, aux conditions requises pour être électeur du 1er degré, elle ajouta l'obligation d'être inscrit au rôle des gardes nationales et elle éleva assez notablement le cens requis des électeurs du 2e degré.

Après la Révolution du 10 août 1792, les conditions électorales furent subitement changées. Un décret du 10 août supprima la distinction des citoyens actifs et non actifs, et un décret des 11-12 août, relatif à la formation des assemblées primaires pour le rassemblement de la Convention nationale, donna le droit de suffrage à tous les Français, âgés de 21 ans, domiciliés depuis un an, vivant de leur revenu ou du produit de leur travail et n'étant point en état de domesticité. C'est presque l'avènement du suffrage universel ; mais le suffrage demeure à double degré. Pour être électeur du 2e degré ou représentant, les conditions étaient les mêmes, sauf l'âge, qui était porté à 25 ans.

---

1. En 1790, la population active de tout le royaume est de 4.298.360 citoyens.

Si l'on recherche les motifs qui produisirent un aussi grave changement dans la législation électorale, on est amené à reconnaître qu'il fut le produit d'une émotion populaire bien plus que d'une théorie raisonnée. La séance du 11 août, succédant à la fameuse journée du 10, la dernière de la royauté, eut lieu dans le plus grand trouble. Les commissaires de la Commune de Paris, introduits à la barre, annonçaient que « les représentants provisoires de « la Commune avaient suspendu les juges de paix de leurs « fonctions et en avaient revêtu les Assemblées générales « des sections. » Le désordre était au comble, et l'Assemblée, qui voyait se dresser en face d'elle la Commune de Paris, paraissait peu disposée à la résistance. La preuve en est dans les termes, vraiment extraordinaires, du décret : « L'Assemblée nationale, *considérant qu'elle n'a pas le* « *droit de soumettre à des règles impératives l'exercice de* « *la souveraineté* dans la formation d'une Convention na- « tionale, et que cependant il importe au salut public que « les Assemblées primaires et électorales se forment en « même temps, agissent avec uniformité et que la Conven- « tion nationale soit promptement rassemblée : *Invite les* « *citoyens, au nom de la liberté, de l'égalité et de la patrie,* « à se conformer aux règles suivantes..... » Jamais, si ce n'est peut-être en 1848, l'autorité ne s'est faite aussi humble, et cet état d'esprit est le meilleur commentaire du décret.

La constitution du 24 juin 1793 alla plus loin encore. Non seulement toute restriction disparaît et le suffrage devient absolument universel ; mais il est offert même aux étrangers. Voici le système électoral de la constitution de 1793, qui d'ailleurs n'a jamais été appliquée. Le suffrage était direct. Chaque réunion d'assemblée primaire, résultant d'une population de 39.000 à 41 000 âmes, devait nommer immédiatement un député. Les assemblées primaires se composaient des citoyens domiciliés depuis six mois dans chaque canton ; tous les hommes nés et domiciliés en France, âgés de vingt et un ans, étaient citoyens, même les domestiques et les faillis. Étaient également admis à l'exercice des droits de citoyens français tous les étrangers âgés de vingt et un ans accomplis, qui, domiciliés en France

depuis une année, y vivaient de leur travail, ou y possédaient
une propriété, ou épousaient une Française, ou adoptaient
un enfant, ou nourrissaient un vieillard, tous les étrangers
enfin qui étaient jugés par le Corps législatif avoir bien
mérité de l'humanité !

On sait aussi que le Corps législatif n'avait pour mission
que de *proposer* les lois, qui étaient soumises à l'acceptation
des assemblées primaires.

Cette constitution n'a pas fonctionné. Acceptée successivement par la grande majorité de la France, elle fut sus-
pendue par le gouvernement révolutionnaire. Dès qu'on
essaya de sortir des gouvernements dictatoriaux, on ne
remit pas en vigueur la constitution de 93, on en fit une
autre. C'est la constitution du 5 fructidor an III.

Elle commence par déclarer que « l'universalité des
citoyens français est le souverain »; mais tout Français
majeur n'est pas citoyen ; sur la définition, on recule en
deçà de 1792. Tout Français âgé de vingt et un ans n'est
citoyen qu'à la condition de payer une contribution directe,
soit foncière, soit personnelle. Toutefois, on ajoutait que
les droits de citoyen étaient accordés à quiconque « aura
fait une campagne pour l'établissement de la République »
et à quiconque, n'étant pas inscrit sur le rôle des impositions, s'y fera inscrire volontairement pour une contribution de la valeur de trois journées de travail. Il était statué,
chose notable, qu'à partir de l'an XII de la République, les
jeunes gens ne seraient admis à l'exercice des droits civiques qu'en prouvant qu'ils savaient lire et écrire. La commission chargée de rédiger la constitution avait proposé de
maintenir l'élection directe des représentants par les assemblées primaires : la Convention n'accepta pas cet article
et revint au système du suffrage à double degré, comme
en 1791. Les assemblées primaires devaient choisir un
électeur pour deux cents citoyens. Les électeurs devaient
être âgés de vingt-cinq ans et être propriétaires, locataires,
fermiers ou métayers de propriétés ou d'habitations d'un
revenu variant, suivant les localités, entre la valeur de cent
et celle de deux cents journées de travail, suivant le système de 1791. Les assemblées électorales choisissaient,
sans condition d'impôt ou de possession, les membres du

Corps législatif, ceux des tribunaux et les administrateurs des départements.

On en était ainsi revenu, en l'an III, quant au droit électoral, aux idées de 1791. De bons historiens, comme Henri Martin, ont blâmé ce mouvement rétrograde; mais, pour bien l'apprécier, il faut se rappeler que le système financier était alors composé presque exclusivement d'impôts directs, et que ceux qui ne payaient pas au moins la valeur de trois journées de travail ne contribuaient nullement à supporter les charges publiques.

La constitution de l'an III, qui avait un vice mortel dans l'organisation du pouvoir exécutif, disparut dans la journée du 18 brumaire an VIII et fit place à la constitution du 22 frimaire an VIII. Produit combiné des idées systématiques de l'ingénieur en constitutions qui s'appelait Sieyès, et des idées autoritaires du général Bonaparte, la constitution de l'an VIII nous offre un type de législation électorale qui ne ressemble à aucun autre et qui consiste dans une épuration graduelle du corps électoral.

Tout homme né et résidant en France, qui, âgé de vingt et un ans accomplis, s'est fait inscrire sur le registre civique de son arrondissement communal, et qui a demeuré depuis un an sur le territoire de la République, est réputé citoyen Français. L'exercice des droits de citoyen est suspendu par certaines causes, notamment par l'état de domestique à gages, attaché au service de la personne ou du ménage. D'ailleurs, tout citoyen n'est pas électeur : pour exercer les droits de cité dans un arrondissement communal, il faut y avoir acquis domicile par une année de résidence et ne l'avoir pas perdu par une année d'absence. Voici maintenant le mécanisme inventé : Les citoyens de chaque arrondissement communal désignaient par leurs suffrages « ceux d'entre eux qu'ils croyaient les « plus propres à gérer les affaires publiques. » Il en résultait une *liste de confiance*, contenant un nombre de noms égal au dixième du nombre des citoyens ayant droit de voter. Les citoyens compris dans ces listes de confiance désignaient également un dixième d'entre eux. Il en résultait une seconde liste, dite *départementale*. Enfin les citoyens portés sur la liste départementale désignaient pareillement un dixième d'entre eux. Il en résultait une troisième liste, la liste *nationale*. Toutes les listes nationales des départements étaient adressées au Sénat, *qui nommait, parmi les citoyens inscrits sur ces listes, les membres du Corps législatif et du Tribunat, ainsi que les Consuls.* Quant au Sénat, trente et un de ses membres (c'est-à-dire la majorité) furent nommés par Sieyès et Roger-Ducos, consuls sortants, réunis à Cambacérès et Lebrun, second et troisième consuls. Le Sénat se compléta ensuite lui-même. En cas de vacance, il devait choisir entre trois candidats présentés par le Corps législatif, le Tribunat et les Consuls. En résumé, le système de l'an VIII consiste dans un droit, savamment agencé, de présentation plutôt que d'élection.

Après qu'il eut obtenu le Consulat à vie, Bonaparte modifia profondément, par le S.-C. du 16 thermidor an X, le système électoral de l'an VIII. Il créa, dans chaque arrondissement et dans chaque département, des collèges électoraux à vie. L'assemblée de canton, composée de tous les citoyens domiciliés dans le canton, nommait les membres des collèges d'arrondissement et de département. Les collèges d'arrondissement comprenaient un membre pour 500 habitants domiciliés dans l'arrondissement, sans que leur nombre puisse excéder 200, ni être au-dessous de 120. Les collèges de département comprenaient un membre par 1.000 habitants domiciliés dans le département, sans que leur nombre puisse excéder 300, ni être au-dessous de 200. Les membres de ces collèges électoraux étaient nommés à vie, et c'était le Premier Consul qui nommait les présidents à chaque session. L'assemblée de canton nommait librement les électeurs d'arrondissement; mais elle était tenue de choisir les électeurs de département sur une liste de 600 noms dressée, dans chaque département, par le ministre des finances parmi les citoyens les plus imposés au rôle des contributions foncières, mobilières et somptuaires et au rôle des patentes. De plus, le Premier Consul pouvait ajouter aux collèges d'arrondissement dix membres, pris parmi les citoyens appartenant à la Légion d'honneur, ou ayant rendu des services; il pouvait ajouter aux collèges de départements

vingt membres, dont dix pris parmi les trente plus imposés
du département, et les dix autres, soit parmi les membres
de la Légion d'honneur, soit parmi les citoyens qui avaient
rendu des services. Les collèges d'arrondissement présentaient deux citoyens pour faire partie de la liste sur laquelle
devaient être choisis les tribuns. Les collèges de département présentaient deux citoyens pour former la liste sur
laquelle étaient nommés les sénateurs. Les collèges d'arrondissement et de département présentaient chacun
deux citoyens, domiciliés dans le département, pour former la liste sur laquelle devaient être nommés les députés.

C'était la confiscation même du droit de suffrage.

Napoléon disait : « On ne saurait rendre le Corps légis-
« latif trop maniable : s'il était assez fort pour dominer, il
« mettrait le gouvernement dans l'alternative de le dé-
« truire ou d'être détruit. »

Après la chute de l'Empire, la Charte de 1814 ne recon-
nut le droit de suffrage pour les élections à la Chambre des
députés (car les pairs étaient nommés par le roi) qu'aux
citoyens âgés de trente ans et payant 300 fr. de contribu-
butions directes : l'immense majorité de la nation se
trouva par là tenue à l'écart des affaires publiques.

La loi du 5 février 1817 supprima l'intervention des
assemblées primaires et établit l'unité de collège électoral
au chef-lieu de département : le collège était composé de
tous les citoyens ayant leur domicile politique dans le
département, âgés de 30 ans et payant 300 fr. de contributions directes. Le président du collège et les vice-présidents des sections étaient nommés par le roi. Il faut
noter que la loi de 1817 établissait pour la première fois
le principe de l'élection directe, qui n'avait pas encore
figuré dans nos constitutions, si ce n'est dans la constitution
avortée de 1793. Les progrès de l'opposition à chaque
renouvellement partiel et l'assassinat du duc de Berry, en
1820, firent penser que cette loi était trop libérale et la loi
du 29 juin restreignit encore, par les conditions qu'elle
imposa, le nombre des électeurs ; elle rétablit aussi la
distinction des collèges d'arrondissement et de département, nommant chacun leurs députés, et, comme cer-

tains pouvaient voter et à l'arrondissement et au département, elle fut appelée la *loi du double vote.*

C'est la question électorale qui fit tomber le gouvernement de la Restauration. Après la prorogation des Chambres, prononcée à la suite de la fameuse Adresse des 221, les électeurs renvoyèrent 274 libéraux contre 134 gouvernementaux. La royauté répondit par les célèbres Ordonnances qui devaient amener sa chute. L'une d'elles dissolvait la Chambre nouvellement élue. Une autre réduisait à 258 le nombre des députés, les collèges d'arrondissement ne devant plus que présenter des candidats aux collèges de département, et voulait que le cens électoral fût composé exclusivement des sommes pour lesquelles l'électeur était inscrit personnellement, en qualité de propriétaire ou d'usufruitier, au rôle de l'imposition foncière et de l'imposition personnelle et mobilière.

La Révolution brisa ces Ordonnances. La Charte constitutionnelle du 7 août 1830 et la loi du 19 avril 1831, sur les élections à la Chambre des députés, élargirent d'une manière assez sensible les conditions de l'électorat. L'article 34 de la Charte amendée abaissa à 25 ans l'âge requis : l'article 1ᵉʳ de la loi du 19 avril 1831 réduisit à 200 fr. de contributions directes le cens exigé; lorsque le nombre des électeurs d'un arrondissement ne s'élevait pas à 150, ce nombre devait être complété par l'adjonction des citoyens les plus imposés au-dessous de 200 fr. ; étaient, en outre, électeurs, en payant 100 fr. de contributions directes : 1° les membres et les correspondants de l'Institut ; 2° les officiers des armées de terre et de mer jouissant d'une pension de retraite de 1200 fr. au moins et justifiant d'un domicile réel de trois ans dans l'arrondissement électoral [1].

La Chambre des pairs était toujours nommée par le roi dans certaines catégories déterminées par la loi du 29 décembre 1831.

C'est encore sur le terrain de la réforme électorale que fut renversé le gouvernement de Louis-Philippe. M. Guizot,

---

1. Sous l'empire de cette législation, le nombre des électeurs inscrits s'éleva progressivement de 166.583 (juillet 1831) à 241.000 en 1847.

dans ses Mémoires, explique ainsi les causes de la Révolution de 1848 : « C'est sur la question des réformes à
« apporter dans notre régime électoral et parlementaire
« que cette crise suprême éclata. Depuis l'avènement du
« ministère du 29 octobre 1840, la réforme parlementaire
« et la réforme électorale furent proposées et discutées
« dans la Chambre des députés, la première sept fois et la
« seconde trois fois. Le Cabinet les repoussa constamment
« comme inutiles et comme inopportunes dans l'intérêt du
« gouvernement libre que nous travaillions à fonder. » —
Irritée de ces refus, l'opposition résolut d'ouvrir une série
de banquets politiques où l'on prêcherait la réforme. Odilon
Barrot se jeta à la tête du mouvement. Dans le premier de
ces banquets, qui eut lieu à Paris le 10 juillet 1847, au
Château-Rouge, le président, le comte de Lasteyrie, prononça ces paroles prophétiques : « L'obstination aveugle
« du gouvernement et des conservateurs va-t-elle pro-
« voquer une troisième révolution ? » Les banquets se
multiplièrent, et aux libéraux succédèrent les républicains, où l'on demandait le suffrage universel. Ce fut dans
le pays une agitation générale. Le gouvernement voulut
les interdire : ce fut le signal de sa chute Odilon Barrot
dit que le gouvernement marchait à un coup d'État ou à
une révolution. Bientôt, en effet, l'émeute, que des con-
cessions faites à propos auraient pu apaiser, signifiait à
Louis-Philippe son congé.

Un des premiers actes du gouvernement provisoire fut
l'établissement du suffrage universel. A vrai dire, ce n'était
pas ce qu'avaient rêvé les promoteurs du mouvement qui
aboutit à la Révolution de 1848 et qui furent entraînés plus
loin qu'ils ne l'avaient imaginé ; et en 1848 comme en
1792, le suffrage universel sortit en quelque sorte spon-
tanément de l'émotion populaire.

On passait sans transition d'un nombre très restreint
d'électeurs au suffrage universel et, dans ce changement
considérable, les précautions et les garanties étaient complètement négligées. Le décret du 5 mars (art. 6) procla-
mait électeurs tous les Français, âgés de 21 ans, résidant
dans la commune depuis 6 mois et non judiciairement
privés ou suspendus de l'exercice des droits civiques. Le

décret du 3 juillet 1848 rendit applicables aux élections départementales et communales les conditions électorales déterminées par le décret du 5 mars [1].

La Constitution du 4 novembre 1848 proclama, comme celles de 1793 et de l'an III, que la souveraineté réside dans l'universalité des citoyens français et qu'elle est inaliénable et imprescriptible ; le suffrage est direct et universel ; le scrutin est secret. Sont électeurs, sans condition de cens, tous les Français âgés de 21 ans et jouissant de leurs droits civils et politiques. Sont éligibles, sans condition de domicile, tous les électeurs âgés de 25 ans.

Ces principes furent appliqués par la loi organique pour les élections législatives du 15 mars 1849, qui ordonna (art. 2) d'inscrire sur les listes électorales « tous les Français âgés de vingt et un ans accomplis, jouissant de leurs droits civils et politiques et habitant dans la commune depuis six mois au moins » et non frappés d'incapacités résultant des décisions judiciaires déterminées par l'article 3. Mais bientôt l'Assemblée, voyant le caractère des élections partielles, prit peur : la loi électorale du 31 mai 1850 fut un retour en arrière. Elle exigea, pour être inscrit sur les listes électorales, trois ans de domicile au lieu de six mois ; elle décida, chose plus grave, que le domicile électoral serait constaté par l'inscription au rôle de la taxe personnelle ou des prestations en nature ; les fonctionnaires seuls et les ministres du culte n'étaient pas astreints à la condition du domicile ; enfin, la loi étendait le domaine des incapacités électorales prévues par celle de 1849. Le rapport de Léon Faucher disait : « Quand on examine sans préven- « tion l'économie de notre système électoral, on ne peut « s'étonner que d'une seule chose, c'est que nos mœurs pu- « bliques aient résisté dans le plus grand nombre des « agglomérations urbaines ou rurales à cette absence de « règles, à cette indifférence de la loi. Mais, à chaque « épreuve du suffrage universel ainsi entendu, la confu-

---

1. Pour la nomination de la Constituante, il y avait 9.360.000 électeurs inscrits ; il y eut 7.893.000 votants. Pour l'assemblée législative, il y eut 9.936.000 inscrits et 6.765.000 votants.

« sion est devenue plus manifeste et le péril plus grand.
« Chaque élection a doublé les anxiétés de l'opinion publi-
« que. Le gouvernement pense que notre législation élec-
« torale est défectueuse et dangereuse ; nous partageons
« cette conviction au plus haut degré. »

Le projet fut combattu par Cavaignac, Victor Hugo, La-
martine ; il fut défendu par Montalembert et surtout par
Thiers. « La Constitution, disait Thiers, n'interdit que ces
« trois choses : le cens, l'élévation de l'âge, le suffrage à
« deux degrés. Mais quant au domicile, comme il n'en est
« rien dit, il nous était loisible, à nous qui voulons faire
« tout ce que la Constitution permet pour sauver le pays,
« de recourir au domicile. » Et il s'attachait à montrer
que l'homme n'a toute sa valeur morale qu'au lieu où il a
son principal établissement, le siège de ses intérêts, où il
a vécu un certain temps sous les yeux de ses concitoyens.
Cette loi, qui supprimait trois millions d'électeurs[1], permit
à Louis Napoléon de se poser en restaurateur du suffrage
universel. Le décret du 2 décembre 1851, qui déclarait
l'Assemblée nationale dissoute, portait : « Le suffrage uni-
« versel est rétabli ; la loi du 31 mai est abrogée. »

Le décret organique du 2 février 1852 laissa subsister
les principales conditions électorales que la Constitution
de 1848 avait établies. Il maintint le suffrage direct et universel et proclama électeurs, sans condition de cens, tous
les Français âgés de vingt et un ans accomplis, jouissant
de leurs droits civils et politiques (art. 12) et ordonna
d'inscrire sur les listes électorales tous les électeurs habitant dans la commune depuis six mois au moins (art. 13).
Toutefois, les articles 15 et 16, qui sont encore en vigueur,
ont maintenu la plupart des incapacités établies par la loi
de 1850[2].

Ces principes, consacrés par nos lois constitutionnelles
et électorales de 1875, sont demeurés la base de notre sys-

1. D'après un tableau adressé à la Commission parlementaire, le
21 février 1851, par le Ministre de l'Intérieur, le nombre des inscrits qui,
au 31 mars précédent, était de 9.618.057, n'était plus, sous le régime de
la loi de 1850, que de 6.809.281. (*Annuaire historique*, 1851, p. 108)

2. En 1852, il y avait 9.836.043 électeurs inscrits, sur lesquels
6.222.983 prirent part au vote.

tème électoral tant pour les assemblées politiques que pour les assemblées administratives [1].

Ainsi, quand on interroge l'histoire, le suffrage universel nous apparait, en France, non comme la conclusion d'une théorie constitutionnelle raisonnée, mais comme une conquête violente de la démocratie, et l'on voit que, depuis que le principe de l'égalité politique a été posé par la Révolution, la tendance au suffrage universel s'est constamment accentuée et qu'en se dilatant elle a brisé tous les gouvernements qui se sont opposés à son expansion.

1. De 1871 à 1874, le nombre des électeurs inscrits a été de 12.935 776. En 1893, on comptait 10.643.212 inscrits, sur lesquels 7.383.286 ont pris part au vote.

CHAPITRE II

L'EXTENSION PROGRESSIVE DU DROIT DE SUFFRAGE DANS LES PAYS ÉTRANGERS.

Jetons les yeux au dehors : nous allons voir partout ou à peu près le même spectacle ; partout ou à peu près, le flot démocratique montant, le droit de suffrage s'étendant et se communiquant à des couches de plus en plus profondes. C'est à peine, nous l'avons dit, si l'on constate quelques reculs, quelques remous imperceptibles dans ce courant de plus en plus impétueux.

En Europe, nous voyons le suffrage universel établi aujourd'hui, non seulement en Suisse, pays essentiellement démocratique et pratiquant dans une large mesure le gouvernement direct, mais encore en Belgique, en Grèce, en Bulgarie, en Serbie, en Espagne, dans l'empire Allemand. Il existe aussi nominalement en Prusse, en Saxe et en Autriche, depuis 1896; mais, à vrai dire, il est organisé dans ces pays de telle manière qu'il semble être plutôt une concession de forme et qu'on y constate encore un caractère fortement aristocratique. Dans les autres pays, le cens s'est progressivement abaissé, le suffrage s'est constamment élargi et beaucoup d'entre eux, tels que l'Angleterre et l'Italie, sont, en réalité, bien plus près du suffrage universel que la Prusse ou l'Autriche. Dans le Nouveau Monde, le suffrage universel est la règle constante. Il y a là une bien curieuse page de psychologie sociale. Nous allons essayer d'en donner une rapide esquisse.

§ 1er

LE DROIT DE SUFFRAGE EN SUISSE.

En Suisse, le suffrage universel est depuis longtemps la base de tous les pouvoirs politiques.

Le pouvoir législatif est exercé par le *Conseil national* et le *Conseil des États*. Le Conseil national se compose des députés du peuple Suisse, nommés au suffrage universel et direct. Le Conseil des États, ou Chambre haute, se compose de 44 députés des cantons, élus à raison de 2 par canton, soit par la législature du canton, soit par le peuple. Enfin, le *Conseil fédéral*, qui détient le pouvoir exécutif, est composé de sept membres, nommés par les deux assemblées réunies.

Le suffrage universel était déjà consacré par la constitution du 12 septembre 1848 ; la loi fédérale du 19 juillet 1872, sur les élections et votations fédérales, reconnait le droit de voter à tout Suisse âgé de vingt ans révolus et qui n'est point exclu du droit de citoyen actif par la législation du canton dans lequel il a son domicile ; et cette disposition a été consacrée par la constitution du 29 mai 1874 (art. 74).

La Suisse est un pays essentiellement démocratique. Le peuple Suisse a, en matière législative, le droit, soit d'initiative, soit de sanction, suivant les cantons ; il doit nécessairement approuver toute modification à la constitution, et la constitution de 1874 a reconnu aux citoyens Suisses, au nombre de 30,000, et aux cantons, au nombre de 8, le droit de demander que les lois fédérales et les arrêtés fédéraux d'une portée générale soient soumis à l'adoption ou au rejet du peuple. Le peuple Suisse est d'ailleurs dans une situation toute particulière en Europe, habitué de temps immémorial au *self government*, qui s'exerce, à la vérité, dans des sphères très étroites, et aux institutions fédératives, et protégé par une neutralité perpétuelle.

Dans ces vingt-deux petits États, unis en Confédération, la vie provinciale, à proprement parler, n'existe pas ; mais la vie communale est très intense et organisée sur des types très différents. Dans certains cantons, la gestion des affaires locales est confiée à un conseil municipal dont les attributions sont fort étendues et dont le maire est toujours nommé à l'élection ; dans d'autres, les affaires sont gérées par l'assemblée générale des habitants, avec un conseil exécutif et des fonctionnaires élus.

Voici, par exemple, l'organisation du cantou de Genève : Chaque commune est administrée par un conseil municipal élu par l'ensemble des électeurs, et par un maire et des adjoints également élus par les électeurs. A Genève même, un Conseil administratif tient lieu de municipalité. Le Conseil municipal se compose de 7 à 10 membres (à Genève, le Conseil administratif en comprend 41) ; il est élu pour quatre ans et se renouvelle intégralement. Il délibère sur toutes les questions qui intéressent la commune ; mais l'autorité centrale exerce un pouvoir de tutelle qui se rapproche assez sensiblement de celui qui appartient chez nous au préfet, au gouvernement et aux Chambres.

Une loi constitutionnelle du 27 avril 1879 avait déjà établi le *referendum facultatif* en matière cantonale, dans le canton de Genève. Une loi constitutionnelle du 12 janvier 1895 y a introduit le *referendum facultatif* dans le domaine municipal : « Les délibérations des Conseils municipaux sont (en principe) soumises à la sanction des électeurs de la commune lorsque le *referendum* est demandé par 1200 électeurs dans la ville de Genève, par le cinquième des électeurs pour les trois communes suburbaines et celle de Carouge, et par le tiers pour les autres communes, dans le délai de 30 jours pour la ville de Genève, et de 15 jours pour les autres communes, à partir de la date de délibération. » (L. 12 janv. 1895, art. 1er Aj. loi organique du 23 octobre 1895.)

Voici une organisation toute différente et qui mérite d'être notée : c'est celle du canton d'Appenzell, d'après la constitution du 15 octobre 1876, qui peut être prise comme type des constitutions purement démocratiques de certains cantons de la Suisse centrale.

La *Landsgemeinde* ou assemblée générale des habitants du pays qui sont électeurs représente le pouvoir souverain du canton. Sont électeurs dans les affaires cantonales, les citoyens du canton qui y ont leur domicile et les citoyens Suisses qui y sont établis ; sont électeurs en matière communale, les bourgeois de la commune qui y ont leur domicile et les citoyens du canton et citoyens Suisses qui y sont établis. La loi règle les dispositions de détail concernant le droit de vote de ceux qui n'ont qu'une simple résidence. La capacité électorale est acquise à l'âge de 20 ans.

L'assistance et la participation à l'assemblée générale jusqu'à la fin de ses travaux constitue une obligation civique : une amende de 10 fr. est prononcée contre tout citoyen qui ne se présente pas et n'assiste pas du commencement à la fin à la *Landsgemeinde* sans excuse suffisante. L'assemblée se réunit tous les ans en session ordinaire, le dernier dimanche d'avril ; elle peut être convoquée extraordinairement par le Grand Conseil ; elle est présidée par le *Landammann*, élu par elle. Elle constitue à la fois le corps électoral suprême et le pouvoir législatif. Elle est seule compétente pour édicter, modifier ou abroger les lois suivant les formes constitutionnelles ; elle doit ratifier tous traités, tous projets de construction et généralement toutes décisions du Conseil cantonal présentant une certaine importance financière. Le compte annuel des recettes et des dépenses est soumis à son approbation. Elle élit les sept membres du Conseil gouvernemental et, parmi eux, le *Landammann*, les onze membres du tribunal supérieur et, parmi eux, le président, l'huissier cantonal. Elle accorde la naturalisation, sur la proposition du Grand Conseil ; elle reçoit des rapports sur l'administration cantonale. Toute modification constitutionnelle procède d'elle et tout électeur peut, suivant certaines formes, la saisir d'une proposition de revision totale ou partielle.

C'est à peu près l'organisation communale du canton de Schaffouse, telle qu'elle est déterminée par la loi du 9 juillet 1892.

L'Assemblée communale, qui se réunit deux fois par an, à l'automne et au printemps, organe de la communauté des habitants, nomme aux différents emplois communaux, fait et abroge les chartes et règlements communaux, surveille et administre les propriétés communales, prépare les budgets, reçoit les comptes, approuve les impôts, les emprunts, les aliénations de propriétés, les constructions nouvelles, règle les questions de voirie, etc. Le Conseil communal, nommé par elle et composé de cinq membres au moins, n'a guère qu'à préparer et à exécuter ses décisions. De la communauté des *habitants* se distingue la communauté des *citoyens*, « corporation publique et légale pour le maintien de l'organisme civique des citoyens qui y résident et pour l'assistance publique » et qui a son assemblée spéciale et son conseil spécial. Il y a encore la communauté religieuse, « corporation publique et légale pour l'administration des affaires ecclésiastiques ». Les personnes présentes dans un lieu se divisent en : 1° passagers ; 2° présents ; 3° établis ; 4° citoyens. Prennent part : 1° aux délibérations, votes et élections des communautés de citoyens, les citoyens établis dans le lieu ; 2° aux votes des communautés d'habitants, les citoyens et ceux qui ont un établissement dans le canton et en Suisse ; 3° aux votes de canton, les citoyens, ceux qui ont un établissement dans le canton ou en Suisse et ceux qui résident dans le canton ; 4° aux votes fédéraux, tous les citoyens suisses présents, qui sont inscrits sur les registres des électeurs.

Ce qui frappe dans ces différentes organisations, essentiellement démocratiques, c'est que le droit de vote ne forme point un bloc indivisible, dont tous les habitants jouiraient également, mais qu'il est approprié à chaque genre d'élection ou de votation.

Ce qui frappe aussi dans l'histoire électorale de la Suisse, c'est la progression constante de l'esprit démocratique, se manifestant par une participation de plus en plus directe du peuple à la confection des lois et au gouvernement [1].

Si l'on cherche à dégager les principes généraux qui dominent la législation électorale de la Suisse, il faut distinguer les élections fédérales, les élections cantonales et les élections communales et, dans celles-ci, il faut sous-

1. Voici un préambule de constitution qui marque bien l'état d'esprit de nos voisins ; il est inscrit en tête de la Constitution d'Uri, du 6 mai 1888 :

Au nom du Dieu Tout-Puissant,

Le Peuple du canton d'Uri,

Conformément au droit, plus de cinq fois centenaire, de disposer de soi que lui ont transmis ses ancêtres, se donne la Constitution cantonale suivante...

distinguer suivant qu'il s'agit des affaires de la commune, intéressant tous les habitants, des affaires bourgeoisiales, intéressant seulement les bourgeois, des affaires paroissiales et des affaires scolaires : ce qui produit une assez grande diversité dans la capacité électorale.

En ce qui concerne les élections fédérales, la constitution du 29 mai 1874 pose les principes suivants : « Tout citoyen d'un canton est citoyen Suisse. — Il peut, à ce titre, prendre part, au lieu de son domicile, à toutes les élections et votations en matière fédérale, après avoir dûment justifié de sa qualité d'électeur. — Nul ne peut exercer des droits politiques dans plus d'un canton. — Le Suisse *établi* jouit, au lieu de son domicile, de tous les droits des citoyens du canton et, avec ceux-ci, de tous les droits des bourgeois de la commune. Toutefois, la participation aux biens des bourgeoisies et des corporations et le droit de vote dans les affaires purement bourgeoisiables sont exceptés de ces droits, à moins que la législation cantonale n'en décide autrement. — En matière cantonale et communale, il devient électeur après un *établissement* de trois mois. — Les lois cantonales sur l'établissement et sur les droits électoraux que possèdent en matière communale les citoyens établis sont soumises à la sanction du Conseil fédéral.

La question de l'*établissement* a, pour les citoyens suisses, une grande importance au point de vue de l'exercice des droits électoraux. Elle est réglée par l'article 45 de la constitution de 1874, ainsi conçu :

Tout citoyen suisse a le droit de s'établir sur un point quelconque du territoire suisse, moyennant la production d'un acte d'origine ou d'une autre pièce analogue. — Exceptionnellement, l'établissement peut être refusé ou retiré à ceux qui, par suite d'un jugement pénal, ne jouissent pas de leurs droits civiques. L'établissement peut être de plus retiré à ceux qui ont été, à réitérées fois, punis pour des délits graves. comme aussi à ceux qui tombent d'une manière permanente à la charge de la bienfaisance publique et auxquels leur commune ou leur canton d'origine refusent une assistance suffisante après avoir été officiellement invités à l'accorder. Le canton dans lequel un Suisse établit son domicile ne peut exiger de lui un cautionnement, ni lui imposer aucune charge particulière pour cet établissement.

L'article 47 dispose, d'autre part, qu' « une loi fédérale déterminera la différence entre l'établissement et le séjour et fixera en même temps les règles auxquelles seront soumis les Suisses en séjour quant à leurs droits politiques et à leurs droits civils. »

Une loi fédérale avait été rédigée en conséquence sur *les droits politiques des Suisses établis et en séjour et la perte des droits politiques des citoyens Suisses*, le 28 mars 1877 ; mais elle a été frappée d'opposition dans les formes prescrites par l'article 89 de la constitution et par la loi du 17 juin 1874 sur les votations populaires, et, soumise au peuple Suisse le 21 octobre suivant, elle a été rejetée par lui à la majorité de 213,230 voix contre 131,557[1].

Revenons aux élections en matière fédérale. L'article 74 de la constitution pose ainsi le principe : « A droit de prendre part aux élections et aux votations tout Suisse âgé de vingt ans révolus et qui n'est du reste point exclu du droit de citoyen actif par la législation du canton dans lequel il a son domicile.—Toutefois la législation fédérale pourra régler d'une manière uniforme l'exercice de ce droit. ». — Cette loi, on vient de le voir, a été présentée en 1877, mais rejetée par le peuple.

En attendant, les principes généraux qui ressortent de la constitution sont les suivants : les élections sont directes. Pour être électeur, il faut être citoyen Suisse et avoir vingt ans révolus. Pour le reste, notamment pour les incapacités, la constitution, tout en réservant le droit de la législation fédérale, s'en remet aux législations cantonales.

En ce qui concerne le Conseil des États, la constitution dispose simplement qu'il se compose de 44 députés des cantons ; chaque canton nomme deux députés ; dans les cantons partagés, chaque demi-État en élit un (art. 8)). Le mode d'élection des membres du Conseil des États, la durée de leur mandat, leur indemnité sont réglés d'une façon tout à fait indépendante par chaque canton, et, à la

_____

1. V. Annuaire de législation comparée, 1878, p. 604 et suiv.

différence des membres du Conseil national, les députés au Conseil des États sont indemnisés par les cantons (art. 79 et 83).

Les principes qui gouvernent les élections cantonales et les élections communales sont, d'une manière générale, les mêmes que ceux qui régissent les élections fédérales. Le suffrage est universel et direct. L'âge de l'électorat est de 20 ans ; cependant, la loi communale de Schaffouse du 9 juillet 1892 n'accorde les droits actifs de *bourgeoisie* qu'aux citoyens âgés de 21 ans ; par contre, la constitution de Zug du 31 janvier 1894 a abaissé (pour les élections locales) la majorité politique à 19 ans. La durée de la résidence exigée pour prendre part au vote est seulement de 3 mois ; la constitution d'Argovie du 23 avril 1885, qui exige, pour les Suisses en séjour, une résidence de 6 mois en matière cantonale et d'un an en matière communale, est une exception ; on en retrouve une semblable dans la constitution de Berne du 4 juin 1893, qui n'accorde l'électorat, dans les affaires cantonales, aux citoyens suisses (non bernois) qu'après un établissement de 3 mois ou un *séjour* de 6 mois.

En résumé, la législation électorale de la Suisse est une des plus libérales qui soient ; l'esprit démocratique s'y est accentué dans ces derniers temps surtout par le développement du système du gouvernement direct ; il est curieux de suivre, à ce point de vue, le travail législatif de la Suisse en ces dernières années. Mais il convient de rappeler, d'autre part, que la Suisse est, au point de vue historique, au point de vue géographique et au point de vue international, dans une situation tout à fait particulière en Europe.

§ 2

LE DROIT DE SUFFRAGE EN BELGIQUE.

La Belgique vient à son tour, après des étapes successives, d'aboutir au suffrage universel, sous la pression populaire. Sa législation électorale est d'autant plus intéressante qu'elle est toute récente : elle est tout entière contenue dans les lois des 12 avril, 28 et 29 juin 1894, 11 avril et 12 septembre 1895.

La Révolution belge de 1830, en même temps qu'elle donnait à la Belgique l'autonomie, l'a dotée d'un gouvernement représentatif. La constitution du 7 février 1831 portait (art. 47) que la Chambre des représentants se compose de députés élus directement par les citoyens payant le cens déterminé par la loi électorale, lequel ne peut excéder 100 florins d'impôts directs, ni être au-dessous de 20 florins ». La loi électorale du 31 mars 1831 avait fixé le cens électoral d'une manière différente suivant l'importance des villes : 80 florins à Bruxelles, Anvers et Gand ; 70 florins à Liège et ainsi de suite, en descendant progressivement jusqu'au minimum de 20 florins suivant l'importance de la population. La loi du 12 mars 1848, nouveau contre-coup des événements politiques de France, abaissa partout, pour les élections parlementaires, le cens électoral au minimum 20 florins (42 fr. 32). Aucune condition de domicile n'était exigée. La majorité était fixée à 21 ans. La loi du 12 mars 1848 eût probablement été plus loin encore et eût proclamé le suffrage universel, si elle n'eût été arrêtée par la loi constitutionnelle. La constitution belge a, en effet, en matière de revision, une disposition qui est de nature à tempérer l'ardeur novatrice : quand le pouvoir législatif a déclaré qu'il y a lieu à revision, les deux Chambres sont dissoutes de plein droit et il en est convoqué de nouvelles, qui statuent, de commun accord avec le roi, sur les points soumis à la revision (art. 131 de de la constitution). Il a fallu pourtant en venir là !

A plusieurs reprises, les lois électorales belges ont été codifiées. Elles l'ont été, une première fois, par la loi du 17 mai 1872. D'après cette loi, qui ne faisait d'ailleurs que coordonner la législation électorale antérieure, il suffisait, pour être électeur *général :* 1° d'être Belge de naissance ou d'avoir obtenu la grande naturalisation ; 2° d'être âgé de 21 ans accomplis ; 3° de verser au Trésor, en contributions directes, patentes comprises, la somme de 42 fr. 32. Pour être électeur *provincial,* la naturalisation simple suffisait et le cens était de 20 fr. Pour les élections communales, il était réduit à 10 fr.

Après la loi électorale du 9 juillet 1877, sur les candidatures et le vote, intervint une nouvelle codification : c'est la loi du 16 mai 1878, qui a été, en vertu d'un arrêté royal du 17 mai, coordonnée avec les parties non abrogées du Code de 1872 et de la loi de 1877 pour constituer un nouveau Code électoral complet. Mais la capacité, nous l'avons vu, ne pouvait être modifiée, du moins en ce qui concerne les élections législatives, que par une revision de la constitution.

Le même obstacle n'existait pas, en ce qui concerne les élections provinciales et communales, que la constitution n'avait pas réglées, ce qui avait permis de fixer le cens à 20 fr. pour les premières et à 10 fr. pour les secondes. Une loi du 24 août 1883, sans faire disparaître le principe du cens, supprima le caractère exclusif de cette condition et donna l'électorat provincial et communal à certaines catégories de capacités, établies soit par certaines fonctions publiques déterminées par la loi, soit par certains titres ou emplois en dehors de tout service public, soit même par certains examens et certificats d'études. C'était encore un pas en avant, qui accentuait la différence entre les élections administratives et les élections politiques, et qui devait rendre plus instante la pensée de la revision quant à ces dernières.

Ce ne fut cependant qu'en 1892 que le gouvernement se rendit aux instances du parti démocratique et accepta le principe de la revision de la constitution. Le roi, dans le discours qui a ouvert la session de 1892-93, définissait assez bien l'état d'esprit moderne, quand il disait : « La constitu-
« tion belge est aujourd'hui la plus ancienne du Continent ;
« elle a valu à notre cher pays une longue série d'années de
« paix et de fécond développement ; j'en ai plus d'une fois,
« comme vous, proclamé la sagesse ; mais les œuvres des
« hommes n'ont qu'un temps ; les institutions doivent être
« appropriées au milieu qu'elles régissent, et, grâce aux
« progrès acccomplis, nos institutions, si libérales il y a
« un demi-siècle, peuvent être aujourd'hui améliorées et
« rajeunies. »

Mais l'œuvre fut laborieuse et le peuple s'en mêla. La Chambre commença par repousser toutes les propositions qui lui étaient soumises: et celles qui établissaient le suffrage universel absolu, et celles qui le soumettaient à des conditions d'examen préalable pouvant être remplacé par le cens, et celle de M. Frère-Orban, qui exigeait la preuve d'une instruction primaire, et d'autres encore ; si bien qu'à la fin aucune proposition ne restait debout. On sentait qu'il y avait quelque chose à faire, mais on n'osait prendre un parti. Les émeutes populaires d'avril 1893 et la grève générale décrétée par le parti ouvrier hâtèrent la décision ; dès la reprise des débats, le 18 avril, la Chambre sentit la nécessité, toute autre affaire cessante, de reprendre la revision et adopta enfin un projet de suffrage universel avec vote plural, déposé par M. Nyssens, auquel le Sénat se rallia. On peut ainsi constater qu'en Belgique, comme en France, le suffrage universel s'est imposé plutôt qu'il n'a été délibérément institué, et cela, comme on l'a justement remarqué, alors que se trouvait au pouvoir la plus forte majorité conservatrice qui se soit vue dans ce pays !

Visiblement, on a cherché des garanties contre le suffrage universel que l'on admettait. L'âge de l'électorat a été reculé à vingt-cinq ans ; une résidence d'un an au moins dans la même commune a été exigée; surtout, un ou même deux votes supplémentaires ont été attachés à certaines conditions d'âge, de famille, de propriété, d'instruction, sur lesquelles nous aurons à revenir. (article 47 revisé.)

D'après la constitution belge (art. 53), les électeurs pour le Sénat étaient les mêmes que pour la Chambre des députés ; d'après le texte revisé en 1893, la loi peut exiger, outre les conditions de l'article 47, que les électeurs pour le Sénat soient âgés de trente ans accomplis, et, d'autre part, le Sénat comprend des membres élus par les conseils provinciaux, au nombre de deux par province ayant au moins 500,000 à 1,000,000 d'habitants, et de quatre par province ayant plus d'un million d'habitants.

Le nouveau système électoral belge a été revisé, complété et organisé notamment par les lois suivantes :

1° La loi du 12 avril 1894, relative à la formation des listes des électeurs pour les Chambres législatives, qui constitue, en partie, le nouveau code électoral pour les élections législatives ;

2° La loi du 28 juin 1894, contenant les titres IV à X du code électoral, relatifs aux opérations du vote, aux incompatibilités, à la durée et au renouvellement des Chambres ;

3° La loi du 29 juin 1894, portant détermination du corps électoral pour le renouvellement des conseils provinciaux. Cette loi décide que les conseils provinciaux seront élus par les citoyens inscrits en qualité d'électeurs pour le Sénat, sur les listes en vigueur lors de cette élection ;

4° La loi du 11 avril 1895, relative à la formation des listes des électeurs communaux et celle du 12 septembre 1895, sur les élections communales, qui se complètent et achèvent l'œuvre de revision électorale. La première, celle du 11 avril 1895, étend d'abord à l'électorat communal la plupart des dispositions déjà en vigueur pour l'électorat provincial et pour l'électorat général, exige l'âge de trente ans et une résidence de trois ans, attribue jusqu'à trois voix supplémentaires aux électeurs qui réunissent certaines conditions d'âge, de famille, de moyens d'existence, enfin organise une première application de la représentation des intérêts, par l'adjonction, dans certaines villes, de quatre ou de huit conseillers supplémentaires, élus, moitié par les patrons, moitié par les ouvriers, par les électeurs aux conseils de l'industrie et du travail (conseils de prud'hommes). La seconde, celle du 12 septembre 1895, règle la durée du mandat des conseils communaux, qu'elle porte de six à huit ans, la composition des collèges et bureaux électoraux, les opérations électorales, et consacre, dans une certaine mesure, le principe de la représentation proportionnelle.

Un nouveau code électoral, contenant les lois et arrêtés royaux relatifs aux élections pour les Chambres législatives, la province et la commune, a été promulgué en 1895.

Nous étudierons ultérieurement le système de vote plural introduit en Belgique par la revision de 1893. Constatons, avant de quitter ce pays, que la question électorale y passionne encore aujourd'hui l'opinion : il s'agit de l'application du système de la représentation proportionnelle des minorités, dont le principe paraît être universellement accepté, mais sur l'organisation duquel on n'est pas encore parvenu à s'entendre. Constatons aussi que les émeutes populaires paraissent devoir être, cette fois encore, un facteur important dans la solution du problème.

§ 3

LE DROIT DE SUFFRAGE EN GRÈCE.

En Grèce, le principe du suffrage universel a été consacré par la constitution des 16-28 novembre 1864, après le renversement du roi Othon et son remplacement par le roi Georges.

L'article 66 est ainsi conçu : « La Chambre est composée de députés élus par les citoyens ayant le droit d'élire, au suffrage universel et secret, par le moyen de boules, conformément à la loi qui sera votée par l'Assemblée nationale, et qui pourra être modifiée à tout moment dans ses autres dispositions. » On sait qu'en ce pays il n'y a qu'une seule Chambre.

La loi électorale, annoncée par la constitution, fut promulguée les 19 novembre-1er décembre 1864. Elle a été remplacée par celle des 17-29 septembre 1877, dont l'article 4 est ainsi conçu : « Le droit de voter, en chaque province, appartient à tout démote d'une commune de la province âgé de vingt et un ans accomplis. » Et l'article détermine ensuite les incapacités. A part ces incapacités, on voit que le suffrage, en Grèce, est universel et direct et que la majorité politique est fixée à vingt et un ans.

§ 4

LE DROIT DE SUFFRAGE EN ESPAGNE.

L'Espagne vient, elle aussi, récemment, après diverses péripéties, d'aboutir, ou plutôt de revenir au suffrage universel.

Le pouvoir législatif, en Espagne, réside dans une Chambre des députés et dans un Sénat, dont la réunion constitue les Cortès.

D'après le Statut royal de 1834 et la constitution de 1837, la Chambre des députés était élue, à deux degrés, par les contribuables les plus imposés et par les membres des municipalités, qui toutes étaient alors à la nomination du chef de l'État. La Chambre haute était composée de membres choisis par le souverain sur des listes de candidats élus, mais pris seulement parmi les grands propriétaires et les grands dignitaires.

Le principe du cens, avec l'adjonction de certaines capacités, prévalut jusqu'en 1869.

Après la révolution du 29 septembre 1868 et la chute de la reine Isabelle, le suffrage universel avait été proclamé comme base de l'élection des deux Chambres par la constitution de 1869. La Chambre des députés était nommée au suffrage universel et direct ; les sénateurs étaient nommés par un collège électoral composé des députations provinciales et des délégués nommés par chaque district au suffrage universel.

Après la restauration d'Alphonse XII, on revint au système du cens. L'article 15 de la loi électorale du 28 décembre 1878 portait : « Aura droit d'être inscrit comme électeur sur « les listes du cens électoral de la section de son domicile « respectif, tout Espagnol âgé de 25 ans accomplis et « payant au Trésor une contribution d'au moins 25 pié- « cettes (25 fr.) par an comme contribution foncière et de « 50 piécettes comme contribution industrielle. » L'art. 19 déterminait, il est vrai, certaines catégories assez larges de *capacitaires*, qui pouvaient demander leur inscription sans condition de cens.

Cette législation a récemment fait place à une nouvelle loi électorale, du 26 juin 1890, qui a rétabli le suffrage universel. C'est dans cette loi, qui constitue un véritable code de la matière, qu'il faut chercher les principes de la législation électorale de l'Espagne. Elle a été, en effet, adaptée aux élections des députations provinciales et des conseils municipaux par les décrets royaux du 5 novembre 1890 et du 24 mars 1891.

Quant au Sénat, il demeure composé de sénateurs de droit, à raison de la naissance ou de la fonction, de sénateurs nommés à vie par la couronne et de sénateurs élus

par les corporations de l'État et les plus fort imposés
dans des catégories déterminées par l'art. 22 de la constitution (art. 20 et 21 de la constitution du 30 juin 1876 ; loi
électorale du 8 février 1877).

D'après la loi électorale du 26 juin 1890, sont électeurs
tous les Espagnols mâles, majeurs de 25 ans, jouissant de
leurs droits civils, inscrits sur les registres d'une commune où ils comptent deux ans au moins de résidence
(L. 26 juin 1890, art. 1 ; décret royal du 5 novembre 1890,
art. 1).

C'est donc le suffrage universel qui règne aujourd'hui
en Espagne, mais avec la majorité fixée à 25 ans seulement
et la condition d'une résidence de deux années dans la
même commune. Cette législation est applicable aux élections provinciales et communales, les électeurs étant les
mêmes que pour les députés aux Cortès, d'après le décret
royal du 5 novembre 1890 (art. 5.). Seule, la partie élective
du Sénat reste soumise au principe du cens : « Pour être
électeur sénatorial, il faut être Espagnol, majeur selon la
loi de Castille, chef de famille, domicilié et avoir une
maison ouverte dans une commune du royaume et jouir
de tous les droits civils et politiques (L. 8 février 1877,
art. 3).

§ 5

LE DROIT DE SUFFRAGE DANS L'EMPIRE D'ALLEMAGNE.

Il faut encore ranger parmi les pays de suffrage universel l'empire allemand. On sait que le pouvoir législatif
dans la Confédération s'exerce par le Conseil fédéral
(*Bundesrath*) et le *Reichstag.*

Le Conseil fédéral se compose des représentants de
chaque État faisant partie de la Confédération ; les voix, au
nombre total de 58, sont réparties entre les États ; chaque
État peut nommer autant de fondés de pouvoirs qu'il possède de voix ; mais les représentants d'un même État
doivent émettre leur vote dans le même sens (Constit.,
art. 6).

Le Reichstag, composé de 397 membres, répartis entre les États confédérés, est, d'après la constitution, nommé par le suffrage universel et direct, au scrutin secret (art. 20).

La loi électorale en vigueur est encore celle du 31 mai 1869, suivie du règlement du 28 mai 1870.

Est électeur au Reichstag tout Allemand qui a accompli sa vingt-cinquième année et qui n'est pas dans un des cas d'incapacité prévus par la loi. Non seulement aucun cens, mais encore aucune condition de résidence n'est imposée en principe : celui qui veut exercer son droit de vote dans une section doit simplement y résider à l'époque de l'élection ; il est vrai qu'il résulte des formalités de l'inscription sur les listes électorales qu'il faut, en réalité, un domicile d'un mois environ pour pouvoir voter ; mais c'est une nécessité de fait, non une condition de droit.

§ 6

LE DROIT DE SUFFRAGE DANS LES ÉTATS ALLEMANDS.

Nous trouvons encore le suffrage universel dans quelques-uns des États allemands ; mais, tel qu'il y est organisé, c'est plutôt un hommage au principe qu'une réalité. Là encore cependant, on peut constater l'influence croissante de l'esprit démocratique.

A

Prusse.

Voici d'abord la Prusse. Sa constitution, qui fut le contre-coup de la Révolution française de 1848, date du 31 janvier 1850.

Le pouvoir législatif est exercé par deux Chambres : la Chambre des Seigneurs et la Chambre des députés.

La Chambre des Seigneurs est formée par ordonnance royale, qui ne peut être modifiée que par une loi, avec le consentement des deux Chambres. C'est l'ordonnance du

12 octobre 1854, complétée par celle du 10 novembre 1865. La Chambre des Seigneurs se compose de membres de droit (les princes de la maison royale, que le roi appelle à siéger à leur majorité et les chefs de certaines familles princières ou nobles) et de membres que le roi nomme à vie sur la liste des candidats présentés par des catégories déterminées. Nous n'avons pas à nous y arrêter.

La Chambre des députés est nommée au suffrage universel à double degré ; mais, en réalité, la législation électorale est combinée de manière à réduire au minimum l'influence du nombre et à chercher plutôt, dans la composition des assemblées parlementaires, la représentation des intérêts et de la richesse.

L'article 70 de la constitution porte que « tout Prussien qui a accompli sa 25ᵉ année et qui jouit de l'électorat municipal dans la commune où il est domicilié, est électeur du 1ᵉʳ degré ». Mais l'article 71 ajoute que « les électeurs du 1ᵉʳ degré sont répartis en trois sections, suivant leurs impôts directs, de manière que chaque section, dans son ensemble, paye un tiers de l'impôt total » et que « chaque section élit séparément un tiers des électeurs à choisir ». Il en résulte que les électeurs riches ont un pouvoir électoral infiniment supérieur à celui des électeurs pauvres. Voici, à titre d'exemple, quelques chiffres extraits de la statistique électorale de la Prusse pour les élections communales en 1893 :

	1ʳᵉ classe		2ᵉ classe	3ᵉ classe
Berlin	5.930	électeurs	28.342	313.510
Magdebourg	447	»	2.114	19.698
Cologne	567	»	2.858	13.258
Elberfeld.	274	»	1.244	5.404
Aix-la-Chapelle . .	312	»	1.156	5.300
Essen.	3 [1]	»	393	3.650

Dans un projet, qui est devenu la loi du 29 juin 1893, le Gouvernement proposait de faire une nouvelle répartition des classes, dans laquelle la 1ʳᵉ aurait compris 5/12 de la

---

1. Ce petit nombre provient du chiffre énorme d'impôts payés par la maison Krupp.

somme des impôts, la 2ᵉ 4/12 et la 3ᵉ 3/12, de manière à faire entrer une partie des électeurs de la 2ᵉ classe dans la 1ʳᵉ et une partie de ceux de la 3ᵉ dans la 2ᵉ. Mais la Chambre des Seigneurs se refusa à toute modification de l'ancienne loi dans un sens démocratique.

B

Saxe.

Il convient de rapprocher de la législation électorale prussienne celle de la Saxe, qui vient de se modeler sur elle. Le royaume de Saxe a procédé, en effet, en 1896, à une réforme électorale très curieuse, en ce qu'elle est un des très rares exemples de retour en arrière, au point de vue du droit de suffrage, que nous offrent les législations des différents pays.

La constitution qui régit la Saxe porte la date du 4 septembre 1831.

Il y a une Assemblée 'tats, divisée en deux Chambres, dont les pouvoirs sont égaux (Const , art. 61 et 62) :

La première Chambre se compose de hauts dignitaires et fonctionnaires et de certains membres nobles élus par leurs pairs ou nommés par le roi. La seconde Chambre se compose de députés nommés par les électeurs, aujourd'hui divisés en trois classes comme en Prusse.

La constitution de 1831 avait été complétée par la loi du 24 septembre 1831, modifiée elle-même par les lois du 1ᵉʳ novembre 1834 et du 7 mars 1839. Cette législation se résumait dans les principes suivants : 4 ordres de représentation : possesseurs de biens nobles, villes, campagnes, commerce et industrie (comme en Autriche) ; élection directe dans le premier ordre, à deux degrés dans les trois autres ordres ; obligation pour l'électeur de professer une religion chrétienne et, pour le député, d'appartenir à la circonscription. La loi du 19 octobre 1861 supprima la condition de religion. Celle du 3 décembre 1868 établit partout l'élection directe ; si elle attribuait une représentation distincte aux villes et aux campagnes, elle supprimait l'ordre des propriétaires de biens nobles et celui des commerçants et artisans. Elle n'exigeait pour l'électorat que la possession d'une terre avec habitation ou le paiement d'un cens direct de 3 marks.

Mais la loi du 28 mars 1896, inspirée sans nul doute par la peur du socialisme grandissant, a supprimé le suffrage direct et fait retour à un système de classes censitaires calqué sur celui de la Prusse. Il faut noter toutefois que la loi de 1896 a conféré le droit de suffrage à un nombre assez considérable d'individus qui en étaient exclus par la loi de 1868, en admettant comme électeur primaire tout contribuable à l'impôt foncier et à l'impôt sur le revenu, alors qu'auparavant un cens de 3 marks était nécessaire ; mais cette circonstance ne saurait effacer le caractère réactionnaire de la réforme.

De même qu'en Prusse, les électeurs primaires sont divisés en trois sections, d'après la somme des impôts fonciers et sur le revenu qu'ils ont à payer à l'État. Toutefois, en Saxe, les cotes contribuables qui dépassent la somme de 2.000 marks ne sont comptées que pour cette somme, ce qui atténue certaines des conséquences extrêmes du système prussien. A la première section, appartiennent les électeurs primaires les plus imposés, supportant un tiers de la somme totale des contributions ; en tout cas, tous les électeurs primaires payant au moins 300 marks d'impôt foncier et d'impôt sur le revenu. La deuxième section se compose des électeurs primaires immédiatement moins imposés, supportant la moitié du reste de la somme totale ; en tout cas, ceux qui paient au moins 38 marks d'impôt foncier et d'impôt sur le revenu. A la troisième section appartiennent tous les autres électeurs primaires. Et chaque section élit séparément un tiers des électeurs secondaires.

En somme, c'est le système prussien, avec quelques adoucissements.

C

Bavière.

La Bavière, sans avoir l'étiquette du suffrage universel, a des institutions plus libérales.

L'introduction du gouvernement représentatif en Bavière fut l'œuvre de la constitution du 1ᵉʳ mai 1808. Le pouvoir législatif était attribué au roi et à une assemblée des États, composée de 105 membres, élus parmi les deux cents propriétaires fonciers, négociants et industriels les plus imposés par des électeurs nommés à vie par le roi parmi les plus imposés. C'était une ébauche du régime représentatif. La nécessité d'élargir les bases de la représentation nationale se fit bientôt sentir, et, depuis la constitution du 22 mai 1818, qui forme encore le fond du droit public bavarois, une série de dispositions constitutionnelles, parmi lesquelles il faut citer celles du 4 juin 1848, ont constitué définitivement la Bavière à l'état de monarchie parlementaire.

Le pouvoir législatif est partagé entre le roi et deux Chambres. La Chambre des Seigneurs comprend des membres héréditaires, des membres nommés à vie par la couronne et des hauts dignitaires, membres de droit. La Chambre des députés est composée de membres élus par le suffrage à deux degrés, conformément à la loi du 4 juin 1848, modifiée par celle du 21 mars 1881, qui a substitué le scrutin secret au scrutin public et supprimé l'institution des députés suppléants. La loi électorale est considérée comme ayant un caractère constitutionnel et ne peut être modifiée que sur la proposition du roi.

Aux termes de l'article 5 de la loi de 1881, « le droit de prendre part aux élections du premier degré appartient à tout sujet bavarois majeur (c'est-à-dire âgé de vingt et un ans) et payant, depuis six mois au moins, à l'État bavarois une contribution directe ». Les quatre contributions directes sont : l'impôt sur le revenu, l'impôt sur le revenu des capitaux, l'impôt sur l'industrie et l'impôt foncier et des bâtiments. Ainsi, aucune quotité n'est fixée ; il suffit de payer une contribution directe ; on ne peut pas dire, à proprement parler, que ce soit là le régime censitaire ; car nous établirons que la participation au paiement des charges publiques est rationnellement une condition *sine qua non* de l'exercice du droit de suffrage.

Notons toutefois que la loi bavaroise exige de l'électeur du premier degré un serment constitutionnel, dont voici la formule : « Je jure fidélité au roi, obéissance à la loi et respect à la constitution de l'État : ainsi Dieu me soit en aide et son saint Évangile ! »

Les électeurs du second degré doivent être âgés de vingt-cinq ans et prêter, outre le serment constitutionnel ci-dessus, un serment électoral, ainsi formulé : « Je jure que je donnerai ma voix selon ma libre et intime conviction, comme je l'estime utile pour le bien général du pays, sans égard aux menaces, aux promesses et aux ordres qui pourraient m'être faits ou donnés, et que je n'ai accepté ni n'accepterai dans ce but aucun don ou présent, quel qu'il soit, de personne et à quelque titre que ce puisse être, ni directement, ni indirectement. »

§ 7

LE DROIT DE SUFFRAGE EN AUTRICHE.

Voici encore un pays qui vient d'être forcé d'accepter le principe du suffrage universel, mais encore inorganisé et plus nominal que réel.

La constitution autrichienne porte la date du 21 décembre 1867. La représentation des pays autrichiens s'exerce par le Reichsrath, qui se compose de la Chambre des Seigneurs et de la Chambre des députés.

La Chambre des Seigneurs se compose de membres de droit, par la naissance ou par la fonction, et de membres nommés à vie par l'empereur.

En ce qui concerne la composition de la Chambre des députés, la constitution de 1867 a été modifiée, d'abord par la loi du 21 avril 1873, puis par celles du 4 octobre 1882 et du 12 novembre 1886, et tout récemment par une loi de 1896 [1]. Ces modifications se sont traduites par une extension progressive du suffrage, qui conserve encore, par son organisation, un caractère fortement censitaire.

Le trait caractéristique de cette organisation est la division des électeurs en catégories. Avant la loi de 1896, il y

1. *Annuaire de législation étrangère*, 1897, p. 260 et suiv.

en avait quatre : *a.* la grande propriété foncière et les plus
haut imposés ; *b.* les villes ; *c.* les chambres de commerce et
d'industrie ; *d.* les communes rurales. La catégorie *a* nommait en tout 85 députés ; la catégorie *b*, 99 ; la catégorie *c*,
21 ; la catégorie *d*, 129 ; les catégories *b* et *c* réunies, 19 ;
total : 353.

La loi de 1896, après une longue agitation électorale,
après des discussions sans fin tendant à l'obtention du suffrage universel, a augmenté le nombre des députés de 72
et introduit une cinquième catégorie d'électeurs, comprenant tous les citoyens capables qui ne participaient pas
auparavant au suffrage, au nombre de 3.000.000.

Mais l'influence de ces nouveaux-venus est singulièrement mesurée. En effet, les anciens et les nouveaux électeurs, par rapport aux députés qu'ils ont à élire, restent
toujours séparés en deux groupes. Les anciens électeurs,
au nombre de 1.730.000, nomment seuls 353 députés, puis
concourront avec la nouvelle curie de 3.600.000 électeurs
à élire les 72 nouveaux députés. C'est-à-dire qu'on a conservé l'ancienne construction des ordres électoraux tout
entière et qu'on lui a seulement accolé une nouvelle construction peu symétrique. C'est une consécration assez
platonique du principe du suffrage universel ; mais ce n'en
est pas moins une consécration, et, à ce point de vue, la
loi de 1896 a une portée considérable.

Ajoutons qu'en Autriche la majorité électorale est
fixée à vingt-quatre ans (Loi constit. 21 décembre 1867,
art. 7 I)).

§ 8

LE DROIT DE SUFFRAGE EN HONGRIE.

La Hongrie a un passé parlementaire fort ancien ; mais
la représentation populaire y fut inconnue jusqu'en 1848.
Il y avait une assemblée nationale hongroise, composée,
comme en Pologne, de tous les nobles qui se rassemblaient
à cheval, et dont la dernière réunion se tint en 1526, avant
la grande défaite des Hongrois par les Turcs. Au commencement du XVIe siècle, la Diète (ainsi s'appelait cette

assemblée) se divisa en deux Chambres ou Tables : la Chambre des Magnats et celle des États et Ordres ; la première, composée des membres de la haute noblesse ; la seconde, de représentants.

Pendant des siècles, les nobles seuls envoyaient, dans leurs *comitats* ou départements, deux députés ; les délégués de certains districts privilégiés, la représentation excessivement restreinte des villes dites *libres* et la représentation plus large des établissements ecclésiastiques complétaient la Diète.

La représentation nationale ne fut véritablement établie en Hongrie qu'en 1848, sous l'influence du mouvement réformateur qui fut le contre-coup de la Révolution française de cette époque. De cette année datent notamment la loi sur le ministère responsable, la loi sur les sessions annuelles de la Diète, une loi électorale provisoire, qui a été remplacée par une autre loi de 1874, la loi sur l'égalité devant l'impôt, celle sur l'abolition des services féodaux. Les *États* et *Ordres* disparurent, comme avaient disparu en 1789 les États Généraux de France, et firent place à une véritable Chambre des députés.

En 1867, fut établi, sous le sceptre de l'empereur François-Joseph, le système de dualisme qui unit l'Autriche et la Hongrie.

Le régime parlementaire dont la Hongrie s'est trouvée dès lors en possession comprend deux assemblées : la Chambre des Magnats et la Chambre des députés.

La Chambre des Magnats, qui était restée jusqu'en 1885 avec sa constitution datant de 1608, qui comprenait tous les magnats du royaume en nombre illimité (on a vu des séances de plus de 800 membres), a été réorganisée en 1885.

Deux innovations considérables sont à noter :

1° L'introduction d'une condition de cens : il faut désormais, pour siéger à la Chambre des Magnats, payer au moins 3.000 florins de contribution foncière ; 2° l'introduction de membres à vie nommés par le roi.

En ce qui concerne les élections à la Chambre des députés, la loi de 1848, qui l'avait organisée, a été remplacée par une loi du 20 novembre 1874, qui constitue un véritable code électoral.

La législation qui détermine la capacité électorale est assez compliquée. Aux termes de l'article 1er de la loi du 26 novembre 1874, « le droit électoral appartient à tous les citoyens nés ou naturalisés dans le pays — les femmes exceptées — qui ont dépassé leur 20e année et remplissent les conditions établies dans les articles 1 et 2 de la loi de 1848 ». Remarquons l'âge de l'électorat fixé à 20 ans, comme en Suisse. Le cens est établi par des procédures différentes, selon qu'il s'agit de propriétés foncières, de capitaux mobiliers, d'industries ou d'emplois. Il peut être ramené, pour les différentes catégories d'électeurs, à un revenu de 105 florins [1] et à un impôt direct de 10 florins, qui doit avoir été payé intégralement dans l'année précédant les élections. En sont dispensés, dans les villes, ceux qui possèdent pour eux seuls une maison contenant au moins trois pièces d'habitation, fût-elle exempte d'impôts, les artisans qui ont un aide ou ouvrier et, dans tout le royaume, surtout en Transylvanie, ceux qui jouissent d'anciens privilèges et dont le nombre représente environ 20 pour 100 des électeurs censitaires. Il faut ajouter une liste assez nombreuse de capacitaires, qui sont électeurs sans condition de cens : les membres de l'Académie hongroise, les professeurs, les artistes académiques, les docteurs, avocats, notaires publics, ingénieurs, chirurgiens, pharmaciens, les agriculteurs, forestiers et mineurs diplômés, les prêtres et les vicaires, les secrétaires communaux, les maîtres d'école et les professeurs diplômés de crèches (L. 26 nov. 1874, art. 9).

On voit qu'en somme la législation électorale hongroise est assez libérale et que, là aussi, l'esprit démocratique a fait de considérables progrès.

§ 9

LE DROIT DE SUFFRAGE EN ITALIE.

Nous allons constater encore le même phénomène en Italie.

---

1. Le florin autrichien vaut 2 fr. 47.

D'après le Statut fondamental du 4 mars 1848, le pouvoir législatif est partagé entre un Sénat, dont les membres sont nommés à vie par le roi, en nombre illimité, ayant l'âge de quarante ans accomplis et choisis dans des catégories déterminées (art. 33) et une Chambre des députés élective.

La loi électorale du 17 décembre 1860 ne conférait l'électorat qu'aux citoyens âgés de vingt-cinq ans, payant un cens de 40 lires, et à quelques rares capacitaires : sur une population de plus de 13 millions d'habitants, 605,000 seulement étaient inscrits sur les listes électorales. Tous les partis politiques étaient d'accord pour reconnaître que l'électorat reposait sur des bases trop étroites. Différents projets de réforme successivement présentés aboutirent à la loi du 22 janvier 1882, qui abaissa l'âge de l'électorat à vingt et un ans, le cens à 19 lires 80, et admit au vote, sans cette condition, un grand nombre de capacitaires.

La loi électorale politique a été réunie en un texte unique par le décret royal du 28 mars 1895. D'autre part, un décret royal du 10 février 1889 avait approuvé le texte unique de la loi communale et provinciale.

Les conditions générales requises pour être électeur sont fixées dans l'article 1er de la loi de 1882. Il faut : 1º être Italien et jouir des droits civils et politiques, ou avoir obtenu la naturalisation par la loi ; 2º avoir atteint l'âge de vingt et un ans accomplis ; 3º savoir lire et écrire ; 4º remplir les autres conditions requises par la loi.

Quelles sont ces autres conditions ? Ce sont des conditions ou d'instruction ou de fortune.

L'article 2 règle les conditions d'instruction. Il faut, en principe, avoir satisfait à l'examen prescrit par la loi et par le règlement sur les matières comprises dans le cours élémentaire obligatoire. Mais la loi dispense de toute justification ceux qui possèdent certains titres, qui ont obtenu certains diplômes, qui ont rempli certaines fonctions ou mérité certaines récompenses : tout cela est déterminé par l'article 2.

D'autre part, l'article 3 déclare électeurs, indépendamment des justifications qui précèdent, ceux qui paient annuellement un impôt direct de 19 lires 80, ou qui, d'après certains indices, tels que leur loyer d'habitation ou l'importance de leur exploitation, possèdent un certain revenu.

Deux dispositions méritent d'être signalées : 1° pour évaluer le cens électoral, il est tenu compte au père des impôts qu'il paie pour les biens de ses enfants dont il a la jouissance, et au mari des impôts que paie sa femme, sauf dans le cas de séparation (art. 8) ; 2° les impôts directs payés par une veuve ou par une femme séparée légalement de son mari peuvent être comptés dans le cens électoral en faveur d'un de ses fils, petits-fils ou arrière-petits-fils, désigné par elle ; pareillement, le père qui possède le cens prescrit pour l'électorat peut déléguer à l'un de ses fils, petits-fils ou arrière-petits-fils l'exercice du droit électoral dans son propre collège quand il ne peut ou ne ne veut l'exercer (art. 12). Ces délégations se font par une simple déclaration authentique devant notaire et peuvent être révoquées dans la même forme.

On voit, par cet aperçu, que la législation électorale italienne est, en somme, assez libérale et bien près du suffrage universel.

§ 10

LE DROIT DE SUFFRAGE EN PORTUGAL.

Le Portugal est un des rares pays où l'on peut constater, en ces derniers temps, un retour en arrière.

Les Cortès portugaises comprennent deux Chambres : la Chambre des Pairs et la Chambre des députés.

La composition de la Chambre des Pairs a subi plusieurs vicissitudes. D'après une loi du 3 mai 1878, réformant déjà la constitution de cette Chambre, elle devait se composer de membres de droit et de membres, sans nombre fixe, nommés à vie par le roi et choisis parmi certaines catégories déterminées par la loi. Une loi du 24 juillet 1885 modifia cette composition et décida que la Chambre des Pairs comprendrait : cent membres à vie nommés par le roi, cinquante membres élus et des pairs de droit ; les membres élus et les membres nommés par le roi ne pouvaient être pris que dans certaines catégories déterminées par la loi.

En ce qui concerne la Chambre des députés, les règles concernant les élections législatives étaient contenues dans les décrets du 30 septembre 1852 et du 18 mars 1869, et dans les lois des 23 novembre 1854, 8 mai 1878 et 21 mai 1884.

D'après la loi de 1878, étaient électeurs et, à ce titre, considérés comme ayant le cens exigé par le décret de 1852, les citoyens portugais majeurs sachant lire et écrire ou étant chefs de famille. Était considéré comme chef de famille celui qui, depuis plus d'un an, vivait en commun avec un de ses ascendants, descendants, oncles, frères ou neveux, ou avec sa femme, et pourvoyait aux charges de la famille. La majorité électorale était, en principe, fixée à 25 ans ; par exception, pouvaient voter à 21 ans certaines catégories de capacitaires déterminés par le décret de 1852.

Mais le décret dictatorial du 25 septembre 1895 et la loi du 21 mai 1896, qui l'a complété, ont modifié cet état de choses. Le rapport au roi, présenté par les ministres, expose : « que le régime parlementaire traverse, presque « dans tous les pays, une crise ; que, en Portugal, les di- « vers gouvernements qui se sont succédé se sont vus tous « dans la nécessité d'assumer le pouvoir législatif et de « violer ainsi les préceptes essentiels de la Constitution ; « que de telles pratiques, communes à tous les partis et « tolérées par la nation, révèlent un vice profond dans les « institutions et spécialement dans la loi électorale... »

Le décret de 1895 a supprimé les Pairs électifs et décidé que la Chambre des Pairs se composerait désormais des Pairs de droit et de 90 Pairs nommés par le roi, sans limitation de choix, qui devront seulement être âgés ds 40 ans au moins et n'être pas inéligibles à la Chambre des députés (sauf pourtant quelques exceptions).

En ce qui touche les élections politiques et administratives, le décret de 1895 et la loi de 1896 déclarent électeurs tous les citoyens portugais, majeurs de 21 ans, domiciliés sur le territoire national et remplissant l'une des conditions suivantes : 1° être imposé pour une ou plusieurs contributions directes de l'État avec une cote non inférieure à 500 réis (le milréis vaut 5.60 ; le cens est donc d'environ 2 fr. 80) ; 2° savoir lire et écrire. La loi nouvelle n'admet plus la qualité de chef de famille comme équivalant au cens ; et, bien que ce cens soit peu élevé, on ne peut méconnaitre qu'elle constitue un recul dans la voie démocratique Remarquons, en terminant, que la majorité politique est abaissée pour tous à 21 ans.

§ 11

LE DROIT DE SUFFRAGE EN HOLLANDE.

Nous ne voulons pas, dans cette rapide revue du droit de suffrage dans les différents pays d'Europe, passer sous silence les Pays-Bas, parce qu'une nouvelle loi électorale y a été promulguée le 9 septembre 1896.

La constitution néerlandaise de 1848 admettait un régime censitaire. Le droit de suffrage était subordonné au paiement de l'impôt direct ; le montant en devait être fixé par la loi électorale, en observant le maximum (160 florins) et le minimum (20 florins) déterminés par la constitution et en tenant compte pour chaque localité des « conditions locales ».

Une revision constitutionnelle, en 1887, conféra le droit de vote à tout Néerlandais mâle, régnicole, âgé de 23 ans, et payant 10 florins de contribution foncière, ou une cote d'impôt mobilier ou des portes et fenêtres supérieure au montant dont la modicité autorise une réduction. Cette réforme doublait à peu près le nombre des électeurs, qui se trouvait porté à 300.000 environ.

Cependant elle était considérée comme provisoire et devait, dans l'opinion générale, céder la place à une nouvelle loi électorale, qui est venue enfin, après diverses péripéties : c'est la loi du 9 septembre 1896, complétée par une ordonnance du 28 novembre 1896.

Cette loi ne compte pas moins de 165 articles. Nous nous bornerons à résumer les conditions nouvelles qu'elle pose pour l'exercice du droit de suffrage.

Désormais, le droit de vote est reconnu à tous les Néerlandais résidant dans le pays, ayant atteint avant le 15 mai l'âge de 25 ans accomplis et remplissant *une des huit conditions suivantes :*

1° Être inscrit depuis une année complète à l'une au moins des contributions directes : pour l'impôt foncier, la cote doit être de 1 florin au moins ; et avoir acquitté ses impôts au plus tard le 1er mars. Les impôts payés par la femme comptent pour le mari ; ceux payés par les enfants mineurs comptent au père ;

2° Avoir habité du 1er août au 31 janvier, comme chef de famille ou célibataire, dans la même commune, en vertu d'un bail ; n'avoir pas déménagé plus d'une fois pendant l'année et avoir payé un prix de loyer hebdomadaire variable selon les localités, d'après un tableau annexé à la loi ;

3° Occuper, à titre de propriété, d'usufruit ou de bail, un bateau d'une capacité de 24 mètres cubes au moins ;

4° Jouir au 31 janvier, et depuis le 1er janvier de l'année précédente, et chez la même personne, d'un emploi, entreprise ou institution publique ou privée, occupation, profession, métier productif d'un salaire ou d'un revenu dont le minimum, variable selon les communes, est fixé par la loi ;

5° Jouir, au 1er février, d'une pension égale au même revenu, payée par un établissement public : le taux légal peut être atteint en cumulant la pension et le salaire ;

6° Avoir, à la même date, une inscription sur le Grand-Livre de la Dette publique de 100 florins au moins ;

7° Posséder, à la même date, un livret de la caisse d'épargne postale de 50 florins au moins ;

8° Avoir obtenu l'un des diplômes nécessaires pour les emplois, pour les fonctions publiques, pour les carrières libérales.

Là encore, le suffrage s'est progressivement étendu d'une manière remarquable : on estime que, par la dernière loi, le nombre des électeurs a été porté de 300.000 à 700.000.

§ 12

LE DROIT DE SUFFRAGE DANS LES PAYS SCANDINAVES.

En Danemark, d'après l'article 30 de la constitution du 28 juillet 1866, il faut, pour être électeur, être du sexe masculin, régnicole, *jouir d'une bonne réputation* (formule d'un vague inacceptable dans une loi électorale) et avoir un an de domicile dans la circonscription. C'est presque le suffrage universel.

En Suède et en Norvège, le système du cens prévaut. En Suède, il faut posséder un revenu annuel d'environ 1.100 fr., ou être locataire d'un immeuble rural d'au moins 8.300 fr. Un projet déposé par le gouvernement pour étendre le droit de suffrage a été repoussé en 1896. En Norvège, le droit de vote a été notablement élargi par la loi du 4 juillet 1884 : l'aisance requise peut être prouvée par des signes divers ; la qualité de fonctionnaire ou ancien fonctionnaire suffit. Le principe du suffrage universel vient même de se faire admettre dans les élections communales en Norvège, ce qui fait présager à brève échéance une extension semblable dans les élections politiques.

§ 13

LE DROIT DE SUFFRAGE EN ANGLETERRE.

Le droit électoral anglais mérite d'arrêter plus longtemps notre attention. On sait que le Parlement anglais comprend deux Chambres : la Chambre des Lords et la Chambre des Communes. La Chambre des Lords se compose de pairs spirituels (les archevêques d'York et de Cantorbery et vingt-quatre évêques anglais) et de pairs temporels : les membres de la famille royale appelés à la pairie et les autres pairs qui siègent tous, quel que soit leur nombre, à raison du titre héréditaire de lord anglais, qui est conféré, sans limitation de nombre, par le souverain, les pairs élus à vie par la noblesse d'Écosse et d'Irlande (16 pour l'Écosse et 28 pour l'Irlande.) Les pairs ne peuvent siéger avant l'âge de vingt et un ans. C'est là, à coup sûr, une assemblée fort aristocratique, qui partage avec la Chambre des Communes et le souverain le pouvoir législatif. Mais le courant démocratique, qui se manifeste de plus en plus fort en Angleterre comme ailleurs, a déjà porté de rudes atteintes à cette antique institution. Et le chef même du gouvernement d'alors, lord Rosebery, déclarait, le 27 octobre 1894, que « la Chambre des Lords fai-« sait courir à l'Angleterre un grave danger national; que « la question était terrible et que le pays n'avait pas tra-« versé de crise pareille depuis qu'il avait résisté à la tyran-« nie de Charles I⁰ʳ et de Jacques II. » Et il réclamait une modification constitutionnelle qui enleverait aux Lords le droit de *veto* sur les lois votées par les Communes.

En Angleterre, comme dans presque tous les autres pays, le droit de suffrage a été successivement étendu par une série de bills, notamment ceux des 7 juin, 17 juillet et 7 août 1832 ; celui du 15 août 1867, duquel est résulté une extension notable du corps électoral, ainsi qu'une modification des circonscriptions électorales, où existaient encore les « *bourgs pourris* », et qui a été étendu à l'Écosse et à l'Irlande en 1868 ; enfin, celui du 6 décembre 1884, qui a encore considérablement augmenté le nombre des électeurs dans les comtés, et qui a été suivi, en 1885, de deux lois remaniant les circonscriptions électorales et les règles pour la confection des listes électorales. Ce sont là, avec le *Ballot Act* de 1872, en ce qui touche la forme des élections, les principaux monuments législatifs sur la matière.

Divers bills ont fait disparaître encore certaines incapacités. En 1892, la Chambre des Communes votait un bill tendant au fond à l'établissement du suffrage universel, limité seulement par l'obligation d'une résidence de trois mois.

Le bill de 1884, qui est le fond de la législation en vigueur pour les élections parlementaires, est l'œuvre de M. Gladstone. Son principal objet a été de donner aux habitants des comtés, dans tout le Royaume-Uni (car il est applicable à l'Écosse et à l'Irlande comme à l'Angleterre), les mêmes droits électoraux qui appartenaient aux habitants des bourgs depuis la réforme de 1867 ; il a en même temps élargi, même en ce qui concerne ces derniers, la capacité électorale.

La législation électorale anglaise est assez compliquée. Il faut d'abord, pour être électeur, être âgé de vingt et un ans et n'être frappé d'aucune incapacité légale ; il faut, en outre, justifier de certaines conditions de possession, habitation ou occupation.

Voici, d'une manière générale, quelles étaient ces conditions d'après le bill de 1867 et avant celui de 1884 :

A. — Étaient électeurs dans les *boroughs* : 1° ceux qui habitaient depuis un an au moins une maison entière (*householders*), ou une partie de maison servant séparément de maison ; 2° ceux qui occupaient depuis un an au moins comme locataires (*lodgers*), seuls et d'une manière distincte, un appartement d'au moins £ 10 de loyer annuel ; 3° ceux qui appartenaient à certaines classes de personnes privilégiées, comme les *freemen* (ce sont les francs-bourgeois qui étaient en possession du droit de vote avant le 1er mars 1832, date de la réforme électorale).

B. — Étaient électeurs dans les *counties* : 1° les possesseurs d'un *freehold* (tenure libre), portant sur des terres d'un revenu annuel de £ 2 au moins, s'ils l'occupaient personnellement, ou s'ils l'avaient acquis par mariage, testament ou promotion à un office ; 2° les possesseurs d'un *freehold* d'un revenu de £ 5 au moins, quoique ne satisfaisant pas aux conditions de l'article précédent: 3° les individus concessionnaires d'immeubles (*tenant right*) d'un revenu annuel de £ 5 au moins, et concédés pour une durée de 60 années au moins, pendant le temps de la concession ; 4° les individus occupant depuis un an au moins[1] des immeubles ruraux ou urbains d'un revenu annuel de £ 12 au moins.

C. — Étaient électeurs dans les *Universities*, les indi-

____

1. *L'electoral disabilities removal Act* du 11 mai 1891 a disposé que celui qui jouit de la franchise électorale à raison de l'habitation ne sera plus déchu pour une absence qui n'aura pas dépassé quatre mois, si cette absence a été nécessitée par l'exercice de sa fonction ou de son emploi.

vidus ayant passé certains examens dans l'Université et obtenu certains grades ou distinctions honorifiques conférés par elle.

Voici maintenant les innovations du bill de 1884, intitulé « *Loi sur la représentation du peuple* ».

Dans les bourgs, sans rien changer à la *household franchise* et à la *lodger franchise* résultant de la loi de 1867, il a donné le droit de suffrage à celui qui possède dans une ville un terrain d'un revenu de £ 10, aussi bien qu'à celui qui occupe une maison représentant le même revenu ; il a confirmé les droits électoraux conférés par des lois antérieures aux *freemen* et aux membres de certaines corporations ; il a, de plus, établi une nouvelle capacité électorale : toute personne qui occupe une maison, ne fût-t-elle ni propriétaire, ni locataire, à raison d'une fonction, d'un service public ou privé, d'une entreprise industrielle ou commerciale, est électeur en vertu de cette occupation, à la condition qu'elle n'habite pas en commun avec des supérieurs ou des gens de même condition qu'elle et qu'elle occupe la maison tout entière, ou au moins une partie distincte : c'est la *service franchise*.

Dans les comtés, le bill de 1884 a donné le droit de suffrage à tout détenteur d'une terre d'un revenu de £ 10, sans condition de résidence et a rendu applicables aux comtés comme aux bourgs la *household franchise* et la *service franchise*.

En même temps que la loi nouvelle posait en principe que tout *householder* est électeur, elle supprimait l'obligation de la résidence comme condition de l'exercice du droit de vote, tout en prenant certaines précautions pour éviter les abus.

Ainsi, c'est l'habitation qui forme la base principale du droit électoral en Angleterre.

Par la réforme qu'on vient d'analyser, l'Angleterre est presque arrivée au suffrage universel, dont sont exclus seulement les individus sans domicile et les serviteurs à gages, attachés à la personne de leur maître.

Les femmes ne votent pas dans les élections parlementaires, à la différence des élections locales et provinciales, comme nous allons le voir. Mais la question est à l'ordre du jour : des bills conférant l'électorat aux femmes dans les élections parlementaires ont reçu bon accueil soit à la Chambre des Communes, soit à la Chambre des Lords. notamment en 1884 et en 1887.

Le même phénomène peut être observé dans la vie locale en Angleterre. Il faudrait des volumes pour en faire l'histoire ; il suffit, dans le plan de notre étude, de noter brièvement les principales étapes parcourues en ces derniers temps.

Nul doute que, dans les plus anciens temps, tous les habitants des bourgs sans distinction ne fussent mêlés, directement ou indirectement, à l'administration des affaires communales. Mais depuis longtemps les franchises locales étaient devenues un vain mot ; par l'effet de chartes que concédaient les rois dans l'intérêt de leur politique ou de leurs finances, il se forma peu à peu une classe choisie de bourgeois, composée principalement des membres des *guilds* marchandes, qui parvint à exclure du gouvernement de la cité la masse de ceux qui l'habitaient. Il fallut la grande réforme politique de 1832 et la réforme municipale de 1835, qui en fut la conséquence, pour rendre aux habitants des bourgs les droits qu'avaient exercés leurs ancêtres et dont les avaient dépossédés des usurpations séculaires. L'*act* de 1835 (*Municipal Corporations Act*) fut le point de départ d'une vie nouvelle du gouvernement local en Angleterre. Ce bill qui, suivant un procédé assez usité chez nos voisins, ne s'appliquait pas à tout le territoire, mais qui fut progressivement étendu, à la demande des corporations laissées de côté, innovait surtout sur deux points principaux : il étendait le droit de suffrage et reculait les limites du terrain légal sur lequel ce droit s'exerçait, ce qui augmenta dans une notable proportion à la fois la population officielle des bourgs et le nombre des électeurs municipaux. L'application de la loi de 1835 donna lieu à une succession presque ininterrompue de corrections et d'additions, au fur et à mesure que la nécessité ou l'avantage s'en faisait sentir. Ce fut un travail constant de perfectionnement, dans lequel on ne compte pas moins de *cent dix* bills du Parlement, dont quelques-uns ayant un caractère général. Tout cela a été refondu et codifié dans l'*act* du 18 août 1882. D'après cette loi, pour être considéré comme bourgeois ou citoyen de la cité, c'est-à-dire pour être électeur municipal, il faut : *(a)* avoir la pleine majorité, c'est-à-dire 21 ans ; *(b)* à la date du 15 juillet de l'année courante et depuis 12 mois consécutifs et entiers [1], occuper dans le bourg, seul ou en commun, une maison, un magasin, un comptoir, une boutique, ou n'importe quel bâtiment conférant, en vertu de cet act, le droit du suffrage ; *(c)* durant tout le cours de ces douze mois, avoir résidé dans le bourg ou en deçà d'une distance de sept milles ; *(d)* avoir été imposé, à raison de la propriété donnant la capacité électorale, à toutes les taxes des pauvres levées pendant ces douze mois pour la paroisse où cette propriété est située ; *(e)* à la date du 20 du même mois de juillet, ou auparavant, avoir payé toutes les taxes qui devaient être acquittées en raison de ladite propriété avant le 5 janvier précédent. L'*act* de 1835 exigeait la condition du sexe masculin ; elle a été supprimée par l'*act* de 1869 sur les élections ; et le droit des femmes a été confirmé par l'*act* du 18 août 1882 sur les municipalités, dont l'article 63 porte « sur tous les points qui se rattachent ou se réfèrent au droit de suffrage dans les élections municipales, les termes de cet *act* employés au genre masculin comprennent les femmes ». La loi exclut du suffrage : les étrangers ; ceux qui au cours des douze mois précédents ont reçu un secours public de la paroisse ou d'une union de paroisses, ou quelque autre aumône de ce genre (par exemple celui qui a été logé et nourri dans un *workhouse*); ceux qui ont été privés de leur droit en exécution d'un *act* du Parlement. Un nouveau progrès a été réalisé par la loi du 16 mai 1888 *(County electors act).* Cette loi, qui se réfère en principe, quant à l'électorat, à l'*act* de 1882 sur les élections municipales, introduit de plus dans les élections provinciales la *ten pounds occupation qualification*, qui

---

1. Toutefois la loi du 28 avril 1885 a supprimé, en matière d'élections municipales, l'incapacité électorale dérivant de ce que la maison aurait été louée et occupée par d'autres pendant une courte période, qui ne peut excéder 4 mois.

jusqu'alors n'existait que pour les élections parlementaires. En conséquence, l'occupation d'une terre d'un revenu net de £ 10, même sans maison ni bâtiment quelconque, suffit pour permettre de prendre part aux élections des conseils de comté [1].

Voici encore quelques indices de la tendance du législateur anglais vers l'extension du suffrage : une loi de 1885 a supprimé l'incapacité électorale qui atteignait les personnes recevant gratuitement des soins médicaux. Une loi de 1887 a relevé les constables ou personnes appartenant aux forces de la police de l'incapacité de voter aux élections parlementaires, incapacité qui remontait au règne de George IV. Une loi de 1891 a supprimé certaines incapacités pour cause d'absence : désormais, celui qui jouit du droit électoral à raison de l'habitation qu'il occupe dans la circonscription ne sera pas déchu pour une absence qui n'aura pas dépassé quatre mois, si cette absence a été nécessitée par l'exercice de sa fonction ou de son emploi.

Si l'Angleterre n'est pas encore arrivée au suffrage universel, on peut dire qu'elle en est bien près : peut-être n'y viendra-t-elle jamais ; car ses hommes d'État se préoccupent plus de l'utilité pratique que des principes abstraits ; mais, au fond, elle a presque la chose et elle a su, en prenant surtout l'habitation pour base du droit électoral, tenir à l'écart des éléments nomades, qui ne peuvent être qu'une source de perturbation sociale.

§ 14

LE DROIT DE SUFFRAGE DANS LE NOUVEAU MONDE.

Si nous portons nos regards sur le Nouveau Monde, nous y constaterons le même phénomène encore plus accentué. Le mouvement démocratique y est plus général

---

1. On estimait que le droit de suffrage qui appartenait déjà, en vertu de la *household franchise* et de l'*occupation franchise*, à environ 3.800.000 électeurs, se trouvait étendu à près d'un million d'électeurs nouveaux par la disposition ci-dessus de l'*act* de 1888.

et plus fort, par la raison que le Nouveau Monde est éclos,
pour ainsi dire, sous la poussée démocratique qui a ren-
contré dans les vieilles institutions de l'Ancien Continent
autant d'obstacles à sa libre expansion.

Voyez les États-Unis : au début, toutes les législations
des États subordonnaient le droit de vote à la possession
d'une propriété ; mais peu à peu toutes les entraves ont
disparu grâce aux progrès de l'esprit démocratique et aussi
à la rivalité jalouse avec laquelle les différents États se
sont disputé le courant d'émigration et ont cherché à le
faire dériver chez eux. A peu près partout, les restrictions
ont disparu. Dans quelques États seulement la constitution
exige de l'électeur qu'il justifie de l'acquit d'une taxe quelconque, d'État, ou de comté, ou de *town*, pendant un temps
qui varie de six mois à deux ans. Encore cette obligation
de la taxe tend-elle tous les jours à disparaître : par exemple, dans le Massachusetts, cette obligation, qui était encore écrite dans la loi électorale du 24 juin 1890, ne figure
plus dans celle du 8 juin 1892 ; elle y a été supprimée par
suite de l'amendement à la Constitution voté l'année précédente. Le droit de vote a été longtemps refusé aux nègres
dans un grand nombre d'États de la Confédération ; mais
l'amendement XV° à la constitution, ratifié le 30 mars 1870,
a décidé que « le droit de vote qui appartient aux citoyens
des États-Unis ne pourra leur être refusé ou être l'objet
d'une restriction de la part des États-Unis ou d'un État
particulier sous prétexte de race, de couleur ou de condition précédente de servitude. »

Dans toutes les républiques de l'Amérique centrale et
de l'Amérique du Sud, le suffrage universel est la base du
droit politique ; il s'établit au Brésil, avec la forme républicaine, grâce à la constitution de 1891. Les différents
États qui composent l'Australie sont à l'avant-garde de la
démocratie.

L'agitation en faveur du droit électoral des femmes,
qui devient de plus en plus active et a déjà porté ses fruits
en plusieurs pays, la tendance de plus en plus marquée,
dans tous les pays démocratiques, vers le gouvernement
direct sont autant de manifestations du même phénomène
social.

CHAPITRE III

LE SUFFRAGE UNIVERSEL DANS SON PRINCIPE ET DANS SES CONSÉQUENCES SOCIALES.

Ainsi donc, de quelque côté que nous portions les regards, nous voyons à peu près partout en ce siècle le droit de suffrage s'étendant, se généralisant, s'universalisant.

Un phénomène d'une pareille ampleur et d'une pareille intensité, qui s'est développé presque partout avec la même irrésistible force d'expansion, ne saurait être considéré comme un fait accidentel et transitoire ; nous croyons qu'il sera de plus en plus la base du droit politique moderne et la loi des sociétes futures. Et telle est, nous semble-t-il, l'opinion quasi universelle : les uns considèrent le suffrage universel comme un dogme intangible ; les autres, comme une nécessité inéluctable ; les uns par conviction, les autres par raison, tous à peu près s'accordent à s'y soumettre. La Révolution française, en proclamant le principe de l'égalité naturelle des hommes en droit, semence qui s'est infiltrée de proche en proche jusque dans les sols les plus aristocratiques, a renouvelé la face du monde.

Si l'on se demande, avant d'étudier la valeur du principe lui-même, quelles ont été les conséquences politiques et sociales de l'extension progressive du droit de suffrage, on demeure perplexe sur la conclusion à formuler. Il y a des faits qui frappent les yeux de tous : le niveau des assemblées politiques a baissé partout au point de vue du talent et de l'éducation. Il semble que le corps électoral tende naturellement à choisir ses représentants dans une moyenne qui s'abaisse à mesure que le corps électoral s'élargit. Il semble que l'extension du suffrage ait pour conséquence d'engendrer une race d'hommes qui font de la politique un métier, qui flattent constamment le peuple pour y parvenir et en rester en possession et qui sont la plaie du régime parlementaire. Il semble, d'autre part, qu'elle ait pour résultat d'écarter des luttes électorales, devenues de plus en plus âpres, beaucoup d'individualités d'élite, qui seraient la lumière et l'honneur du Parlement. Et les politiciens ont faussé et corrompu le régime parlementaire en se faisant les humbles serviteurs des électeurs, en prenant en main tous leurs petits intérêts particuliers et en asservissant à leur tour le gouvernement pour y donner satisfaction au détriment de l'intérêt général. On ne peut se défendre d'une pénible impression quand on voit le suffrage universel affecter de plus en plus de choisir, pour en faire des législateurs, des contempteurs avérés de la loi et de l'autorité, quand on voit la trivialité et la violence pénétrer dans les Parlements et y occuper une place de plus en plus large !

D'un autre côté, le penseur ne peut manquer d'être frappé d'un fait considérable et, à tout prendre, heureux : un changement dans l'orientation de la politique intérieure, qui, après avoir été longtemps dirigée en vue des intérêts des classes supérieures, s'est tournée du côté des classes les plus humbles de la société dans l'intérêt desquelles a été inaugurée une politique sociale toute nouvelle.

Et il ne faut pas s'y tromper : nous ne sommes qu'au début de l'évolution, sinon de la révolution : la masse du peuple, plus préoccupée jusqu'ici de parvenir au pouvoir que de l'exercer à son profit, pourra désormais, le premier but étant atteint, tourner tous ses efforts vers le second; et il est même fort à craindre que nous ne soyons entraînés dans cette voie, par un de ces mouvements de réaction qui sont particulièrement violents chez nous, au delà des justes bornes.

Ainsi donc, nous sommes en présence d'un phénomène social dont les conséquences sont incalculables. Si le suffrage universel doit être, comme tout porte à le croire, le pivot des sociétés futures, le sort de ces sociétés dépend essentiellement de son organisation et de son fonctionnement. Il n'est pas, à l'heure actuelle, de problème social plus grave que celui-là.

Dans son principe, le suffrage universel nous parait inattaquable. L'égalité des hommes en droit, dont il dérive, résulte irrésistiblement de ce qu'aucun homme n'est investi de titres supérieurs lui donnant le droit de commander aux autres et ne saurait être juge de sa prétendue supériorité naturelle. Voilà, nous l'avons dit, ce qui fonde sur une base inébranlable le principe de la souveraineté nationale, qui exprime, non un pouvoir positif de commandement, mais plutôt le droit de n'être pas commandé, si ce n'est en vertu de titres conférés par la volonté nationale.

Or, la volonté nationale, c'est, en principe, la volonté de tous les membres qui composent la nation. Tous sont intéressés, dans une mesure plus ou moins large, à la bonne gestion des affaires publiques ; donc tous doivent avoir, en principe, droit de concourir à la formation du pouvoir qui les gère. Si certaines catégories de citoyens sont exclus du suffrage, l'autorité établie constituera un gouvernement de classe et sera naturellement portée à gouverner dans l'intérêt des classes dont elle émane, ce qui sera une cause permanente d'injustice et de trouble social.

En pratique, le suffrage universel est de nature à produire de très heureux effets. Il relève à ses propres yeux la dignité de l'homme, qui se sent participer à l'exercice de la souveraineté nationale et qui, par cela même, s'intéresse aux affaires publiques, qui est amené à penser, à comparer, à juger, à s'enquérir des hommes et des choses publiques : tout cela est la meilleure école d'éducation politique ; tout cela concourt à augmenter la dignité et la valeur de l'homme. Enfin, l'égalité politique est le plus sûr rempart contre l'assujettissement de l'homme par l'homme, contre le règne de la force. En fait, ses effets les plus visibles jusqu'ici ont été l'abaissement du niveau des assemblées, la confusion des pouvoirs et une véritable crise du régime parlementaire dont la gravité n'échappe à personne.

Si le principe est juste et bon et s'il a produit de mauvaises conséquences, c'est sans doute qu'il est mal appliqué. Il importe au plus haut point d'en bien comprendre la portée et d'en bien organiser le fonctionnement.

En en précisant la portée, nous reconnaîtrons que le principe ne signifie pas, qu'il ne peut pas signifier que tous les individus sans exception pourront prendre part au vote : le droit de voter n'est pas un attribut nécessaire de la personnalité humaine ; auquel cas il devrait appartenir même aux enfants, aux fous, aux pires criminels, ce qui est contraire à la raison et ce qu'aucune législation n'a admis et n'admettra jamais ; dès lors, une bonne législation devra en écarter résolûment tous les incapables et les indignes, sans que, pour cela, le principe soit aucunement violé.

En en étudiant le fonctionnement, nous reconnaîtrons encore que le principe du suffrage universel n'implique pas nécessairement tel mode ou telle forme de suffrage déterminés ; qu'il suffit, pour qu'il soit respecté, que les détenteurs de l'autorité sociale tiennent leurs titres de la volonté nationale librement manifestée et que le fonctionnement du principe peut et doit être organisé de manière à éviter les inconvénients et les périls que l'observation et l'expérience révèlent.

On a beaucoup discuté sur le point de savoir si l'électorat est un *droit* ou une *fonction*, et l'on a attaché à l'une ou l'autre solution d'importantes conséquences. Si c'est un droit, a-t-on dit, le bulletin de vote est la propriété de chaque citoyen, qui peut en user à sa guise et dans son intérêt personnel, qui peut le vendre, en trafiquer comme bon lui semble, et la corruption électorale devra rester impunie. Si c'est une fonction, le suffrage devra être exercé dans l'intérêt général, par ceux-là seulement qui en seront reconnus capables et dignes ; la question de savoir qui votera sera une pure question d'utilité publique et d'opportunité : le vote ne pourra être l'objet d'aucun trafic et la corruption devra être punie.

Ces discussions nous semblent fort subtiles. Pour nous, le suffrage est à la fois une *fonction* et un *droit* pour tous ceux qui sont capables de l'exercer et n'en sont point indignes ; de même qu'à la mort d'un époux, la tutelle des enfants issus du mariage appartient au survivant tout à la fois comme une fonction et comme un droit, à moins qu'il n'en soit incapable ou indigne ; et ce double caractère de droit et de fonction exclut manifestement toute idée de trafic et de corruption.

La seule question discutable serait celle de savoir si le vote doit être obligatoire. On l'a souvent demandé, par la raison que les abstentions faussent le résultat du scrutin. La question fut agitée lors de la discussion de la constitution de 1848. On avait proposé de punir d'amende les abstentions. L'Assemblée la renvoya à la loi électorale et la proposition fut écartée lors de la discussion de la loi de 1849. Elle fut reprise au sein de la Commission chargée de l'examen du projet qui devint la loi du 31 mai et elle fut rejetée au rapport de Léon Faucher: « Nous nous sommes rappelé, « dit le rapporteur, que la présence de l'électeur était un « fait matériel, qui n'impliquait pas nécessairement l'ex- « pression d'une opinion et qui ne l'empêchait pas de per- « dre ou d'annuler son vote. Pour appliquer à l'abstention « des électeurs une disposition pénale, il faudrait constater « l'absence des électeurs, envoyer la liste au procureur de « la République pour qu'à sa diligence les amendes fussent « prononcées par le juge de paix du canton, et enfin mettre « les amendes en recouvrement. Combien d'opérations à « suivre! Combien de procès! Dans les élections générales « de 1849, plus de trois millions d'électeurs inscrits n'ont « pas pris part au vote. En admettant que la clause pénale « réduisît à un million le nombre des abstentions, quel gou- « vernement pourrait recouvrer un million d'amendes, dix « à douze mille par département? Si les électeurs refusent « de payer, quel moyen aura-t-on de les contraindre? Dans « le cas d'une récidive, il faudra rayer l'électeur de la liste « et lui retirer ses droits dont il ne sait ou ne veut pas « faire usage: n'est-ce pas condamner indirectement le suf- « frage universel? » — Il faut reconnaître que ces arguments étaient assez faibles. S'il est une infraction facile à constater, c'est à coup sûr celle-là, puisque la preuve matérielle en résulte des registres d'émargement. Cette prétendue impossibilité n'a pas arrêté le législateur belge.

En Belgique, depuis la revision de 1893, le vote est devenu obligatoire. Les électeurs qui se trouvent dans l'impossibilité de voter doivent faire connaître leurs motifs d'abstention avec les justifications nécessaires.

Il n'y a pas lieu à poursuites si le juge de paix admet le fondement de ces excuses d'accord avec le commissaire de police, ou, à son défaut, avec le bourgmestre ou l'échevin faisant fonctions d'officier du ministère public. (L. 28 juin 1894, art. 220, 221.) Une première absence non justifiée est punie, suivant les circonstances, d'une réprimande ou d'une amende de 1 à 3 fr. ; en cas de récidive dans les 6 ans, l'amende sera de 3 à 25 fr.; en cas de seconde récidive dans le délai de 10 années, et indépendamment de la même peine, l'électeur est porté sur un tableau qui demeure affiché pendant un mois à la façade de la maison communale du lieu de son domicile. Si cette abstention se reproduit pour la 4ᵉ fois dans le délai de 15 années, la même peine est appliquée et l'électeur est, en outre, rayé des listes électorales pour dix ans, et, pendant ce laps de temps, il ne peut recevoir aucune nomination, ni promotion, ni distinction, soit du gouvernement, soit des administrations provinciales et communales (L. 28 juin 1894, art. 223).

Les mêmes principes sont appliqués aux élections communales par la loi du 12 septembre 1895 ; l'article 62 dispose, après s'être référé au code électoral, que « pour l'application des dispositions de l'article 223 de ce code, relatives à la récidive en matière d'absence non justifiée au scrutin, on ne doit prendre en considération que les élections de même nature : l'absence à une élection pour les conseils communaux supplémentaires succédant à une absence à une élection communale, provinciale ou générale, ne constitue pas le délinquant en état de récidive, pas plus que l'absence à une élection communale ordinaire succédant à une élection pour la province ou pour l'une des Chambres législatives et réciproquement ».

L'obligation de voter existe aussi, en principe, dans beaucoup de cantons suisses ; mais elle n'est pas énergiquement sanctionnée comme en Belgique ; quelques législations cependant, comme celle du canton de Vaud, prononcent une légère amende contre les citoyens qui ne se rendent pas à l'assemblée.

Dans une proposition déposée sur le bureau de la Chambre des députés le 13 juillet 1880, M. Bardoux se prononçait énergiquement pour l'obligation du vote ; mais il ne proposait qu'une sanction prise dans la privation du droit lui-même : une commission, désignée par le conseil municipal dans chaque commune, devait statuer sur les cas d'excuse présentés par les abstentionnistes. Un avertissement avec affiche à la porte de la mairie pouvait être infligé par la commission. En cas de récidive, la suspension des droits politiques pour une ou plusieurs élections, quelles qu'elles soient, pouvait être prononcée, sauf appel dans les délais de droit devant le tribunal civil. — Cette proposition n'est pas venue en délibération.

Si le principe de l'obligation nous paraissait utile, nous ne voyons aucune bonne raison qui empêchât de le poser et de le sanctionner, comme le proposait M. Bardoux, d'abord par l'affichage, ensuite par la privation temporaire ou même perpétuelle du droit dont on a refusé de faire usage : c'est là, selon nous, la sanction la plus adéquate, et son application ne se heurterait à aucune des impossibilités qui effrayaient Léon Faucher. Mais nous avouerons que l'utilité de proclamer l'obligation nous paraît très problématique. On dit que les abstentions faussent le vote ; mais cela n'est nullement démontré, puisqu'elles proviennent de gens, ou qui n'ont pas d'opinion, ou qui ont une opinion telle qu'ils se sentent battus à l'avance. Pour cette dernière catégorie, l'obligation ne paraît pas très utile, et, pour l'autre, celle des indifférents, elle risquerait peut-être d'être nuisible : y a-t-il grand mal à ce que ceux qui se désintéressent de la chose publique et qui, par conséquent, voteraient souvent au hasard et à l'aveugle, restent chez eux ?

Quoi qu'il en soit, il est évident que l'obligation s'impose quand les électeurs sont eux-mêmes des délégués, quand ils ont reçu un mandat qu'ils étaient libres de décliner. Ainsi, les délégués des conseils municipaux sont formellement chargés de représenter leur commune dans le collège sénatorial, et c'est à bon droit que l'article 18 de la loi organique du 2 août 1875 a puni l'absence non justifiée de ces délégués.

Revenons maintenant au principe du suffrage universel, qui est, pour nous, tout à la fois une fonction et un droit, et essayons d'en préciser la portée.

Un premier point, avons-nous dit, est certain. L'égalité naturelle des hommes en droit, qui s'applique dans toute la sphère du droit, privé ou public, ne signifie pas que toutes les créatures humaines pourront exercer tous les droits civils et politiques dans la même mesure : le principe du suffrage universel ne signifie pas que toute créature humaine pourra prendre part au vote ; car il en résulterait qu'un enfant, un fou peuvent exercer tous les droits et prendre part au vote, ce qui est absurde. En ce qui concerne les droits civils, c'est au nom de l'intérêt même de ces personnes que la raison la plus élémentaire commandera de ne pas leur remettre l'exercice de ces droits. La raison sera évidemment au moins aussi forte en ce qui concerne les droits politiques, et c'est au nom de l'intérêt commun qu'on leur en refusera l'exercice. Et de là se déduit immédiatement une conséquence d'une capitale importance : c'est que l'égalité de droit n'exclut nullement la règle, que le suffrage universel n'est nullement incompatible avec la réglementation ; seulement, il faudra que la règle soit égale pour tous et par là sera respectée l'égalité des droits ; il faudra que la réglementation du suffrage ne fasse aucune exception de personne, de naissance, de classe, et ainsi sera respecté le principe du suffrage universel.

Donc, présenter le suffrage *universel*, dans le sens absolu du mot, comme un dogme intangible, est une absurdité, attendu que *le suffrage ne peut pas être universel*, dans le sens littéral du mot, et que, dès lors, la réglementation, que tous s'accordent à reconnaître comme nécessaire, n'est plus qu'une question de mesure, et qu'elle peut être plus ou moins étroite, plus ou moins sévère, sans que le principe lui-même en soit atteint. On ne saurait trop mettre en lumière cette vérité essentielle.

Cette réglementation, quel en est l'objet ? D'une manière générale, cet objet consiste à écarter du suffrage tous ceux qui sont incapables ou indignes de l'exercer.

D'abord les incapables : en fixant un certain âge à l'exercice des droits politiques, toutes les législations sans exception reconnaissent que certains individus sont incapables d'exercer le droit de suffrage et doivent être, en conséquence, écartés du scrutin; c'est, en effet, l'unique raison pour laquelle tous ceux qui n'ont pas atteint l'âge déterminé par la loi ne peuvent pas voter. Mais l'enfance n'est pas la seule cause d'incapacité : il est, par exemple, manifeste que ceux qui ne jouissent pas de leur raison ne peuvent exercer les droits politiques. Ce n'est pas tout encore : laissera-t-on participer au gouvernement de la société les individus qui se sont mis en révolte ouverte contre elle et qui ont encouru des condamnations graves ? Permettra-t-on d'exercer les droits politiques à ceux-là, par exemple, que l'on a dû priver de la liberté individuelle ? Le bon sens fait la réponse !

Ainsi donc, exclusion des incapables et des indignes, voilà un principe acquis, indiscutable, admis par toutes les législations. Maintenant, quels sont les incapables et les indignes ? Il est clair, et nous tenons à insister sur ce point capital, que c'est là une pure question de mesure, qui ne touche pas essentiellement au principe lui-même ; l'opinion contraire, si répandue qu'elle soit, n'est qu'un vulgaire préjugé. Nul principe, par exemple, ne commande de fixer la majorité politique à vingt et un ans, plutôt qu'à dix-huit ou à vingt-cinq ; c'est une pure question d'appréciation, dont la solution dépendra en partie du degré de latitude, de l'état de la culture et de la civilisation, et, si le législateur est convaincu que ceux pour lesquels il légifère n'ont pas atteint, d'une manière générale, avant vingt-cinq ans, toute la maturité d'esprit nécessaire pour s'occuper activement des affaires publiques, il pourra fixer à vingt-cinq ans la majorité politique, sans faire le moindre échec au principe du suffrage universel. De même encore, nul principe n'est en jeu dans la question de savoir quelles condamnations entraîneront la privation des droits politiques; sans doute, il y a là une question de mesure ; « *est modus in rebus* »; mais cette mesure, il appartient au législateur de l'apprécier; cette limite, il lui appartient de la tracer souverainement, et il peut le faire d'une main plus ou moins sévère, suivant les exigences de l'intérêt social, sans que par là le principe soit aucunement violé.

Il est donc hors de conteste que le principe du suffrage universel n'exclut pas la réglementation du droit de suffrage.

Il n'est pas moins évident, d'autre part, que ce principe n'admet pas toute espèce de réglementations ; car il en est qui seraient de nature à détruire le principe lui-même. La difficulté est de trouver le criterium entre les réglementations légitimes et les réglementations illégitimes. Il nous semble qu'on peut le poser ainsi :

Le principe du suffrage universel est respecté si le suffrage est accessible à tous sous les mêmes conditions et si ces conditions ont uniquement pour objet d'écarter du scrutin ceux qui sont, *par des raisons prises dans la personne même,* incapables ou indignes d'exercer le droit, sans aucune considération tirée de la naissance, ou de la fortune, ou de quelque privilège social quelconque.

Un exemple va faire comprendre notre pensée et préciser davantage le criterium proposé.

Le droit de vote a été longtemps chez nous et est encore dans plusieurs pays subordonné à un cens plus ou moins élevé. Eh bien, l'obligation du cens (à moins qu'elle n'ait d'autre objet que de fournir la preuve que le citoyen contribue pour sa quote-part au paiement des charges publiques, un point sur lequel nous reviendrons tout à l'heure) est incompatible avec le principe de l'égalité des citoyens et du suffrage universel. Chacun comprend d'instinct que ces deux termes « suffrage censitaire, suffrage universel » s'excluent. C'est que le suffrage censitaire a pour but et pour résultat de réserver le droit de vote aux possesseurs d'une certaine fortune, à l'exclusion des autres. Et ceux qui sont ainsi exclus du scrutin, le sont, non pas par une cause d'incapacité puisée dans leur personne même, mais dans leur condition sociale et économique.

Quelle était, quelle est encore la raison du cens électoral ? Cette raison est double. La richesse a été considérée comme une présomption de capacité et aussi comme une garantie d'esprit conservateur.

Nous voulons bien admettre que la richesse peut être *une espèce de témoignage* quant à la capacité de celui qui la possède. Mais ce n'est là, en tout cas, qu'une présomption assez incertaine et qui peut être en contradiction avec la réalité des faits. Tous les jours nous voyons des hommes

très riches, mais fort sots et incapables de culture intellectuelle. Et, d'autre part, ce n'est pas une raison pour
exclure de l'exercice d'un droit tous ceux en faveur
desquels cette présomption n'existe pas, mais qui cependant peuvent fort bien posséder, en fait, une instruction
et une culture plus que suffisantes pour l'exercer. Enfin,
si la conception que nous nous faisons du système représentatif est exacte, la mission de l'électeur consiste uniquement à discerner et à choisir les plus capables et les
meilleurs, et cette mission n'exige pas nécessairement
chez l'électeur une culture très développée ; elle réclame
encore plus de moralité que d'instruction, et la richesse ne
saurait être aucunement considérée comme une preuve de
moralité.

Quant à l'esprit conservateur (et nous prenons ce mot
dans le sens le plus large, en l'opposant, non à l'esprit
libéral, mais à l'esprit révolutionnaire), il est indéniable
que la richesse, que la propriété en génér est une
garantie sérieuse à cet égard, et qu'un État sera d'autant
plus stable que la propriété y sera plus généralisée. C'est
une raison pour généraliser la propriété autant que faire
se peut ; mais ce n'en est pas une, en bonne justice, pour
exclure du droit de suffrage, en les *présumant* dangereux,
ceux qui ne la possèdent pas et pour ajouter l'inégalité
politique à l'inégalité de la fortune.

Est-ce à dire que le droit de vote ne puisse pas être
subordonné au paiement d'une quote-part des contributions publiques? Nous croyons, au contraire, sans la
moindre hésitation, qu'il doit l'être et qu'il n'y a entre les
deux solutions aucune contradiction. Tous les services
publics, qu'il s'agit d'entretenir et de diriger, ne peuvent
fonctionner qu'à la condition que tous les citoyens supportent chacun leur quote-part des charges qu'ils entraînent ; ceux qui ne participent pas à ces charges vivent, en
réalité, aux dépens des autres membres de la société, et il
est inadmissible qu'ils soient appelés à régler les dépenses
publiques en laissant aux autres membres de la communauté le soin de les payer. Stuart Mill disait d'une façon
humoristique, mais fort juste : « Reconnaître à ceux qui
« ne paient pas d'impôts le droit de disposer par leurs

« votes de l'argent d'autrui, c'est la même chose que de
« permettre aux gens de fouiller dans la poche de leurs
« voisins pour tout objet qu'il leur plaira d'appeler un
« objet public. »

Remarquons bien que cette condition-là ne se rattache
à aucune considération de fortune, de naissance ou de
catégorie sociale ; elle est égale pour tous ; car c'est le
devoir de tous de contribuer dans la mesure de leurs
facultés aux charges publiques, et ceux qui ne remplissent
pas ce devoir se placent d'eux-mêmes en dehors du droit
commun.

Ce qui fait que la question ne se pose pas chez nous
dans ses termes simples, c'est que, comme dans plusieurs
autres pays, les impôts consistent, dans une notable
mesure, en taxes indirectes, établies sur les consommations, et que, sous cette forme, toute la population sans
exception est soumise à l'impôt, tous supportent une quote-
part des charges publiques. Mais supposons un système
financier exclusivement composé d'impôts directs : dans
un tel système, nous n'hésitons pas à dire que ceux-là
seuls devraient exercer le droit de suffrage, qui paieraient
leur quote-part, si petite soit-elle, de ces impôts. Ce ne
serait nullement dans le but de réserver le droit de suffrage
aux propriétaires : il n'est pas besoin d'ailleurs d'être
propriétaire, dans le sens usuel du mot, pour contribuer
aux charges publiques ; ce serait par cette simple raison
de bon sens qu'il n'est pas admissible que l'administration
de la fortune publique soit confiée à des gens qui ne supportent aucune portion des charges publiques. C'est inadmissible en droit et c'est très dangereux en fait ; car ces
personnes, ne supportant pas la charge, ne seraient arrêtées
par aucun frein dans les dépenses ; bien mieux, elles
auraient intérêt à les augmenter sans limite, puisqu'elles
en profiteraient gratuitement.

On peut ajouter encore que l'hypothèse suppose un
état de dépendance qui ne laisse guère à l'individu la
liberté complète de décider personnellement comment
il exercera le droit.

C'est par cette même considération que plusieurs constitutions excluent du droit de vote ceux qui ne peuvent

pourvoir par eux-mêmes à leur propre entretien, et cette
exclusion, sur laquelle nous reviendrons, ne nous paraît
nullement en contradiction avec le principe du suffrage
universel ; on doit seulement exiger que la cause d'exclusion soit nettement déterminée par la loi, de manière à
ne pas laisser place à l'arbitraire.

Ce n'est pas non plus porter atteinte au principe du
suffrage universel que de refuser le droit de vote aux militaires en activité de service. La question d'ailleurs n'est
plus une question de capacité électorale, mais de discipline militaire, et, à cause de cela même, nous serons très
brefs. La discipline militaire exige une obéissance passive ; elle est incompatible avec les discussions politiques
qui sont l'accompagnement nécessaire de l'exercice du
droit de vote. La politique pénétrant dans l'armée, c'est
l'armée livrée à la division et à l'esprit de parti, une chose
aussi funeste pour la discipline que périlleuse pour les
institutions libres.

La question fut agitée au sein de la Constituante, qui
admit les militaires à l'exercice des droits politiques. Elle
se posa de nouveau en 1848, au moment de la proclamation
du suffrage universel. Le gouvernement provisoire, qui
avait d'abord écarté les militaires, revint ensuite sur cette
décision dans le but, disait Garnier-Pagès, « de rétablir
entre l'armée et le peuple une confiance mutuelle ».

Dans la discussion de la loi électorale de 1849, un amendement tendant à supprimer l'exercice du droit de vote
pour les militaires fut écarté par la question préalable.
Toutefois, il fut décidé, à la grande indignation de la Mon-
tagne, que « l'exercice du droit électoral serait suspendu
« pour les armées en campagne et pour les marins de la
« flotte se trouvant en cours de navigation ». Dans l'intérêt du secret du vote, la loi du 31 mai 1850 décida que les
bulletins de vote des militaires seraient envoyés au chef-
lieu du département dans un paquet cacheté et confondus
dans les diverses sections électorales du chef-lieu avec les
bulletins des autres électeurs (art. 12.) Le décret du 2 février 1852 décida que les militaires en activité de service et
les hommes retenus pour le service des ports ou de la
flotte ne pourraient voter au Corps législatif que lorsqu'ils

seraient présents au moment de l'élection dans la commune où ils étaient inscrits. Après 1870 et jusqu'en 1872, le droit de vote pour l'armée fut rétabli (Décret du 29 janvier 1871, art. 9 ; décret du 31 janvier 1871, art. 18.)

La question fut discutée en 1872, à propos de la loi sur le recrutement, et, après un assez vif débat, l'Assemblée adopta une disposition portant, conformément au décret de 1852, que les hommes présents au corps ne prennent part à aucun vote. Le ministre de la guerre en donna fort bien en deux mots les raisons décisives : « L'article de « votre loi ne supprime aucunement les droits de citoyen « pour le soldat. Dès qu'il est dans ses foyers, il rentre « dans la plénitude de ses droits et il vote comme citoyen. « Mais le soldat sous les armes n'est que le soldat de la loi : « il doit rester étranger à tous les partis et à toutes les « luttes politiques. » Le principe passa sans discussion dans la loi organique de 1875 sur l'élection des députés (art. 2) et il a été reproduit dans celle du 15 juillet 1889, sur le recrutement de l'armée. Les militaires votent en Suisse ; mais la Suisse est, au point de vue militaire, dans une situation tout à fait exceptionnelle !

Les motifs qui ne permettent pas d'appeler à voter les militaires sont généraux et ne comportent pas de distinction entre les différentes élections. Aussi fut-il dit expressément, à propos de l'article 2 de la loi du 30 novembre 1875, qui leur interdit le vote, que cette disposition était applicable à toute espèce d'élection, soit politique, soit municipale, et d'ailleurs l'article 9 de la loi du 15 juillet 1889, sur le recrutement de l'armée, est conçu dans les termes les plus absolus. Cette prohibition, répétons-le encore, ne porte aucune atteinte au principe du suffrage universel.

Ce n'est pas davantage porter atteinte à ce principe que de subordonner l'exercice du droit de vote à certaines conditions de résidence.

Il semble d'abord qu'il y ait une distinction à faire, du moins en ce qui concerne la durée de cette résidence, entre les élections législatives et les élections administratives, notamment les élections municipales ; il semble qu'une résidence plus longue puisse être logiquement exigée pour l'électorat municipal que pour l'électorat politique. Ceux-là seuls ont droit de prétendre à participer au gouvernement de la cité, qui y ont leurs intérêts permanents, qui en supportent les charges, c'est-à-dire qui y ont leur établissement ; et cela ne peut résulter que d'une résidence suffisamment prolongée, si ce n'est toutefois pour les fonctionnaires, qui sont obligés d'occuper leur poste dès qu'il leur est assigné, et à l'égard desquels la fonction même est d'ailleurs une garantie suffisante.

En ce qui concerne les élections législatives, on peut dire que la résidence importe peu, que les intérêts généraux qu'il s'agit de gérer concernent tous les citoyens, où qu'ils résident, et que, par conséquent, il n'y a pas de motif pour subordonner le droit de vote à la condition d'une certaine durée de résidence en un lieu déterminé. Aussi, nulle condition de résidence n'est exigée, en principe, pour les élections au Reichstag allemand. Cependant, ces raisons ne sont pas concluantes.

On peut répondre d'abord qu'il faut que l'électeur puisse connaître le candidat pour lequel il vote. Toutefois, cette considération, qui aurait pour conséquence l'exclusion des fonctionnaires tant qu'ils n'auraient pas la durée de résidence requise, ne nous paraîtrait pas décisive. C'est à l'électeur de s'éclairer sur la valeur du candidat qui sollicite sa voix. Mais il faut surtout que l'autorité puisse connaître l'électeur et savoir s'il réunit toutes les conditions requises par la loi et s'il n'est frappé d'aucune incapacité légale. Il faut, par conséquent, que la résidence soit assez prolongée pour que l'électeur puisse être connu, pour que son état civil et politique puisse être vérifié ; et l'intérêt social sera bien moins compromis parce que quelques citoyens capables ne pourront pas momentanément exercer leur droit de vote que si l'on admet à voter, faute de vérification suffisante, des hommes indignes ou incapables. Il faut dire aussi, et très nettement, que l'obligation d'une résidence suffisante a le très grand avantage d'écarter du scrutin des éléments vagabonds et nomades des plus suspects et qui sont une cause permanente de perturbation sociale. Or, l'obligation d'une certaine résidence est encore une de ces réglementations générales qui ne portent aucune atteinte au principe du suffrage universel.

Presque toutes les législations ont exigé une certaine durée de résidence pour l'exercice des droits électoraux ; mais cette durée varie beaucoup : elle est, d'une manière générale, de trois mois en Suisse, de six mois en France et en Italie, d'un an en Belgique, pour les élections législatives,et en Angleterre, de deux ans en Espagne. La législation belge fait la distinction que nous avons reconnue être rationnelle entre les élections générales et les élections locales ; et tandis qu'elle se contente d'un an pour les élections législatives, elle exige trois années de résidence pour prendre part aux élections communales (l. 11 avril 1895, art. 1er). Cette législation nous semblerait pouvoir être approuvée. En tout cas, nous n'hésitons pas à penser que la résidence de six mois, dont se contente la loi française, est insuffisante ; et, si l'on veut, par des raisons d'utilité pratique, n'avoir qu'une seule liste d'électeurs pour toutes les élections, il faudrait du moins n'y inscrire (à part les fonctionnaires et les ministres du culte) que ceux qui ont une résidence d'un an dans la commune.

Nous répéterons encore, avant de quitter ce chapitre, le principe que nous avons essayé de mettre en lumière dans les développements qui précèdent: la formule du *suffrage universel* ne signifie pas, ne peut pas signifier « *suffrage exercé par tous* » ; elle veut dire seulement: *suffrage ouvert à tous* dans les mêmes conditions, et des conditions telles qu'elles ne fassent du droit de suffrage le privilège d'aucune personne ni d'aucune classe. Dès là que cette règle d'égalité et de justice est observée, les conditions mises à l'exercice du droit de suffrage peuvent être plus ou moins sévères, suivant les temps et les lieux, suivant l'intérêt social, qui est la loi suprême ; elles peuvent être diversement appréciées au point de vue de l'utilité et de l'opportunité, sans qu'on ait le droit de dire que le principe lui-même soit violé.

Voici toutefois une règle qui nous parait essentielle. Il faut que les conditions auxquelles est subordonné l'exercice du droit de suffrage soient aussi nettement que possible déterminées par la loi ; sans quoi, une application arbitraire pourrait détruire en fait le principe observé en théorie. Par exemple, nous ne saurions approuver des dispositions comme celles de la constitution danoise (art. 30), qui déclare électeur « tout homme de bonne réputation » ; ou celle de la constitution mexicaine (art. 34), qui ne reconnait la qualité de citoyen qu'à ceux qui ont « des moyens honorables d'existence ».

Il faut que la loi détermine elle-même, de la manière la plus précise, les conditions de l'exercice du droit électoral, et il faut que ces conditions dépendent de faits matériels, d'une vérification facile et sûre, pour ne laisser aucune place à l'arbitraire.

La loi n'a pas à déterminer ceux qui pourront exercer le droit, mais à exclure ceux qui ne peuvent l'exercer : ce sont les incapables et les indignes, dont nous allons maintenant nous occuper.

CHAPITRE IV

LA CAPACITÉ ÉLECTORALE. — LE SUFFRAGE
DES FEMMES.

La capacité électorale, qui donne la qualité d'électeur, suppose à la fois la jouissance et l'exercice du droit de vote. L'incapacité électorale peut donc résulter soit de la privation de la jouissance du droit, soit de la privation de l'exercice de ce droit. Sont privés de l'exercice du droit ceux qui sont incapables de l'exercer ; sont privés de la jouissance ceux qui en sont indignes. Examinons ces deux causes d'exclusion ; nous rechercherons ensuite pour quelles raisons les femmes ne sont généralement pas admises au vote.

§ 1ᵉʳ

DE L'EXCLUSION RÉSULTANT DE L'INCAPACITÉ.

On peut concevoir que l'incapacité provienne du défaut d'intelligence, ou du défaut de liberté. Dans notre législation électorale, le défaut d'intelligence seul est une cause d'exclusion : il résulte de la minorité ou de l'interdiction.

Dans tous les pays, la minorité est une cause d'exclusion de l'exercice du suffrage ; mais il s'en faut que tous les pays aient fixé au même âge la majorité politique, et il y a, au contraire, à cet égard, la plus grande diversité dans les législations.

Dans la République Argentine, on est électeur à 17 ans. La constitution du Mexique répute citoyens tous les Mexicains qui ont accompli l'âge de 18 ans, s'ils sont domiciliés, ou l'âge de 21 ans, s'ils ne sont pas domiciliés. En Suisse, la majorité politique a été abaissée à 20 ans par la loi du 19 juillet 1872 et est acquise, dans quelques cantons, à 19.

La majorité politique est également acquise à 20 ans en Bulgarie et en Hongrie. L'âge de 21 ans a été adopté par la plupart des constitutions : celles de la France, de l'Angleterre, de la Grèce, de l'Italie, du Portugal, des États-Unis, du Brésil, du Chili. En Italie, la loi électorale du 22 janvier 1882 a abaissé à 21 ans la majorité, que la loi de 1860 fixait à 25 ans ; de même qu'en France, la majorité, qui avait été généralement fixée à 25 ans dans la période révolutionnaire, à 30 ans même sous la Restauration, à 25 ans sous le gouvernement de Juillet, a été abaissée à 21 ans depuis 1848. De même, en Portugal, la loi de 1896 a abaissé à 21 ans la majorité, que la législation antérieure fixait, en principe, à 25. La législation de l'Autriche exige 24 ans ; celle de la Belgique (depuis la revision de 1893), de l'Allemagne, de la Prusse, de la Saxe, de l'Espagne, des Pays-Bas, de la Norvège, du Japon, 25. En Bavière, où l'élection est à double degré, les électeurs primaires peuvent voter à 21 ans ; mais les électeurs du deuxième degré doivent avoir 25 ans. Enfin, la constitution du Danemark a reporté à 30 ans, pour les élections législatives, la majorité politique. C'est la seule constitution, croyons-nous, qui offre cette singularité qu'on est éligible à 25 ans tandis qu'on n'est électeur qu'à 30.

Reculer jusqu'à trente ans la majorité politique, c'est, à notre avis, dépasser la mesure ; mais nous croyons tout à fait que les législations qui l'ont abaissée à vingt et un ans, et, à plus forte raison, celles qui l'ont fixée au-dessous de cet âge, sont tombées dans un excès contraire et autrement dangereux. Rationnellement, la majorité civile doit précéder de plusieurs années la majorité politique, par plusieurs raisons : 1° comme moyen d'éducation politique : il est tout à fait naturel et fort utile que l'homme apprenne à agir par lui-même et pour lui-même, à gérer ses affaires privées avant de s'occuper de la gestion des affaires publiques, autrement compliquées et bien plus importantes ; — 2° d'ailleurs il n'y a pas la même urgence : il faut que les affaires privées du mineur soient gérées, et, tant qu'elles ne peuvent l'être par lui, il faut qu'elles soient gérées par un autre pour lui ; il est tout naturel qu'on s'empresse de décharger cet autre, dès que le mineur

semble capable de faire ses affaires lui-même ; mais, pour
l'exercice du droit de suffrage, il n'y a rien qui presse et
la chose publique ne périclitera pas parce que quelques
individus attendront, pour prendre part au vote, qu'ils
aient atteint la complète maturité du jugement ; — 3° la
chose publique n'en ira probablement que mieux, parce que
la jeunesse est par nature trop vivement portée vers les
nouveautés et qu'elle manque de l'expérience, qui corrige,
avec le temps, cette propension naturelle. A ces raisons
théoriques s'ajoute, dans notre législation, une raison
d'une autre nature, qui ne manque pas de gravité : la loi
militaire appelant, en principe, pendant trois ans sous les
drapeaux tous les jeunes Français à partir de vingt à
vingt et un ans, et les militaires ne pouvant pas voter, il
semble bien que le principe d'égalité devrait faire reculer
pour tous l'âge de la majorité politique.

A quel âge exactement convient-il de la fixer ? Est-ce
à vingt-quatre ou à vingt-cinq ans ? Il est clair que cela devient une pure question d'appréciation : pour nous, la
limite de vingt-cinq ans nous paraîtrait tout à fait rationnelle. Pour accomplir cette réforme, il faudra se mettre au-
dessus d'un préjugé assez répandu, mais véritablement
absurde. On considère généralement comme plus démocratique d'abaisser l'âge de la majorité, et on peut constater effectivement qu'il a été abaissé toutes les fois que l'on
a plus fortement incliné vers la démocratie, comme en
1793 et en 1848 en France, en 1872 en Suisse, en 1882 en
Italie. Si la dernière législation belge a pu reculer la
limite jusqu'à vingt-cinq ans, c'est évidemment comme
correctif et, pour ainsi dire, comme rançon du suffrage
universel qu'elle consacrait. Cependant cette idée, quand
on y réfléchit, paraît dénuée de tout fondement. Il est facile de la pousser à l'absurde : s'il est plus démocratique
de faire voter à vingt et un ans qu'à vingt-cinq, il le sera
plus de faire voter à dix-huit qu'à vingt et un, plus encore
à quinze qu'à dix-huit, etc. ! Nous l'avons dit déjà : puisqu'il est nécessaire de fixer une limite d'âge et que l'intérêt social commande indubitablement de la fixer au moment où l'entier développement des facultés individuelles
semble acquis d'une manière générale, le principe du suf-

frage universel ne saurait être atteint parce que cette
limite sera fixée à vingt-cinq ans, plutôt qu'à vingt et un
ou à dix-huit ; car c'est là une règle égale pour tous et qui
ne fait aucune acception de personne, de situation ou de
classe sociale ; et l'on n'aperçoit pas du tout en quoi la
liberté politique de la nation, qui est la vraie démocratie,
eu serait diminuée.

Le défaut d'intelligence peut résulter encore, même
pour ceux qui ont dépassé l'âge de la majorité politique,
du défaut absolu de culture ou de l'oblitération des facultés intellectuelles.

Quelques législations ont fait, dans ces derniers temps,
du défaut absolu de culture intellectuelle une cause
d'exclusion. C'est ainsi que la loi électorale italienne du
22 janvier 1882 a ajouté cette condition à l'exercice du
droit électoral : savoir lire et écrire. C'est ainsi encore
que la constitution brésilienne du 24 février 1891 (art. 70)
exclut les illettrés (*analphabetos*), et que la loi électorale
du Chili du 20 août 1890 ne permet d'inscrire sur le registre
des électeurs que ceux qui savent lire et écrire. D'après la
loi portugaise de 1895, cette condition dispense du cens.
Quelques constitutions des États-Unis exigent aussi que
l'électeur sache lire et écrire, ou lire seulement (ce qui est
peut-être plus rationnel). Stuart Mill déclarait « totale-
« ment inadmissible qu'une personne participe au suffrage
« sans savoir lire, écrire et même sans avoir les premières
« règles de l'arithmétique ».

Vraisemblablement, le principe de l'instruction obligatoire enlèvera bientôt à la question tout intérêt. En
théorie, il n'y a certes rien d'excessif à exiger de
l'électeur qu'il soit capable d'écrire, ou tout au moins de lire
le bulletin qu'il dépose dans l'urne. Au point de vue de l'utilité
pratique, nous doutons fort qu'une exigence semblable soit
désirable chez nous. Remarquons qu'il s'agit seulement
pour l'électeur de discerner parmi ses concitoyens les plus
capables et les meilleurs, et il n'est pas besoin pour cela
d'une instruction bien développée ; il est besoin surtout de
jugement, ce qui n'est pas du tout la même chose, et de
moralité. Nous connaissons encore à l'heure actuelle des
paysans qui ne savent ni lire ni écrire, et qui ont un

excellent jugement et font très bien leurs affaires. Finalement, voici notre conviction : qu'on supprime aujourd'hui
chez nous l'électorat à ceux qui ne savent pas lire et
écrire, on aura écarté du scrutin un certain nombre d'éléments conservateurs (dans le sens large du mot) et pas un
des éléments révolutionnaires. Il reste, toutefois, pour
ceux qui ne savent pas lire, une assez grave difficulté
touchant la sincérité du vote. Le remède serait de permettre de voter par procureur, offrant des garanties
sérieuses, ou même de vive voix.

L'oblitération des facultés intellectuelles est, dans toutes
les législations, une cause d'incapacité. C'est ainsi que,
chez nous, les individus frappés d'interdiction judiciaire
sont déclarés incapables de voter par le décret de 1852. Il
faut une interdiction prononcée par jugement ; le place-
ment dans un établissement d'aliénés n'a pas le même
effet, et il y a là, en théorie du moins, une lacune. Mais
une lacune plus grave, au point de vue pratique, est celle
qui concerne les individus pourvus d'un conseil judiciaire,
auxquels notre législation laisse le droit de suffrage. Il
n'est pas nécessaire, pour en être écarté, d'être totalement
privé de raison ; celui qui a donné judiciairement la preuve
qu'il est incapable d'administrer ses propres affaires ne
doit pas participer dans une mesure quelconque à l'administration des affaires publiques. C'est avec raison que la
législation de la Bavière exclut du suffrage les personnes
« pourvues d'un conseil judiciaire conformément aux
« articles 499 et 513 du code civil » (français, en vigueur
dans le Palatinat). Bon nombre de cantons suisses excluent
de même les prodigues.

Nous avons dit que l'incapacité peut provenir encore
du défaut de liberté. Ce n'est pas dans notre législation
française que nous en trouvons des exemples ; mais c'est
évidemment pour cette raison que bon nombre de législations excluent du droit de vote deux catégories d'individus : les domestiques et gens de service, d'une part, et,
d'autre part, les mendiants et les assistés.

En ce qui concerne les mendiants et les assistés, on doit
approuver sans hésitation les législations qui les excluent ;
car la situation de ces individus implique évidemment un

état d'infériorité et de dépendance qui rend leur vote plus que suspect; c'est une proie toute prête pour la corruption électorale et c'est d'ailleurs le plus souvent un élément perturbateur et antisocial. Le droit de vote leur est refusé par les législations de la plupart des cantons suisses [1], des Pays-Bas, de l'Allemagne, de la Prusse, de la Bavière, de la Saxe, de l'Autriche, de l'Italie, de l'Espagne, du Portugal, de la Roumanie, du Brésil. Notre législation française est à cet égard tout à fait insuffisante : elle exclut bien les individus qui ont été condamnés pour vagabondage et mendicité, quelle qu'ait été la peine prononcée ; mais l'exclusion ne s'applique qu'aux mendiants et aux vagabonds, et, même pour eux, une condamnation est nécessaire ; or, en se reportant aux textes qui l'édictent, on voit que cette condamnation ne peut être prononcée que lorsque certaines circonstances déterminées par la loi se rencontrent et que beaucoup d'individus qui sont cependant bien en état de vagabondage et de mendicité y échappent ; par exemple, la mendicité n'est punissable que dans les lieux où existe un établissement public organisé pour y obvier. Il faudrait écarter du scrutin, d'une manière générale, les mendiants, les vagabonds et même les assistés, en déterminant ces exclusions par des signes extérieurs et certains, de nature à éviter l'arbitraire.

Moins nombreuses sont les législations qui excluent les domestiques et gens de service, et la question est, en effet, beaucoup plus délicate. On trouve cependant une semblable disposition dans les législations de la Prusse, de la Saxe, de la Hongrie, du Portugal, de la Roumanie, du Chili. Il semble qu'on ne peut plus invoquer ici une présomption de dépendance, qui a pu être réelle dans d'autres temps, mais qui certainement n'est plus aujourd'hui qu'un souvenir; c'est bien plutôt, hélas ! un esprit d'hostilité qu'on rencontre aujourd'hui chez ces personnes qu'un état de

---

1. Certaines constitutions admettent des tempéraments : comme celle du canton de Zug, pour les cas d'infortune dont on n'est pas cause, pour les écoles ou pour l'apprentissage. La constitution de Lucerne fait cesser l'exclusion pour cause d'assistance quand les secours ont été remboursés, et c'est justice ; de même qu'elle fait cesser l'incapacité pour cause d'insolvabilité quand les créanciers ont été désintéressés.

dépendance à l'égard de ceux qui les emploient. Cette
dépendance d'ailleurs, existât-elle, n'aurait pas le caractère alarmant de celle dans laquelle sont placés ceux qui
ne vivent que de la charité publique ou privée. Il y a toutefois une très grave raison pour ne pas donner le bulletin
de vote à cette catégorie de personnes ; c'est que, ne payant
généralement pas d'impôt direct et échappant, d'autre part,
puisqu'elles sont logées et nourries, aux taxes de consommation, elles ne participent pas en réalité personnellement
aux charges publiques, et nous considérons comme un
principe tout à fait essentiel que ceux-là seuls doivent
prendre part au vote qui supportent leur quote-part des
charges publiques.

Nous ne saurions approuver les législations qui, comme
celle de la Grèce, excluent de l'exercice du suffrage les
membres du clergé, ou, comme celle du Brésil, « les religieux appartenant à des ordres monastiques, compagnies,
congrégations ou communautés, soumis à un vœu d'obéissance, à une règle ou à des statuts emportant l'aliénation
de la liberté individuelle. » Certes, nous n'aimons pas à
voir les membres du clergé se compromettre dans les luttes
politiques ; mais nous n'apercevons, d'autre part, aucune
raison, théorique ou pratique, pour qu'ils soient privés de
leurs droits de citoyens ; on doit même reconnaître, si l'on
se place au-dessus des malheureuses divisions dont nous
avons été témoins en ces derniers temps et qui par bonheur
semblent s'atténuer, que l'influence des ministres de la
religion sera généralement bienfaisante ; car on ne peut
nier qu'ils ne soient d'ordinaire plus éclairés que les popu-
lations au sein desquelles ils vivent. Quant aux religieux que
l'on exclut sous prétexte d'aliénation de la liberté individuelle, il faudrait prouver qu'ils ont abdiqué leur liberté en
matière politique, ce qui ne paraît même pas vraisemblable. Il est à la vérité très probable que ces personnes
voteront généralement de la même manière, mais bien
plutôt par conformité de sentiments que par obéissance à
de prétendus ordres supérieurs qui ne sauraient les lier.

Plusieurs législations de la Suisse, comme celles de Zug et
du Tessin, excluent les contribuables en retard ; la législation espagnole fait de même. Pourquoi pas ? Le paiement

d'une quote-part de l'impôt est, nous l'avons dit, la condition du suffrage et, si l'on pouvait avoir par là quelque action sur les contribuables récalcitrants, ce serait tout profit !

§ 2

DE L'EXCLUSION RÉSULTANT DE L'INDIGNITÉ.

Toutes les législations ont admis que la déchéance des droits politiques pouvait résulter de certaines causes démontrant que celui chez lequel elles se rencontrent est indigne de les exercer. Ces causes sont, d'une manière générale, certaines condamnations judiciaires ou certains faits publics portant atteinte à l'honorabilité de l'individu.

Nous avons déjà signalé le vice des constitutions qui laissent en cette matière la porte ouverte à l'arbitraire. Il est indispensable que les causes d'indignité soient nettement déterminées par la loi. Mais nous ne craignons pas d'ajouter que, dans l'intérêt social, la loi devrait y comprendre tous les cas, sans exception, dans lesquelles l'honorabilité de l'individu est gravement atteinte, tous les cas dans lesquels il est judiciairement constaté que l'individu est animé d'instincts antisociaux.

Dans notre législation, le texte fondamental, en cette matière, est le décret du 2 février 1852, modifié par un certain nombre de lois postérieures, notamment celles des 24 janvier, 4 mars, 15 juillet 1889.

Les faits qui, en dehors des condamnations criminelles ou correctionnelles, entrainent chez nous la perte du droit de vote sont la déclaration de faillite et la destitution d'emploi.

D'après l'article 15 § 17 du décret de 1852, modifié par la loi du 4 mars 1889, la déclaration de faillite n'entraine pas la perte du droit de vote lorsqu'il y a concordat homologué ou excusabilité reconnue et que le droit de vote a été expressément conservé par jugement. Dans les autres cas, le droit de vote est perdu. Tous ces tempéraments se justifient mal. Celui qui a été incapable de faire ses propres affaires pourrait, sans qu'il y eût excès, être dispensé de s'occuper des affaires publiques. Et c'est pourquoi la liquidation judiciaire, dans les termes de la loi de 1889, qui n'est, en somme, qu'une faillite atténuée, et la déconfiture, qui est la faillite des non-commerçants, devraient bien, tant qu'elles durent, entraîner déchéance. Nous approuverions mieux cette exception, faite par la loi norvégienne : « lorsque la faillite ou la déconfiture ne résulte pas d'un événement d'incendie ou de quelque accident de force majeure ». La plupart des législations admettent comme cause de déchéance la faillite ou la déconfiture. La législation suisse limite l'incapacité à cinq ou dix années, suivant la gravité de la responsabilité du failli. Logiquement, elle doit durer tant que la réhabilitation n'est pas obtenue.

Les notaires, greffiers et autres officiers ministériels destitués en vertu d'une décision judiciaire étaient également exclus du droit de vote par le décret de 1852, art. 15 § 8. La loi du 10 mars 1898 a subordonné la déchéance à la condition qu'elle ait été expressément prononcée par la décision judiciaire : ce tempérament nous semble regrettable.

Voici deux incapacités prononcées par la législation belge et que tout le monde doit approuver. L'article 20 de la loi du 12 avril 1894 exclut définitivement, après ceux qui ont été condamnés à une peine criminelle : 2° ceux qui tiennent ou ont tenu maison de débauche ou de prostitution, ou qui ont été condamnés pour avoir tenu un établissement de prostitution clandestine, ainsi que les individus qui ont été mis à la disposition du gouvernement comme souteneurs de filles publiques ; 3° ceux qui ont été destitués de la tutelle pour inconduite ou pour infidélité, ou qui ont été exclus de la puissance paternelle.

Arrivons aux condamnations pénales qui entraînent la déchéance du droit. C'est ici surtout que nous allons constater de très graves lacunes dans la plupart des législations. Résumons la législation française.

Et d'abord, toutes les condamnations criminelles, c'est-à-dire à des peines afflictives et infamantes et à des peines infamantes seulement, emportent, dans tous les cas, privation à perpétuité des droits électoraux. Il en est de même des condamnations pour *crime* à une peine d'emprisonnement par suite de l'admission de circonstances atténuantes; mais l'incapacité n'atteint pas les individus condamnés pour crime à l'emprisonnement par l'effet d'une *excuse légale*. Les militaires condamnés au boulet ou aux travaux publics sont aussi frappés de déchéance perpétuelle.

En matière correctionnelle, l'interdiction du droit de vote peut, aux termes de l'article 42 du Code pénal, être prononcée dans certains cas déterminés par la loi. De plus, la déchéance ou la privation temporaire du droit sont la conséquence d'un certain nombre de condamnations déterminées par l'article 15 du décret organique de 1852. Les unes produisent cet effet, quelle que soit la peine prononcée; les autres, lorsqu'elles portent une peine d'emprisonnement, quelle qu'en soit la durée; d'autres, seulement quand la peine d'emprisonnement a une certaine durée déterminée. D'après le décret de 1852, l'incapacité résultant de ces condamnations était perpétuelle; la loi du 24 janvier 1889, modifiant l'article 16 de ce décret, a déterminé certains cas d'incapacité temporaire : rébellion, outrages et violences envers les dépositaires de l'autorité publique, etc. : l'incapacité dure pendant cinq ans après l'expiration de la peine.

Cette législation est loin d'offrir à l'intérêt social les garanties suffisantes. Du reste, le même reproche peut être adressé à beaucoup de législations étrangères.

Voici, par exemple, la législation belge. Elle détermine aussi un assez grand nombre de condamnations correctionnelles qui entraînent l'incapacité électorale; mais cette incapacité n'est que temporaire; elle cesse vingt ans, dix ans, cinq ans après la condamnation, suivant la durée de la peine (l. 12 avril 1894, art. 2). En Autriche, l'incapacité cesse après une période de cinq à dix ans, suivant la durée de la peine et de cinq ans pour les délits.

Nous ne saurions approuver tous ces tempéraments. Nous ne concevons guère, nous l'avouerons, le système de l'incapacité électorale temporaire, non plus que nous ne comprenons la privation temporaire du droit de porter les insignes de la Légion d'honneur :

> L'honneur est comme une île escarpée et sans bords ;
> On n'y peut plus rentrer dès qu'on en est dehors.

Nous ne contestons pas la possibilité de la régénération morale du condamné, quelle que soit la gravité de la condamnation; mais cette éventualité, relative et incertaine, ne saurait obliger à remettre le bulletin de vote aux mains de celui qui a été une fois convaincu d'indignité.

Il y a bien d'autres critiques à faire. Pourquoi d'abord exiger, pour un grand nombre de délits, une condamnation à plus de trois mois d'emprisonnement : c'est bien plutôt de la nature du délit que de la durée de la peine et de la sévérité ou de l'indulgence du juge que la déchéance doit dépendre ! Cela est surtout frappant pour les délits électoraux : conçoit-on qu'un individu condamné pour faits de corruption électorale, de soustraction ou de falsification de bulletins de vote, soit encore admis à voter par la raison que la condamnation n'aurait pas porté plus de trois mois d'emprisonnement?

D'un autre côté, la liste des causes d'incapacité laisse apercevoir de nombreuses lacunes.

La loi frappe d'incapacité, au moins pendant cinq ans à partir de l'expiration de la peine, l'individu condamné pour outrage envers un juré ou envers un témoin, et nous avons naguère assisté à ce spectacle affligeant d'un homme condamné par un jury pour outrages envers le Président de la République, élu député, uniquement à raison de sa condamnation, par un des arrondissements de la capitale! Et un pareil scandale n'a pas été empêché par la loi!

On pourrait citer beaucoup d'autres cas. Comprend-on, par exemple, qu'il faille *deux condamnations en police correctionnelle* pour ivresse manifeste, pour entraîner la perte du droit de vote et d'éligibilité ? Quand un homme se dégrade au point d'encourir une condamnation pour ivresse manifeste, est-ce qu'il est digne d'exercer les droits du citoyen et de prendre part aux affaires publiques ?

Pour nous, la question serait très simple à résoudre si nous avions une législation pénale plus rationnelle que celle que nous avons. Il y a des délits intentionnels et des délits non intentionnels, comme l'homicide par imprudence, l'oubli d'une déclaration prescrite par la loi, etc. : c'est une distinction que les criminalistes ont cru trouver dans la

loi, mais qui n'y est pas ; dans notre législation actuelle,
tout fait puni de peines correctionnelles est un délit, sans
que la question d'intention joue, en droit, un rôle quelconque. A notre sens, un système pénitentiaire tout différent devrait être appliqué aux délits intentionnels et aux
délits non intentionnels : la peine de l'emprisonnement
étant réservée aux premiers, on devrait organiser pour les
seconds une peine qui ne se confondrait avec elle ni par le
nom, ni par le régime, qu'on appellerait « les arrêts » ou
de toute autre dénomination équivalente, et qui n'aurait
pas de caractère infamant. Dans un pareil système, nous
n'hésiterions pas à priver du droit de suffrage tout individu
ayant commis un délit intentionnel assez grave pour mériter la peine de l'emprisonnement.

Jamais la nécessité de moraliser le suffrage universel
n'est apparue plus manifeste qu'aujourd'hui ; jamais il n'a
inspiré plus d'inquiétudes pour l'avenir des institutions
libres. Mieux vaut infiniment que la législation en cette
matière soit un peu sévère que trop indulgente ; nous
l'avons dit déjà et l'on ne saurait trop insister sur cette
vérité : il importe assez peu que quelques individus ne
prennent pas part au vote, tandis qu'il importe beaucoup
que le bulletin de vote ne soit pas remis en des mains
indignes.

Si les principales réformes indiquées dans ce chapitre
étaient réalisées, nous aurions un corps électoral offrant à
l'intérêt social des garanties tout autres que celui que nous
avons aujourd'hui.

§ 3

LE SUFFRAGE DOIT-IL APPARTENIR AUX FEMMES ?

Quand on parle de suffrage universel, on n'a jusqu'à ce
jour en vue que les hommes : toute une moitié de l'humanité
en est exclue par une sorte d'accord tacite et à peu près
unanime, et cela est bien de nature à démontrer de plus
en plus que le droit de vote n'a jamais été considéré comme
étant un attribut nécessaire de la personnalité humaine.
C'est cependant une question qui mérite un sérieux examen

que celle de savoir si le droit de suffrage ne doit pas être reconnu aux femmes. Ce n'est là, d'ailleurs, qu'un aspect, mais non le moins important, d'une thèse plus générale, d'après laquelle la femme devrait être complètement assimilée à l'homme au point de vue de la jouissance et de l'exercice des droits civils et politiques. C'est ce qu'on appelle « *l'émancipation des femmes* ».

En Angleterre, la première mention qui ait été faite à la Chambre des Communes du droit politique des femmes date du 3 août 1832, sous la forme d'une pétition présentée par une dame de haut rang, Mary Smith, de Stanmore, qui n'obtint d'ailleurs aucun succès. Quelques années plus tard, la question se posa avec un certain éclat, grâce à deux illustres patrons, Richard Cobden et Stuart Mill. En 1866, Stuart Mill présentait aux Communes une pétition de 1500 femmes pour demander le suffrage ; l'année suivante, il en présentait une nouvelle couverte de plus de 12.000 signatures. La question était posée et restera posée ; pareille motion sera présentée et discutée presque à chaque session, et le projet de réforme ralliera des majorités de plus en plus nombreuses, et il sera appuyé par les Disraëli, les Gladstone, les Salisbury, les Strafford Northcott, etc.

En France, sous l'ancien régime, les femmes propriétaires et non en puissance de mari ont pu exercer des droits électoraux politiques. On voit des femmes figurer parmi les électeurs de différents États Généraux. C'est que la souveraineté était inhérente à la terre, au fief ; et il en fut ainsi du droit de vote, qui en était comme une émanation. Et c'est ainsi que nous avons vu, en 1789, les femmes, filles et veuves, possédant des fiefs, investies du droit de se faire représenter à l'assemblée électorale par des procureurs.

A la veille de la Révolution, en 1787, Condorcet, dans ses Lettres d'un Bourgeois de New-Haven à un citoyen de Virginie, se faisait l'apôtre du droit électoral des femmes. Cependant l'opinion ne paraissait pas alors s'intéresser à cette question, et les cahiers des États Généraux, à très peu d'exceptions près, ne se préoccupent pas de droits politiques à conférer à la femme. *La Requête des dames à*

l'Assemblée nationale d'Olympe de Gouges resta sans écho :
« La femme, y était-il dit, naît libre et égale à l'homme en
« droit. Le principe de toute souveraineté réside essen-
« tiellement dans la nation, qui n'est que la réunion de la
« femme et de l'homme..... La loi doit être la même pour
« tous. Toutes les citoyennes et tous les citoyens, étant
« égaux à ses yeux, doivent être également admissibles à
« toutes les dignités, places et emplois publics, selon leurs
« capacités et sans autre distinction que celles de leurs
« vertus et de leurs talents..... La femme a le droit de
« monter à l'échafaud, elle doit avoir également le droit
« de monter à la tribune. » — La Constituante se borna à
déclarer qu'elle remettait le dépôt de la constitution à la
vigilance des épouses et des mères ; et bientôt l'attention
publique se porta vers de tout autres sujets. Ce fut plus
tard l'école Fouriériste et l'école Saint-Simonienne qui rap-
pelèrent sérieusement l'attention sur la question des droits
de la femme ; mais ces écoles tombèrent bientôt dans le
discrédit et la question de l'égalité des femmes dans
l'oubli. En 1848, une proposition de Victor Considérant,
présentée au comité de constitution, pour inscrire les
droits politiques de la femme dans la loi constitutionnelle,
n'eut aucun succès. Il en fut de même d'une autre proposition analogue de Pierre Leroux, en 1851. La question a
été reprise dans ces derniers temps et portée devant
l'opinion, devant les corps élus, devant les tribunaux.

Le socialisme contemporain a repris en main cette
cause et en a fait un des principaux articles de son programme. On ne s'en est pas tenu à une agitation théorique.
En 1882, un groupe de femmes adressa à la Chambre une
pétition pour réclamer en faveur du sexe féminin la recon-
naissance du droit de suffrage. La Chambre passa à l'ordre
du jour, sur un rapport assez dédaigneux de M. Cavaignac,
disant que « la réforme n'était pas mûre ». Plusieurs pétitions ou motions ont été faites depuis, sans aucun succès.
On est allé enfin devant la justice. Plusieurs femmes élevè-
rent la prétention d'être inscrites sur les listes électorales
de même qu'elles étaient inscrites sur le rôle des contributions. Ces réclamations, repoussées par les commissions
électorales, n'eurent pas plus de succès en appel. On alla

même jusqu'en Cassation et la Cour suprême, par un arrêt du 16 mars 1885, confirmé en 1893, rejeta une prétention qui était, en droit, manifestement insoutenable.

Cependant la question du suffrage des femmes n'est plus aujourd'hui une question purement théorique ; et il est intéressant de reconnaître dans quelle mesure elle est entrée dans la voie des réalisations pratiques.

Dans un certain nombre de pays, les femmes participent aux élections scolaires ; il en est ainsi en Angleterre, en vertu des lois sur l'instruction primaire de 1870 et 1872, en Norvège (loi du 26 juin 1889), au Canada (depuis 1850) et dans un certain nombre des États-Unis de l'Amérique du Nord. Mais c'est là évidemment une question spéciale. Rappelons à ce propos que la loi française du 27 février 1880 comprend dans le corps électoral qui nomme les membres chargés de représenter l'enseignement primaire les directrices des écoles normales primaires, les inspectrices générales, les déléguées spéciales à l'inspection des salles d'asile, etc. Rappelons aussi qu'une loi française, toute récente, celle du 23 janvier 1898, a conféré aux femmes commerçantes le droit de prendre part aux élections consulaires.

La question intéressante est celle des élections pour les assemblées administratives et politiques.

Nous avons vu qu'en Angleterre, depuis l'*Act* de 1869 sur les municipalités, les femmes sont appelées à prendre part aux élections municipales ; et le *bill* de 1882 sur les *corporations municipales* a dit de la manière la plus formelle que « sur tous les points qui se rattachent ou se réfèrent au droit de suffrage dans les élections municipales, les termes de cet *Act* employés au genre masculin comprennent les femmes (art. 63)[1]. Les femmes sont électeurs, mais non éligibles ; et, comme pour être inscrit sur les listes, il faut occuper en son nom propre une maison sujette à la taxe des pauvres, il en résulte que seules les femmes non mariées ou veuves peuvent exercer ce droit. L'électorat municipal appartient aussi aux femmes en Écosse et en Irlande. Dans la paroisse, la femme prend également part

---

1. *Annuaire de législation comparée*, 1883, p. 151.

aux assemblées générales désignées sous le nom de *Vestry*, où sont décidées les choses d'intérêt commun par le suffrage de toutes les personnes présentes, quel que soit leur sexe, en comptant les voix au prorata des taxes payées. Les lois de 1888 et 1889 sur la réforme du gouvernement local dans la Grande-Bretagne ayant décidé que les conseils de comté qu'elles instituaient, avec des attributions administratives fort étendues, seraient nommés par les mêmes électeurs que ceux qui votent en matière municipale, les droits électoraux des femmes se sont trouvés par là étendus.

En Suède, les femmes, en vertu de la loi de 1862, prennent part à l'administration communale de plusieurs manières d'après le chiffre de la population. Dans les communes rurales et dans les villes qui ne comptent pas plus de 3,000 habitants, l'élection d'un conseil municipal est facultative, et c'est l'assemblée générale des contribuables, où le nombre des voix se suppute au prorata des impôts, qui est investie du droit de statuer sur les affaires intéressant la communauté et de nommer ses organes exécutifs. Les femmes non mariées ont le droit, comme les hommes, et sous les mêmes conditions, de prendre part à ces assemblées. Les communes de plus de 3,000 habitants élisent un conseil municipal et les femmes prennent part à l'élection, en personne ou par mandataire. Il en est de même en Finlande. (Loi du 6 février 1865.)

En Suisse, d'après la loi du 24 mai 1865, les femmes majeures et les veuves sont admises aux élections municipales quand elles réunissent les mêmes conditions que les hommes.

Dans une partie de la Prusse (lois des 19 mars et 14 avril 1856, 22 septembre 1867, 13 décembre 1872), les femmes peuvent prendre part par mandataires aux élections locales ; de même dans le Brunswick (loi du 17 mars 1850). En Saxe, les femmes sont admises à l'électorat communal au même titre que les hommes : la loi du 24 avril 1873 dispose que le droit de suffrage appartient à tous les membres de la commune qui y possèdent des immeubles et remplissent certaines conditions, excepté aux femmes non domiciliées ; les femmes mariées sont représentées par leurs maris ; les filles et les veuves exercent en personne leur droit électoral.

En Autriche, d'après les lois de 1849, 1862, 1873, les femmes prennent part aux élections communales en qualité de propriétaires ; nous verrons même qu'elles peuvent prendre part aux élections politiques : la femme mariée exerce son droit par l'entremise de son mari ; les filles majeures et les veuves votent par mandataires.

Dans le *mir* russe, les femmes ont leur voix comme représentants de familles, au même titre que les hommes. Dans les communes urbaines, la loi du 16 juin 1870 leur reconnaît des droits électoraux, à la condition qu'elles aient vingt-cinq ans, qu'elles soient propriétaires d'un immeuble soumis à la contribution foncière, ou d'un établissement commercial ou industriel : elles prennent part aux élections par mandataires.

Dans certains des États-Unis de l'Amérique du Nord et en Australie, les femmes participent aussi aux élections municipales.

En résumé, on voit qu'un assez grand nombre de pays ont admis les femmes à l'électorat municipal.

Au contraire, leur participation aux élections politiques n'est encore qu'une rare exception. On la rencontre cependant en Autriche : en vertu de la loi constitutionnelle du 21 décembre 1867 et de la loi électorale du 2 avril 1873, les femmes, « si elles jouissent de leurs droits d'une manière indépendante, si elles sont âgées de 24 ans au moins et non privées de leurs droits électoraux », figurent au nombre des électeurs dans la catégorie de la grande propriété foncière. C'est en quelque sorte le domaine qui vote, ou du moins qui habilite son propriétaire à voter, sans qu'on ait égard au sexe de ce dernier ; c'est quelque chose d'analogue à ce qui avait lieu en France avant la Révolution, alors que le droit de suffrage était attaché au fief.

Rappelons qu'en Italie la loi électorale du 22 janvier 1882, si elle ne confère pas personnellement aux femmes l'électorat politique, contient cette disposition remarquable : « Les impôts directs payés par une veuve ou par une femme séparée légalement de son mari peuvent être comptés dans le cens électoral en faveur d'un de ses fils, petits-fils ou arrière-petits-fils désigné par elle... Les délégations peuvent se faire par une simple déclaration authentique devant notaire. Les susdites déclarations peuvent être révoquées de la même manière, pourvu que la révocation ait lieu avant la revision annuelle des listes électorales. » (art. 12).

Aux États-Unis, jusqu'à ces derniers temps, le seul État de Wyoming reconnaissait aux femmes le droit électoral politique, en vertu d'une loi du 12 décembre 1869. Dans le Colorado, une loi donnant le suffrage politique aux femmes a été soumise à la ratification du peuple en novembre 1893 et acceptée par lui. Cette ratification a, au contraire, fait défaut dans plusieurs autres États à une pareille innovation admise par les Chambres [1].

Dans la Nouvelle-Zélande, une loi du 19 décembre 1893 a conféré aux femmes l'électorat politique. Elle dispose que le mot *personne* doit s'entendre des femmes comme des hommes et que les termes et expressions employées au masculin s'appliquent aussi aux femmes, à moins que le contraire ne soit formellement édicté.

En somme, on voit que l'électorat politique des femmes n'est encore entré dans la pratique que d'une façon extrêmement restreinte. En Europe, nous ne le trouvons qu'en Autriche et pour une catégorie d'électeurs qui le possèdent à raison de leur domaine. En Italie, on n'en trouve qu'un embryon. Nulle part, nous ne voyons que l'éligibilité politique ait été conférée aux femmes.

Stuart Mill, dans son petit livre intitulé « *L'assujettissement des femmes* », a fait, en faveur de l'égalité politique des deux sexes, un plaidoyer auquel il n'a guère été ajouté depuis. Il regarde la différence de sexe comme aussi indifférente, quant aux droits politiques, que la différence de taille ou de couleur de cheveux. « Tous les êtres humains, dit-il, » ont le même intérêt à avoir un bon gouvernement ; « leur bien-être à tous en est également affecté et ils ont « tous un égal besoin d'une voix pour s'assurer leur part « de ses bienfaits. S'il y a quelque différence, les femmes

1. V. *Political Science quarterly*, juin 1894.

« en ont plus besoin que les hommes, puisque, étant physi-
« quement plus faibles, elles dépendent plus de la loi et de
« la société pour leur protection..... On permet aux fem-
« mes non mariées, et il s'en faut de peu qu'on ne le per-
« mette aux femmes mariées [1], de posséder une fortune
« à elles et d'avoir des intérêts pécuniaires, des intérêts
« d'affaires, tout comme les hommes ; on estime désirable
« et convenable que les femmes pensent, écrivent et ensei-
« gnent. Du moment où ces choses sont admises, l'incapa-
« cité politique ne repose plus sur aucun principe.... S'il
« était aussi juste qu'il est injuste que les femmes soient
« une classe subordonnée, confinée aux occupations do-
« mestiques et soumise à une autorité despotique, elles n'en
« auraient pas moins besoin de la protection du suffrage
« pour être garanties contre l'abus de cette autorité.....
« Personne ne prétend dire que les femmes feraient un
« mauvais usage du suffrage ; ce que l'on peut dire de pis,
« c'est qu'elles voteraient comme de simples machines,
« d'après l'ordre de leurs parents du sexe masculin. S'il en
« doit être ainsi, qu'il en soit ainsi. Si elles pensent par
« elles-mêmes, ce sera un grand bien, et, sinon. il n'y aura
« aucun mal..... Ce ne serait pas peu de chose non plus que
« le mari dût nécessairement discuter la question avec sa
« femme et que le vote ne fût plus son affaire exclusive,
« mais bien une affaire commune. On ne réfléchit pas assez
« à quel point le fait qu'une femme possède, indépendam-
« ment de l'homme, une certaine influence sur le monde
« extérieur augmente sa dignité et sa valeur aux yeux d'un
« homme vulgaire et inspire à celui-ci un respect qu'il
« n'aurait jamais ressenti pour les qualités personnelles
« d'un être dont il peut s'approprier entièrement toute
« l'existence sociale. La qualité du vote lui-même serait
« améliorée. L'homme serait souvent obligé de trouver en
« faveur de sa manière de voter des raisons assez honnêtes
« pour décider un caractère plus droit et plus impartial à
« servir sous la même bannière..... Donnez un vote à la

1. Cette réforme a été accomplie par l'*act* du 18 août 1882, qui a,
pour ainsi dire, aboli la puissance maritale en Angleterre, du moins en
ce qui touche la capacité civile.

« femme, et elle sent l'effet du point d'honneur. Elle ap-
« prend à regarder la politique comme une chose sur
« laquelle on lui permet d'avoir une opinion et au sujet de
« laquelle chacun doit agir d'après son opinion..... et c'est
« seulement lorsqu'on l'encourage à se former une opinion
« et à se faire une idée intelligente des raisons qui doivent
« l'emporter chez elles sur les tentations de l'intérêt per-
« sonnel et de l'intérêt de famille qu'elle peut cesser d'agir
« comme une force dissolvante sur la conscience politique
« de l'homme. On ne peut empêcher son action indirecte
« d'être nuisible qu'en la changeant en action directe. »
Et Stuart Mill ajoutait que l'exclusion politique des femmes
semble le comble de la déraison dans un pays gouverné par
une femme.

Stuart Mill, on le voit, réclamait les droits politiques,
tous les droits politiques pour toutes les femmes majeures,
mariées ou non ; en cela, il allait beaucoup plus loin que la
plupart des législations qui ont reconnu des droits électoraux aux femmes. Il a été plus loin et il a été plus logique.

Peut-on admettre théoriquement une distinction entre
les élections *administratives* et les élections *politiques?* Il
est difficile de voir là autre chose qu'une concession, qu'il
faudra élargir. Si on se place au point de vue des *intérêts*.
la femme a des intérêts généraux qui la touchent non
moins que les intérêts locaux, surtout chez nous, où la cen-
tralisation est si grande.

Est-ce que la femme n'est pas, autant que l'homme,
intéressée dans l'administration de la justice, dans la police,
dans l'instruction publique, dans les cultes, voire même
dans la guerre, elle épouse et mère ? Et est-ce que ces inté-
rêts-là ne priment pas ceux qui se discutent au conseil
municipal ?

A mon sens, il n'y a pas à distinguer; c'est une question
de principe, et elle sera diversement résolue suivant qu'on
fera prédominer le point de vue individuel ou le point de
vue social ; que l'on considérera comme cellule sociale
l'individu ou la famille.

Stuart Mill est très individualiste ; je ne m'étonne pas
de son ardeur pour cette cause ; sur ce terrain, il est inex-
pugnable quand il dit : la femme a dans l'État des intérêts

comme l'homme ; elle a le droit de les faire valoir comme
lui ; si elle est plus faible, elle a d'autant plus besoin de
protection ! Au point de vue de l'intérêt individuel, sa conclusion est incontestable.

On a parfois placé la question sur le terrain de la capacité. H. Spencer prétend que la femme est moins apte que
l'homme à une attention soutenue, à suivre la logique d'un
raisonnement abstrait, à s'incliner devant les prescriptions
de la justice absolue. Mais Stuart Mill la déclare plus pratique que l'homme et lui attribue une vue plus rapide et
plus exacte du fait présent : en un mot, plus de jugement
et de présence d'esprit.

On a pesé le volume du cerveau et le professeur Bischoff,
de Munich, a trouvé une différence moyenne de 10 %, entre
le cerveau de l'homme et celui de la femme. Celle-ci aurait
donc moins de cervelle. « Mais, répond un autre savant, le
docteur Buchner, pour déterminer la valeur intellectuelle
d'un cerveau, il faut tenir compte, non seulement de sa
grandeur et de sa circonférence, mais tout autant, sinon
plus, de sa texture intime, de la délicatesse de chacune de
ses parties : il ne répugne donc pas de supposer que, sous
ce rapport, le cerveau féminin l'emporte sur le cerveau
masculin autant qu'il est primé par lui en volume et cela
s'accorde avec la finesse, la délicatesse plus grande du
corps féminin. » — Nous ne sommes pas plus avancés !

Disons plus : au point de vue de la capacité encore, la
question n'est pas douteuse : les femmes ne voteraient pas
plus mal que les hommes, et, en vérité, ceux-ci n'ont pas le
droit d'être bien exigeants ! J'inclinerais même à croire
que le vote des femmes serait généralement bon, qu'il
serait conservateur dans le sens large du mot.

La femme est-elle égale, inférieure ou supérieure à
l'homme ? Question insoluble et oiseuse !

Elle est *autre ;* elle a des fonctions essentiellement différentes ; elle a un rôle social distinct. La question est, non
une question de droit électoral, mais une question sociale
de premier ordre.

Que les facultés de la femme soient différentes de celles
de l'homme et appropriées à des fonctions différentes, c'est
une vérité d'une telle évidence qu'elle n'a pas besoin de

démonstration. Nul, par exemple, ne songe à lui demander d'aller à la guerre : chacun comprend que la femme, par sa constitution, par ses aptitudes physiques et ses fonctions naturelles, est appelée à un rôle spécial. Et ce rôle est de capitale importance : de la manière dont il est rempli dépend le sort des sociétés ; car c'est surtout la femme qui forme l'homme ; comme épouse et comme mère, elle exerce une telle influence sur son développement moral qu'on peut dire en toute vérité, avec Sénèque : « *Mulier reipublicæ damnum est aut salus.* »

On dit que la femme a des droits égaux à ceux de l'homme. Mais, qu'est-ce donc que le *Droit*, sinon la liberté assurée à chacun de remplir sa fonction naturelle aussi complètement que possible ?

Or, le rôle social de la femme peut se définir d'un mot : elle a le gouvernement du foyer domestique ; tandis que l'homme travaille, produit et s'occupe des relations du dehors, la femme administre, conserve, prend soin des enfants et se consacre au gouvernement intérieur. C'est ainsi du moins que le rôle respectif des époux a été compris depuis que le monde est monde par toutes les sociétés civilisées.

Cette grande fonction est-elle compatible avec l'exercice des droits politiques? La participation aux affaires publiques est-elle conforme aux besoins de la famille, à la dignité de la femme, à son intérêt? Sur tous ces points, je diffère totalement d'opinion avec Stuart Mill.

a. « La femme, a dit M. Troplong dans une de ses belles « préfaces, est la Vesta du foyer domestique ; quand elle en « est absente, on sent que le temple manque de sa divinité. » La femme a un rôle de gouvernement intérieur qui réclame tous ses instants et tous ses soins. Sans doute, il ne faut pas longtemps pour aller au scrutin. — Mais, pour voter, il faut y être préparé, s'occuper activement des affaires publiques, être en contact journalier avec les hommes et les choses du dehors ; si la femme fait cela, pourra-t-elle remplir son rôle au foyer domestique?

b. Stuart Mill affirme que le droit de suffrage augmenterait la dignité de la femme ; que le mari serait obligé de discuter son vote avec elle comme une affaire commune ;

que ce droit d'exercer une influence sur les affaires exté-
rieures la rehausserait aux yeux du mari. Nous allons voir;
mais il est fort à craindre que cela ne fît grand tort à sa dignité sociale. Est-ce en allant dans les réunions publiques,
discuter les programmes et les titres des candidats, et en prenant une part active aux luttes électorales, si pleines d'amé-
nité et de bon goût, que nos femmes acquerraient plus d'estime et de considération? Il y a longtemps qu'Aristophane
raillait « *les Harangueuses* »; et il est peu probable qu'elles
jouiraient davantage aujourd'hui de la considération publique, parce que chacun sent instinctivement que tel n'est
pas le rôle de la femme.

c. Quant à son mari, il est fort à croire que les dissenti-
ments politiques seraient le plus souvent une cause d'aigreur
et de querelle. Les discussions politiques sont, de toutes, les
plus acerbes et la femme n'a rien à gagner à ce qu'une pareille cause de divisions soit introduite dans les ménages. La
femme peut fort bien aujourd'hui, si elle est intelligente et
s'intéresse aux choses publiques, exercer une grande
influence sur l'esprit de son mari; si elle se pose en adver-
saire, armée d'un droit égal, il n'en peut résulter que dommage pour les rapports privés des époux.

Voici donc les conclusions auxquelles nous arrivons.

D'une part, comme individu, la femme a des intérêts à
défendre; il est juste qu'ils soient défendus; il est juste
qu'elle soit représentée dans la participation aux affaires
publiques.

D'autre part, la fonction sociale de la femme ne lui permet pas d'exercer ses droits politiques par elle-même; donc,
elle les exercera par représentant; elle les exercera par
l'entremise de son mari, qui est son représentant naturel.

Mais il y a les filles et les veuves? En ce qui les concerne,
la question, nous le reconnaissons, est délicate. Cependant
c'est-là une situation exceptionnelle; j'hésiterais beaucoup
à faire fléchir la règle. Si la fonction normale de la femme
est bien telle que nous l'avons définie, c'est par la nature
même que la femme est écartée du maniement des affaires
publiques !

Si la femme est électeur, je ne vois aucune bonne raison
pour qu'elle ne soit pas éligible; et toutes les législations

qui accordent aux femmes l'électorat et leur refusent
l'éligibilité sont évidemment illogiques. Cependant, peut-on
leur reconnaître l'éligibilité? Si la conséquence paraît
inadmissible, n'est-ce point que la prémisse elle-même ne
saurait être admise? La femme a le droit de défendre ses
intérêts : pourquoi ne l'autoriserait-on pas à le faire par
mandataire? C'est une question à examiner. Mais la vraie
femme, c'est la femme mariée, c'est la mère de famille. La
jeter dans la mêlée des luttes politiques, ce serait lui faire
un triste cadeau, que nos femmes ne réclament pas (il faut
rendre cette justice), et ce serait porter à la famille le plus
grave préjudice.

CHAPITRE V

LE SUFFRAGE DOIT-IL ÊTRE ÉGAL POUR TOUS ?

La question qui précède nous amène tout naturellement à celle-ci : Le suffrage doit-il être égal pour tous ? Le principe du suffrage universel implique-t-il que le suffrage sera exercé par tous *dans la même mesure ?* Peut-on admettre, sans que le principe de l'égalité naturelle des hommes en droit soit violé, que certains individus exercent un droit de suffrage plus étendu que d'autres individus ?

Stuart Mill, un esprit très libéral et sincèrement démocratique, admet sans hésiter l'affirmative : « Dans toutes « les affaires humaines, dit-il, toute personne qui est « directement intéressée, et qui n'est pas sous une tutelle « positive a le droit d'avoir une voix ; ceci est admis ; et « on ne peut pas sans injustice lui refuser l'exercice de ce « droit quand il n'est pas incompatible avec la sûreté de « l'ensemble. Mais si chacun doit avoir une voix, chacun « doit-il avoir une voix égale ? Voilà une proposition tota- « lement différente. Quand deux personnes qui ont un « intérêt commun dans une affaire sont d'opinions diffé- « rentes, la justice exige-t-elle que les deux opinions soient « regardées comme ayant exactement la même valeur ? « Si, à vertu égale, l'une de ces personnes est supérieure « à l'autre en savoir et en intelligence, ou si, à intelligence « égale, l'une est supérieure à l'autre en vertu, l'opinion « de l'être supérieur sous le rapport moral et intellectuel « a plus de valeur que celle de l'être inférieur ; et, si les « institutions du pays affirment virtuellement que ces « deux opinions ont la même valeur, elles affirment une « chose qui n'est pas. L'un de ces deux êtres, comme le « plus sage, ou comme le meilleur, a droit à une influence « supérieure. La difficulté est de s'assurer lequel des deux « a ce droit : un discernement impossible quant aux indi-

« vidus, mais qui peut s'exercer sur les masses avec une
« exactitude à peu près suffisante. » — Et Stuart Mill
revient encore sur cette idée : « N'avoir pas de voix dans
« les affaires générales est une chose ; voir accorder aux
« autres une voix plus puissante, à cause d'une capacité
« plus grande pour la direction des intérêts communs, est
« une autre chose : les deux choses ne sont pas seulement
« différentes, elles sont incommensurables. »

Plusieurs moyens peuvent être employés pour donner à
certains individus une influence électorale plus grande
qu'à d'autres. On peut, en divisant les citoyens par catégories, donner à certaines catégories un nombre de représentants plus considérable proportionnellement. C'est,
nous l'avons vu, ce qu'a fait la législation électorale prussienne et la récente législation saxonne, en divisant les
électeurs en trois catégories, correspondant chacune à un
tiers de l'impôt, et en attribuant à chacune de ces catégories, fort inégales en nombre, un nombre égal d'électeurs (l'élection étant indirecte). Nous avons vu quelque
chose d'analogue en Autriche, surtout depuis la réforme
de 1896.

On peut encore attribuer à certains individus plusieurs
votes, à raison de certaines circonstances déterminées.
C'est ainsi qu'en France, sous la Restauration, en vertu
de la loi du 29 juin 1820, dite *loi du double vote*, les 25.000
plus riches propriétaires furent chargés d'élire les deux
cinquièmes de la Chambre.

Mais la pluralité des votes peut avoir d'autres causes
que la richesse. Nous avons trouvé ce système appliqué
dans la dernière législation électorale de la Belgique.

Le même électeur peut cumuler jusqu'à trois voix dans
les élections législatives et provinciales, et jusqu'à quatre
voix dans les élections communales.

Voici d'abord pour les élections législatives et pour les
élections provinciales (pour lesquelles les électeurs ne
sont autres que les électeurs sénatoriaux) :

Un vote supplémentaire est attribué à l'électeur âgé
de trente-cinq ans accomplis, marié, ou ayant, s'il est
veuf, descendance légitime, qui paye à l'État au moins
cinq francs de contribution personnelle sur la valeur loca-

tive, les portes et fenêtres et le mobilier des habitations et bâtiments occupés, ou qui, cotisé pour pareille contribution, est exempté du paiement à raison de sa profession (l. 12 avril 1894, art. 4).

Un vote supplémentaire est attribué à l'électeur (dès l'âge de 25 ans) propriétaire soit d'immeubles ayant un revenu cadastral de 48 fr. au moins, soit d'une inscription au Grand-Livre de la Dette publique, ou d'un carnet de rente à la Caisse générale d'épargne et de retraite d'au moins 100 fr. de rente. La propriété des immeubles doit exister depuis un an au moins ; l'inscription ou le carnet, depuis deux ans (l. 12 avril 1894, art. 5). La propriété de la femme est comptée au mari, celle des enfants mineurs au père (art. 16).

Deux votes supplémentaires sont attribués : 1° aux électeurs porteurs de certains diplômes ou d'un certificat de fréquentation d'un cours complet d'enseignement moyen du degré supérieur, sans distinction entre les établissements publics ou privés (l. 12 avril 1894, art. 6 et 17) ; 2° aux électeurs qui remplissent ou ont rempli certaines fonctions publiques, exercent ou ont exercé certaines professions déterminées pendant le temps prescrit par la loi (l. 12 avril 1894, art. 6 et 19).

L'électeur peut cumuler le vote supplémentaire de l'article 4 et celui de l'article 5. Nul ne peut cumuler plus de trois votes (l. 12 avril 1894, art. 7).

Tel est le résumé des dispositions de l'article 47 revisé de la constitution et de la loi du 12 avril 1894.

Nous avons vu que, dans les élections communales, on peut cumuler jusqu'à quatre suffrages. La loi du 11 avril 1895, sur les élections communales, s'en réfère, en principe, aux dispositions générales du code électoral. Toutefois : 1° pour l'octroi du vote supplémentaire au profit de l'électeur âgé de trente-cinq ans, marié ou ayant descendance légitime, le chiffre de la contribution, au lieu d'être uniformément de cinq francs, varie entre cinq et quinze francs, suivant le chiffre de la population de la ville ; 2° il est attribué à l'électeur propriétaire d'immeubles ayant un revenu cadastral de 150 francs au moins un deuxième vote supplémentaire indépendamment de celui que lui accorde l'article 5 § 1 du code électoral; 3° ces deux votes ne peuvent être cumulés avec celui qui est basé sur la propriété d'inscription ou de carnets de rente de 100 fr. ; 4° sous cette réserve, l'électeur peut cumuler les votes supplémentaires visés ci-dessus et aux articles 5 et 6 du code électoral, sans pouvoir cumuler plus de quatre votes.

Ainsi, on trouve dans la loi belge à peu près toutes les causes sur lesquelles peut être fondé le vote plural : l'âge, la qualité de chef de famille, le cens, la possession d'une certaine fortune, la possession de certains diplômes ou certificats d'études, l'exercice de certaines fonctions ou professions.

On peut ramener toutes ces causes à trois :

1° *La richesse* : dans cette catégorie rentrent le cens, la possession d'immeubles d'une certaine valeur, d'inscriptions de rente ou de livrets d'épargne ;

2° *Une capacité supérieure* : l'âge, la possession de certains diplômes ou certificats, l'exercice de certaines fonctions ou professions ;

3° *La quotité des intérêts représentés* : la qualité d'homme marié ou veuf ayant descendance légitime.

Reprenons, pour les examiner de près, chacune de ces causes :

1° *Le vote plural à raison de la richesse.*

Il est évident que ce système procède de la même pensée que le *cens* ; c'est le cens tempéré. Nous avons vu le résultat de l'application en Prusse [1].

Voici un autre exemple : d'un rapport présenté le 7 octobre 1895 par le collège échevinal de Bruxelles, il ressort qu'il y avait dans cette ville, faubourgs non compris, 15.976 électeurs à une voix ; 4.008, à deux ; 1.382, à trois ; 3.003 à quatre ; d'où il suit que les électeurs de cette dernière catégorie ont disposé, à eux seuls, de presque autant de suffrages que ceux de la première !

Toutes les objections que l'on fait au cens peuvent être faites ici. Et lors même que l'on admettrait que la richesse constitue une présomption de capacité, nous allons recon-

---

1. V. *supra*, p. 31.

naître qu'une prétendue capacité supérieure ne justifie pas le vote plural.

Cependant, voici une raison particulière et spécieuse qui peut être présentée : chacun n'a-t-il pas dans l'État un intérêt d'autant plus grand qu'il possède plus de biens ? Et n'est-il pas juste que chacun ait, dans l'État, une part d'influence proportionnelle à son intérêt ? N'est-ce pas ainsi que les choses se passent, par exemple, dans une société par actions ? — Il n'y a nulle analogie ! Dans une société commerciale, il s'agit de gérer une affaire particulière ; la quotité de l'intérêt de chacun est nettement déterminée par sa part d'actions ; dans l'État, cette détermination est impossible à raison de la complexité extrême des intérêts personnels et réels. Nous pouvons passer en revue les différents ministères : l'instruction publique, les cultes, les beaux-arts, la guerre, la marine, etc. N'est-il pas clair qu'il est impossible de déterminer l'intérêt particulier de chacun dans ces grandes administrations et que cet intérêt n'est nullement proportionné à la fortune de chacun ?

Et puis, quand on attribue au riche plusieurs votes, on présume qu'il votera mieux ; cependant, le petit propriétaire a proportionnellement le même intérêt que le grand à la bonne gestion des affaires publiques ; celui qui paie une petite quote-part des contributions sent proportionnellement la charge autant que le plus fort imposé.

Enfin, et surtout, de quoi s'agit-il ? Non pas de gérer directement la chose publique, mais de choisir les plus capables et les meilleurs qui la géreront. Or, on est capable ou non de faire un bon choix ; il n'y a pas de milieu ! Et cela nous amène à la seconde raison.

2° *Le vote plural à raison d'une capacité supérieure.*

L'idée est séduisante ; c'est sur elle que repose toute l'argumentation de Stuart Mill ; pour lui, c'est l'unique raison qui justifie le vote plural.

Voici cependant deux objections : l'une pratique ; l'autre théorique :

Pratiquement, il est à peu près impossible de trouver un criterium permettant de comparer d'une manière satisfaisante la valeur *intellectuelle* et surtout la valeur *morale* des individus. Stuart Mill dit : « La nature de l'occupation d'une personne est une espèce de témoignage. » — Oui ; mais nullement sûr, et il suffit de voir les exemples cités par lui. Faut-il donc attribuer aux diplômes, qui ont déjà trop d'empire, une influence prépondérante dans l'État ? Faut-il exalter encore le fonctionnarisme ? Et puis, quel sera le criterium de la valeur morale, plus importante encore, à notre avis, que la valeur intellectuelle ?

Voici maintenant l'objection théorique ; nous la tenons pour décisive. Stuart Mill raisonne comme s'il s'agissait pour les citoyens de gérer directement la chose publique ; et, partant de là, son raisonnement est très logique ; seulement, il pêche par la base. De quoi s'agit-il ? Uniquement de choisir les hommes les plus capables et les plus dignes de gouverner. Or, pour cela, on est capable ou on ne l'est pas ; il n'y a pas de milieu ; et il est tout à fait irrationnel d'accorder plus de voix à celui-ci qu'à celui-là, sous prétexte que le premier serait plus capable que le second !

3° Reste le *vote plural à raison de la pluralité des intérêts représentés.*

Nous avons trouvé aussi cette cause dans la loi belge. Celle-là nous paraît parfaitement justifiée. C'est pour cette raison que nous avons dit que la femme devait être représentée par son mari. Notre législation actuelle est souverainement inique.

Voici deux hommes : l'un est célibataire ; l'autre est marié et père d'une nombreuse famille : est-ce que les intérêts représentés par ces deux hommes sont équivalents ? Il y a ici une femme, des enfants, qui ne peuvent voter : mais n'ont-ils pas, dans l'État, des intérêts à faire valoir ? Parcourons les différentes branches du gouvernement : l'instruction publique, les cultes, les beaux-arts, la guerre, la justice, la police, etc. ; est-ce que les deux situations, à tous ces points de vue, sont comparables ? Et est-il juste que ces deux hommes aient une voix égale ? Remarquons que la question est tout autre que celle qui s'agitait tout à l'heure. Nous disions qu'on ne peut pas mesurer le droit de suffrage d'un homme sur sa fortune ; mais il s'agit ici de personnes distinctes, d'intérêts distincts, qui tous ont droit d'être représentés dans l'État ?

Voici encore une autre considération : la proportion des charges que ces deux hommes supportent dans l'État n'est pas comparable : qu'il s'agisse d'impôts en argent ou de l'impôt du sang, le chef de famille est infiniment plus frappé que le célibataire ; n'est-il pas juste qu'il ait une plus grande influence dans l'administration des dépenses publiques ?

Une proposition tendant à ce but avait été soumise à l'Assemblée nationale par M. Douhet; mais il avait eu le tort d'y joindre des conditions de nature à donner à sa proposition l'apparence d'un esprit de parti auquel elle devait être étrangère. Elle fut écartée par l'Assemblée, en même temps qu'une autre analogue de M. de Jouvencel.

Cependant le principe lui-même nous paraît incontestable. C'est au nom même de l'égalité, qu'on vante sans cesse, mais qu'on viole ici outrageusement, qu'il faut réclamer la pluralité de suffrages pour le père de famille. Sur quelles bases et d'après quel système ? C'est là une question d'exécution sur laquelle nous n'avons pas à nous étendre ; mais il nous paraîtrait très rationnel de donner de plein droit deux votes à tout homme marié·et d'ajouter un vote supplémentaire pour chaque nombre d'enfants déterminé, par exemple pour deux enfants.

Quelle que soit la proportion adoptée, en affirmant le principe et en lui donnant une sanction, on ferait une chose essentiellement juste, une chose utile à l'État, parce que les pères de famille représentent en général des éléments d'ordre et de stabilité ; utile à l'institution de la famille, dont la dignité en serait rehaussée, et l'on donnerait, par surcroît, une légitime récompense aux pères de famille, qui rendent, dans l'état actuel de notre population surtout, un signalé service social.

CHAPITRE VI

LE SUFFRAGE DIRECT ET LE SUFFRAGE A PLUSIEURS DEGRÉS.

Le citoyen peut être appelé à choisir lui-même et à nommer directement son représentant, député, sénateur ou autre. On peut aussi lui demander de désigner des électeurs qui choisiront eux-mêmes ce représentant. Dans le premier cas, on dit que l'élection a lieu au suffrage direct ; dans le second, au suffrage à double degré, ou mieux au suffrage indirect ; car il peut y avoir plus de deux degrés : on en distingue trois, par exemple, dans nos élections sénatoriales, quand les conseillers municipaux, produit d'une première élection, choisissent des délégués chargés de nommer les sénateurs. De ces deux modes de consultation de la volonté nationale, lequel est le meilleur ?

Cette question nous met en présence de deux conceptions absolument différentes du gouvernement, de la souveraineté nationale.

L'école jacobine, logiquement. proscrit le suffrage à plusieurs degrés : son idéal est la constitution de 1793, dans laquelle les lois devaient être simplement *proposées* au peuple ; à défaut, elle veut le suffrage direct, le mandat impératif, le *referendum*, tout ce qui réalise, dans la plus large mesure, le gouvernement direct. Tout cela procède de cette prémisse que la « souveraineté signifie pouvoir de commander ».

Cette prémisse est fausse, nous croyons l'avoir démontré. Pour nous, la souveraineté n'est autre chose que le droit de n'être commandé que par des hommes investis de la confiance de la nation. C'est le système représentatif. L'élection n'est qu'une sélection : elle suppose la supériorité de l'élu, supériorité réelle ou simplement présumée ;

l'idéal est qu'elle soit réelle, que seuls les meilleurs et les plus capables soient investis de l'autorité.

Avec cette conception, qui est celle de l'école libérale, la question du suffrage direct ou indirect n'est plus une question de principe, mais d'opportunité, d'utilité : le meilleur système de scrutin est celui qui amènera la meilleure représentation.

Lequel ? Point de doute pour Tocqueville : « Il suffit que « la volonté populaire passe à travers une assemblée choi- « sie pour s'y élaborer en quelque sorte et en sortir « revêtue de formes plus nobles et plus belles. Les « hommes ainsi élus représentent toujours la majesté de « la nation qui gouverne ; mais ils ne représentent que les « pensées élevées qui ont cours au milieu d'elle, les ins- « tincts généreux qui l'animent, et non les petites pas- « sions qui souvent l'agitent et les vices qui la désho- « norent. Je ne ferai pas difficulté de l'avouer : je vois dans « le double degré électoral le seul moyen de mettre l'usage « de la liberté politique à la portée de toutes les classes « du peuple... »

On a comparé le suffrage indirect à un filtre, qui donne l'eau plus pure, sans en changer la source. Il faut insister là-dessus, car nous nous heurtons à un préjugé très répandu. On confond, on affecte de confondre le suffrage indirect et le suffrage restreint, notamment dans toutes les discussions où notre Sénat est en jeu. Il faut repousser cette opinion, qui n'est qu'un vulgaire préjugé ou un acte de mauvaise foi. Notre Sénat procède du suffrage universel exactement comme la Chambre des députés, mais du suffrage universel autrement consulté.

Lequel des deux systèmes est le meilleur ? La question n'est pas susceptible de réponse absolue : cela dépend des élections et peut-être des électeurs. Cela dépend, disons-nous, des élections. Dans les élections communales, le suffrage direct nous semblerait préférable, parce que l'électeur peut connaître personnellement les hommes qu'il choisit, peut les voir à l'œuvre, de même aussi qu'il connaît mieux les intérêts qu'ils ont à gérer, la mission qu'il leur confie ; et c'est pourquoi nous accepterions volontiers, en principe, le *referendum* en matière communale.

Est-ce à dire que, pour les élections politiques, le suffrage à plusieurs degrés soit meilleur absolument? Cela dépend évidemment des électeurs! S'ils étaient tous capables de faire de bons choix, le suffrage direct serait le plus simple et le meilleur. Mais, en l'état de nos mœurs, nous serions enclin à penser que le suffrage indirect est généralement préférable.

La masse des électeurs est encore ignorante, incapable de juger et d'apprécier le mérite et la valeur des candidats; mais la masse est très capable de choisir quelques hommes intelligents, quelques personnalités d'élite, qui formeront un corps électoral éclairé et choisiront les gouvernants en connaissance de cause. L'élection au premier degré fera apparaître l'opinion qui domine dans la circonscription ; l'élection au deuxième degré désignera celui qui est le plus capable et le plus digne d'exposer cette opinion et de la faire prévaloir.

Avec le suffrage direct, l'élection est, au fond, tout de même à deux degrés; mais elle est abandonnée à des gens sans mandat; elle est l'œuvre de comités, composés souvent des plus bruyants et des plus violents, et qui s'emparent d'office de la direction; et les candidats qu'il leur a plu de choisir passent à peu près sûrement, grâce à l'esprit de discipline des partis, grâce à l'impossibilité dans laquelle sont la plupart des électeurs de faire par eux-mêmes un choix éclairé, grâce enfin à la badauderie de la masse. Si le comité veut se donner une apparence de régularité et paraître avoir souci de l'opinion des électeurs, il fera choisir les candidats en réunion publique. Mais quiconque a assisté à une réunion électorale sait ce que cela vaut et ce que valent les votes qui y sont émis. On ne peut pas sérieusement demander aux électeurs d'exposer publiquement leurs griefs contre tel ou tel candidat, et, quand la chose n'est pas absolument arrangée d'avance, ce qui est encore le moins mauvais parti, on peut être sûr que les plus hardis et les plus bruyants imposeront leurs choix, si burlesques qu'ils puissent être.

Stuart Mill a fait contre le suffrage indirect un double argument:

1° D'abord le dilemme suivant: ou l'électeur primaire

s'intéresse vivement à la politique et ne votera que pour des électeurs ayant un candidat connu à l'avance, ou il ne s'intéressera pas à la politique et ne se préoccupera que de désigner un électeur. Dans le premier cas, qui est le plus probable, le système perd son utilité pour le choix de la représentation, puisque, en réalité, c'est l'électeur primaire qui imposera son candidat ; et l'on cite comme exemple l'élection du Président des États-Unis : quand les électeurs du second degré sont désignés, l'élection est faite ; la réunion et le vote des électeurs ne sont plus qu'une vaine formalité ; car ils ont reçu un mandat impératif. Dans le deuxième cas, celui où l'électeur primaire se désintéresse du résultat final de l'élection, le système perd la plus grande partie de son utilité pour l'éducation politique des citoyens : si la vie politique fait défaut dans le pays, il faudrait y introduire le suffrage universel direct pour l'y réveiller.

2° En second lieu, Stuart Mill affirme que le petit nombre des électeurs fournit beaucoup plus de facilités à l'intrigue et à la corruption.

Cette dernière affirmation est plus que contestable. Il semble que la corruption soit plus facile à l'égard du suffrage universel que vis-à-vis d'un collège électoral d'élite, et que les moyens de corruption soient aussi plus nombreux. D'autre part, la dépendance des candidats est beaucoup plus limitée dans le suffrage indirect : dans le suffrage direct, toutes les fois que l'élu refuse un service, il froisse un électeur, tandis que cette dépendance n'existerait jamais, dans l'autre système, que vis-à-vis d'un nombre très restreint. D'autre part, il semble qu'on pourrait conjurer le danger des sollicitations et des promesses par certaines précautions légales dans le système du suffrage indirect bien plus facilement que dans celui du suffrage direct. Il suffirait que les électeurs ne fussent individuellement désignés que très peu de temps avant l'élection ; et cela n'aurait pas d'inconvénient ; car ils seront toujours pris parmi les personnes qui sont en situation de connaître à l'avance leurs condidats et leurs opinions.

Le premier argument de Stuart Mill contre le suffrage indirect à deux faces :

a. Si l'électeur primaire s'intéresse vivement aux choses politiques, il ne votera que pour des électeurs du 2ᵉ degré ayant un candidat connu d'avance et qui lui soit agréable ; et alors à quoi sert la double élection ? — L'argument n'est pas péremptoire. On se prévaut de l'exemple de l'élection du Président des États-Unis ; mais il s'agit là d'une élection unique et dans laquelle la personnalité de l'élu a une importance tout à fait exceptionnelle. La situation n'est pas du tout la même dans les élections ordinaires : il importe fort peu à l'immense majorité des électeurs que ce soit M. X ou M. Y, appartenant d'ailleurs au même parti politique, qui soit élu. Enfin, le suffrage indirect peut être organisé de telle manière qu'il soit impossible aux électeurs primaires d'imposer d'avance leurs candidats : par exemple, si les électeurs ne sont pas nommés *ad hoc*, au moment de l'élection, mais sont le produit d'une élection précédente ayant un objet plus général.

b. Arrivons à l'autre partie du dilemme de Stuart Mill . Si l'électeur primaire se désintéresse du choix des candidats, le système perd son utilité pour l'éducation politique du peuple. — Mais c'est là une de ces affirmations qui impressionnent beaucoup plus par le ton tranchant qu'elles affectent que par la vérité qu'elles contiennent. De ce que l'électeur primaire ne nommera pas lui-même les dépositaires de l'autorité, il ne s'ensuit pas du tout qu'il se désintéressera des affaires publiques ; il choisira les électeurs parmi les hommes ayant à peu près ses opinions, et, s'il ne sait pas qui sera finalement élu, il sait du moins que, si l'élection est faite par son mandataire, l'élu sera un homme de son parti ; un républicain ne choisira pas des électeurs qui puissent voter pour un candidat monarchiste, et il n'est vraiment pas nécessaire pour cela qu'ils nomment d'avance leur candidat. Et puis, enfin, si le suffrage indirect est plus éclairé, n'est-il pas singulier de s'en priver et d'avoir recours à un instrument inférieur, sous prétexte d'améliorer ce dernier ?

Telles sont les considérations qui nous porteraient à donner la préférence, en principe, au suffrage indirect. Si nous interrogeons les faits, l'expérience paraît favorable au suffrage indirect. Le Sénat américain a toujours été jugé très supérieur à la Chambre des députés. Les sénateurs inamovibles, nommés par l'Assemblée nationale, ont été la gloire du Sénat français. Ce Sénat lui-même, dans ces derniers temps, a été manifestement supérieur à la Chambre.

On se rappelle qu'en France le suffrage indirect a été seul appliqué sous la Révolution et jusqu'à la loi électorale du 5 février 1817.

Dans quelle mesure l'un et l'autre système sont-ils appliqués aujourd'hui ?

Pour les élections à la Chambre des députés, c'est le suffrage direct qui domine. Cependant, le suffrage indirect est appliqué en Prusse, en Bavière, en Saxe (depuis la réforme de 1896), en Autriche (mais pour certaines catégories d'électeurs seulement).

Pour les élections à la Chambre haute, dans les pays où elle est élective, c'est presque toujours le suffrage indirect qui est employé : il en est ainsi en France, dans les Pays-Bas, en Danemark, en Allemagne, aux États-Unis. Il en était autrement en Belgique : les sénateurs étaient nommés par les mêmes électeurs que les députés ; la revision de 1893 a introduit, à côté d'eux, des sénateurs nommés par les conseils provinciaux, qui ressemblent à nos conseils généraux ; il y a 26 sénateurs élus par le suffrage indirect contre 76 élus directement.

En Suède, nous trouvons un système singulier, une combinaison de l'élection directe, de l'élection indirecte et de l'option entre les deux. Dans les villes qui ont à élire à elles seules un ou plusieurs députés, l'élection a lieu directement, devant le conseil municipal. Dans les districts électoraux composés de deux ou plusieurs villes, l'élection est indirecte ; il est nommé pour chaque ville, devant l'autorité municipale, un électeur du 2ᵉ degré et en outre un par 500 habitants, suivant la population. Il en est de même dans les campagnes : il est nommé un électeur du 2° degré par commune et en outre, suivant la population, un par mille habitants. Toutefois, les communes qui doivent se réunir pour l'élection d'un membre du Riksdag peuvent employer le mode de l'élection directe, si la majorité des électeurs le décide ainsi. Lorsque les électeurs d'une commune font une proposition en ce sens par résolution prise devant le président du conseil communal ou devant l'autorité municipale, cette résolution est communiquée au gouverneur, qui provoque le vote des électeurs des autres communes du district et publie le résultat de ce vote. Si la majorité s'est prononcée pour le rejet, la proposition ne peut plus être reprise qu'après l'expiration d'un délai de 5 ans. Si la modification est adoptée, elle sera appliquée aux élections qui auront lieu après un mois écoulé depuis la publication du résultat du vote et restera en vigueur pendant cinq ans, après quoi une nouvelle résolution contraire pourra être prise dans les mêmes formes. (Const. du 22 juin 1866, art. 16.)

En Autriche, on trouve également combinés le suffrage direct et le suffrage indirect ; les députés sont nommés, pour la catégorie des électeurs des communes rurales et pour certaines circonscriptions de la curie générale instituée par la loi du 14 juin 1896, au suffrage à deux degrés, à raison d'un électeur par 500 habitants, et pour les autres catégories d'électeurs au suffrage direct. Certains possesseurs de domaines fonciers non incorporés dans une réunion communale prennent part au vote directement comme électeurs du 2ᵉ degré.

En Roumanie, les électeurs sont divisés en trois collèges : les électeurs du 3° collège qui ont un revenu foncier rural de 300 fr. et au-dessus et qui savent lire et écrire peuvent voter, à leur gré, ou directement pour le député, au chef-lieu, ou indirectement pour le délégué dans leur commune, avec les électeurs qui ne savent ni lire ni écrire et qui n'ont pas le cens exigé ; 50 électeurs élisent un délégué. (Loi des 8/20 juin 1884.)

Il nous semble difficile d'approuver le système de l'option laissée aux électeurs, soit individuellement, comme en Roumanie, soit collectivement et suivant la décision de la majorité, comme en Suède. Le système du suffrage indirect est bon ou mauvais. C'est au législateur que doit appartenir la décision.

Nous n'admettrions pas non plus facilement chez nous le système mixte appliqué en Suède et en Autriche, où le suffrage direct se combine avec le suffrage indirect, suivant les catégories d'électeurs : non pas que cela nous semble absolument irrationnel et injustifiable ; mais ce système manque de simplicité, et il paraîtrait certainement contraire au principe d'égalité, qui a poussé dans notre sol de si profondes racines.

Ce qui nous paraît certain, c'est que, dans les pays qui ont deux Chambres électives, dont l'une est nommée par le suffrage direct, il est tout à fait rationnel que l'autre le soit par le suffrage indirect : 1° il est illogique de faire dériver les deux assemblées de la même source ; car elles auront les mêmes tendances, les mêmes passions, les mêmes infirmités ; 2° il y a plus de chances d'obtenir une expression exacte et complète de la volonté nationale en la consultant sous plusieurs formes et de différentes manières Et il faut répéter bien haut que la Chambre issue du suffrage indirect provient de la même source et doit avoir la même autorité que l'autre.

Mais, voici une question subsidiaire, très importante : de quelle manière fonctionnera le plus utilement le suffrage indirect ?

Trois systèmes sont possibles : *a.* L'élection par des corps élus, tels que nos conseils généraux et d'arrondissement ; *b.* L'élection par des électeurs nommés *ad hoc* ; *c.* La désignation par l'assemblée même issue du suffrage direct ou indirect.

Le système français pour l'élection des sénateurs est un système hybride, variété du premier, mais qui nécessite une élection supplémentaire, laquelle pourrait très bien être supprimée : il suffirait d'appeler comme délégués les conseillers municipaux qui ont obtenu le plus de voix. De plus, ce système confie l'élection à des éléments tout à fait disparates et dont la majorité, les délégués des conseils municipaux, sont d'une valeur très contestable.

Comparons les trois systèmes.

Le troisième est très original ; on le trouve usité en Norvège :

Le *Storthing*, qui est le produit d'un suffrage indirect, choisit 1/4 de ses membres, qui composent le *Lagthing* ; les autres 3/4 forment l'*Odelsthing*. Il est procédé à cette opération à la première session ordinaire qui se tient après de nouvelles élections et le *Lagthing* demeure composé de la même manière pour toutes les sessions suivantes de la législature. La Chambre haute est donc le produit d'une sélection dans la représentation nationale : quelque chose comme les soixante-quinze inamovibles de l'assemblée nationale de 1875.

Ce système offre certaines garanties d'un bon choix ; mais il découronne l'assemblée qui fait l'élection ; et puis, il fait dériver les deux assemblées de la même source : elles subiront les mêmes courants, elles seront animées des mêmes passions ; il n'y aura pas de contrepoids efficace [1]. Par les mêmes raisons, nous n'approuverions pas ce système, comme base unique d'élection, lors même que l'assemblée devrait choisir les élus en dehors d'elle, bien que le premier inconvénient fût évité ; mais nous dirons tout à l'heure que ce système, appliqué dans une mesure limitée, est excellent.

Restent les deux autres : l'élection par des corps élus, l'élection par des électeurs nommés *ad hoc*.

On peut — c'est le système le plus simple — confier l'élection à des corps précédemment élus en vue d'autres fonctions, sans qu'un mandat spécial leur soit donné à cet égard par les électeurs. C'est le système employé pour l'élection du sénat des États-Unis et de la République Argentine, où les membres du sénat sont nommés par la législature de chaque État ; des Pays-Bas, où les cinquante membres qui composent la première Chambre, ou Chambre haute, sont nommés par les conseils provinciaux et par les conseils municipaux ; c'est aussi le système qui a été adopté partiellement en Belgique pour le recrutement du sénat lors de la revision de 1893.

C'est seulement dans ces conditions, d'après Stuart Mill, que le suffrage indirect opère bien en pratique ; mais ces conditions, d'après lui, ne peuvent se rencontrer que dans

---

1. Les élections de 1897 au Storthing norvégien ont révélé une conséquence du système qu'il importe de mettre en lumière. Le parti radical obtint 79 sièges contre 35, occupés par les fractions conservatrice et modérée. Il en profita pour composer exclusivement de ses propres adhérents le Lagthing, ce qu'il pouvait faire sans perdre en même temps la majorité de l'autre Chambre. Dans de pareilles conditions, la division en deux Chambres perd une grande partie de son utilité pratique.

un gouvernement fédéral, comme les États-Unis, où l'élection peut être confiée à des corps locaux dont les autres fonctions comprennent les affaires les plus importantes du pays; des corps élus en vue de la gestion des simples intérêts locaux ne lui paraissaient pas offrir de suffisantes garanties.

En ce dernier point, Stuart Mill avait raison, et nous ne saurions approuver le système appliqué en France à l'élection du Sénat, non seulement à cause de son caractère bâtard et qui ne répond à aucune pensée directrice, mais encore et surtout en ce qu'il remet en grande partie l'élection aux délégués des conseils municipaux, qui ne nous paraissent nullement offrir de suffisantes garanties. D'autre part, il serait excessif de dire que le système ne peut fonctionner que dans un pays fédéral et qu'on ne peut confier l'élection qu'à des corps législatifs : il suffit que ces corps soient assez peu nombreux, élus par des collèges assez étendus et chargés d'affaires assez importantes pour inspirer confiance. On peut penser que nos conseils généraux répondraient à ces *desiderata*. On peut penser, d'autre part, qu'ils formeraient peut-être un collège électoral un peu étroit.

D'une manière plus générale, on peut reprocher au système qui confie l'élection à des corps élus de donner aux élections locales un caractère politique qu'elles ne devraient pas avoir et de faire, au détriment des intérêts locaux, que les électeurs se préoccupent moins des qualités essentielles à un bon administrateur que des opinions politiques et des questions de parti. On peut lui reprocher encore de désigner longtemps à l'avance les électeurs aux sollicitations des candidats : quand la lutte est ardente, les candidats se trouvent poussés, par l'effet de la concurrence, à aller trouver chaque électeur à domicile pour solliciter sa voix et naturellement lui faire des promesses, et rien n'est plus propre à rabaisser le régime parlementaire.

Ces considérations nous porteraient à donner la préférence au système de l'élection par des électeurs nommés *ad hoc*. C'était le système appliqué jadis en France par la loi du 22 décembre 1789, par les constitutions de 1791 et de l'an III, par l'ordonnance du 13 juillet 1845. C'est celui qui fonctionne, pour l'élection des députés, en Prusse, en Bavière, en Saxe, en Norvège, en Suède (du moins pour les districts comprenant deux ou plusieurs villes), en Autriche (dans les communes rurales). Il est appliqué aux élections pour la Chambre haute en Danemark et en Suède.

Le système de l'élection par des électeurs nommés *ad hoc* a sans doute l'inconvénient de mettre en mouvement une fois de plus le corps électoral ; mais, par cela même, il a l'avantage de donner une expression plus exacte de l'opinion publique actuelle et aussi de permettre d'éviter les influences électorales et les tentatives de corruption, si l'on veut bien — ce qui nous paraîtrait tout à fait désirable — faire que la nomination des électeurs ne précède que d'un temps très court, huit jours par exemple, l'élection des représentants. Avec le suffrage universel direct, il faut que le candidat ait le temps de se faire connaître des électeurs, ou du moins d'essayer, ce qui suppose une période électorale relativement longue ; avec le suffrage à double degré et si l'élection était confiée à un nombre restreint d'hommes distingués par leurs lumières et leur situation sociale, il est clair qu'il suffirait d'un délai très court pour prendre parti entre des hommes dont les opinions et les tendances sont connues et dont les programmes ont d'ailleurs été publiés. C'est là un point auquel nous attachons la plus grande importance pour la moralité de l'élection.

Dans tous les cas, il nous paraîtrait excellent qu'une fraction de l'une au moins des deux Chambres, et peut-être des deux, fût nommée par l'Assemblée elle-même.

Ce contingent, ainsi nommé par voie de cooptation, aurait l'inappréciable avantage de fournir une représentation nationale dégagée de la préoccupation des intérêts locaux, en ouvrant les portes du Parlement aux individualités les plus éminentes dans l'administration, l'armée, les cultes, les sciences, les lettres, la politique, l'industrie, etc., qui, ou bien n'ont pas d'influence locale particulière, ou même ne sont pas disposées à affronter les luttes électorales. Et qui pourrait dire que ce ne serait pas là un résultat désirable ? On a commis, à notre avis, une grande faute quand on a supprimé, sans distinction, en 1884, le système des sénateurs inamovibles nommés par le Sénat lui-même.

Il y avait là deux idées, qu'on a condamnées en bloc, et qui cependant n'avaient aucun lien nécessaire entre elles. L'inamovibilité peut sembler contraire à nos idées modernes sur le gouvernement démocratique, bien qu'elle ne soit pas sans présenter des avantages au point de vue de l'indépendance personnelle. Mais il est clair que la durée du mandat n'est pas nécessairement liée à la nature des électeurs et que des membres pourraient très bien être nommés par l'Assemblée elle-même avec un mandat de durée égale à celui des membres élus par les départements. Et, quoi qu'en pense l'opinion vulgaire, ceux-là procéderaient tout comme les autres du suffrage universel et leur titre ne serait pas moins valable. Ce seraient de véritables représentants *nationaux*, c'est-à-dire de sûrs défenseurs des intérêts généraux du pays.

CHAPITRE VII

LE SCRUTIN UNINOMINAL ET LE SCRUTIN DE LISTE.

On peut appeler les électeurs à voter pour un seul candidat, représentant unique de leur circonscription, ou bien, en élargissant la circonscription électorale, les appeler à voter pour un certain nombre de candidats réunis sur une même liste. On appelle le premier système *scrutin uninominal* et le second *scrutin de liste*. On dit souvent aussi, chez nous, pour désigner ce dernier mode, *scrutin d'arrondissement*, parce que chaque arrondissement a, en principe, un député ; mais cette appellation a le tort d'être spéciale à une élection particulière, alors que le système peut être appliqué à d'autres élections ; elle a le tort, plus grave encore. de n'être pas exacte, puisque plusieurs arrondissements, divisés en circonscriptions, nomment plus d'un député.

De ces deux systèmes, quel est le meilleur ?

La question, cela va de soi, ne se pose que lorsque l'option est possible. Elle ne se pose pas lorsque les électeurs doivent nécessairement voter pour un certain nombre de noms, par exemple. pour les élections au conseil municipal dans les petites communes ou dans les moyennes. En pareil cas, le scrutin de liste s'impose. Va-t-on, en effet. diviser les électeurs par rue ou par quartier, pour faire nommer à chaque rue ou à chaque quartier un conseiller? Mais le nombre des électeurs peut être très inégalement réparti suivant les rues et les quartiers ; les électeurs connaitront souvent mieux les candidats habitant un autre quartier, mais exerçant, par exemple, la même profession qu'eux, que leurs plus proches voisins; enfin, les candidats connaissent les besoins de toute la commune, et la gestion de ses intérêts forme un tout indivisible. Si, au contraire, il s'agit d'une grande ville, la division par quartiers semble s'imposer; car il faut que les besoins et les intérêts de chaque quartier soient représentés au sein du conseil. Des intérêts locaux ne peuvent être bien traités que par des gens de la localité, et la localité, c'est toute la commune, si elle n'excède pas certaines proportions ; le quartier, si elle les excède. Faites nommer au scrutin de liste tout le conseil municipal de Paris, et, non seulement les neuf dixièmes des électeurs voteront à l'aveugle, mais encore il arrivera presque sûrement que les besoins et les intérêts d'une bonne partie de la capitale ne seront pas représentés et seront sacrifiés. La division par quartier est nécessaire. C'est ce qui a lieu à Paris : la ville est divisée en vingt arrondissements, subdivisés en quatre-vingts quartiers, et son conseil municipal est composé de quatre-vingts membres, élus à raison d'un par quartier. La Cité de Londres est divisée en vingt-six quartiers et les deux cent six conseillers municipaux sont élus chaque année dans les assemblées de quartiers tenues sous la présidence de l'*Alderman*.

C'est en ce qui concerne les élections politiques qu'on peut surtout poser la question de savoir quel est le meilleur régime du scrutin uninominal ou du scrutin de liste. parce que la question n'est pas nécessairement tranchée par la nature des choses.

Les législations ont été sur ce point bien hésitantes et bien changeantes !

Ainsi, rien de plus tourmenté que la législation française à cet égard. En 1789, 1791, 1793, c'était le suffrage uninominal; en l'an III, c'est le scrutin de liste. qui est maintenu par la loi électorale de 1817 ; mais il est abrogé à moitié en 1820, tout à fait en 1831 ; en 1848. on revient au scrutin de liste ; en 1852, au scrutin uninominal ; en 1871, l'assemblée est élue au scrutin de liste; en 1875, on applique les deux systèmes : le scrutin uninominal à la Chambre des députés et le scrutin de liste au Sénat; en 1885, le scrutin de liste triomphe même pour la Chambre ; mais, en 1889, on revient au scrutin uninominal et on y est resté.

La Chambre des députés a rejeté, presque sans discussion, une proposition de rétablissement du scrutin de liste le 21 mars 1898. On ne peut accuser le législateur français d'avoir de parti pris sur la question.

En Italie, le scrutin de liste avait été établi par la loi du 7 mai 1882, après une discussion théorique fort intéressante [1] ; mais cette loi a été abrogée par la loi du 5 mai et le décret du 14 juin 1891, et l'article 45 de la loi électorale actuelle porte que l'élection des députés a lieu au scrutin uninominal dans les 508 collèges.

En Grèce, le scrutin de liste avait été établi par la loi des 24 et 25 juin 1886, qui avait substitué au district le département comme circonscription électorale ; mais, là encore, cette loi a été abrogée par celle du 31 décembre 1891, qui a rétabli le scrutin par district ou *Éparchie*.

De même, la loi néerlandaise du 7 septembre 1896 a supprimé le scrutin de liste pour établir dans les villes comme dans les campagnes le scrutin uninominal.

En Portugal, c'est le contraire : un décret du 28 mars 1895 a substitué le scrutin de liste au scrutin uninominal.

Dans la plupart des pays, le scrutin de liste coexiste, comme chez nous, avec le scrutin uninominal. C'est tantôt l'un, tantôt l'autre qui domine. En Angleterre, c'est le scrutin uninominal : la loi électorale de 1885 a divisé les comtés et les bourgs en circonscriptions, dont le nombre égale à peu près celui des membres a élire, en sorte que les 670 députés du Royaume-Uni sont nommés par 643 collèges.

La tendance actuelle paraît être vers le suffrage uninominal.

Des métaphysiciens politiques ont fait de cela une question de principe. Pour eux, l'idéal, ce serait un collège unique : la nation est une ; pour être la représentation exacte de la volonté nationale, la représentation devrait émaner d'un seul collège, comprenant la nation entière. Gambetta disait : « Si on pouvait n'avoir qu'un collège, qu'un vote, qu'une expression, ce jour-là nous serions dans la réalité de la souveraineté nationale. » — Oui ; mais ce jour-là, la moitié plus un des Français ferait la loi à l'autre, sans aucun tempérament ni contrepoids ! Voilà le danger des théories métaphysiques en politique. Celle-là procède d'une conception erronée de la souveraineté et du régime représentatif.

---

1. *Annuaire de la Société de législation comparée*, 1883, p. 504.

Nous l'avons dit maintes fois : pour nous, la souveraineté nationale ne, signifie pas le droit de commander ; le
représentant n'est pas le commissaire et le porte-voix du
représenté ; l'idéal est que les meilleurs et les plus capables soient élus ; la question se ramène à cette pure question d'opportunité : lequel des deux modes de suffrage
produira plus sûrement ce résultat ?

Cette question est liée à plusieurs autres, notamment :
a. au nombre des représentants et à l'étendue des circonscriptions ; *b.* au mode de suffrage, direct ou indirect.

Elle n'est donc pas susceptible de solution absolue ; mais
on peut mettre en regard les deux systèmes, peser leurs
avantages et leurs inconvénients. Les meilleurs esprits sont
divisés.

Pour le scrutin uninominal, voici ce que l'on peut
dire :

1° Il est essentiel que l'électeur connaisse le candidat
pour lequel il vote, sans quoi il votera à l'aveugle ou par
ordre. Avec le scrutin de liste, l'élection est remise à des
comités sans mandat. « Tous les gens réfléchis, disait
« Taine, sont d'accord pour le traiter de jonglerie. Il sem
« ble qu'il ait été inventé pour contraindre l'électeur à
« choisir des hommes qu'il ne connaît pas, à voter au
« hasard, en aveugle..... Deux ou trois conciliabules pari
« siens fabriqueront d'avance les deux ou trois listes néces
« saires et un chien savant pourrait presque voter à la
« place de l'électeur. » — Mais remarquons que ces inconvénients disparaîtraient en grande partie avec le suffrage
indirect : des électeurs du 2ᵉ degré seraient toujours à
même de connaître et d'apprécier les candidats.

2° Le scrutin de liste peut fausser le vote de plusieurs
manières : *a.* En assurant le succès d'une liste entière,
qu'un ou deux noms populaires pourront faire passer ; —
b. En permettant à une petite minorité, lorsque deux partis
à peu près d'égale force sont en présence, d'imposer ses
volontés comme condition de son appoint ; — *c.* En donnant
la prépondérance aux villes, où les partis sont organisés
en comités, sur les campagnes, qui manquent toujours
d'organisation. — Tous ces inconvénients disparaîtraient
encore dans un système de suffrage indirect.

3° Le scrutin de liste conduit à l'écrasement des minorités opposantes. C'était l'objectif en 1885, où M. Constans disait: « Sous le régime d'institutions qui placent dans les « assemblées la direction politique, il importe que l'opi- « nion publique se traduise par des majorités parlemen- « taires unies, compactes, reliées par une étroite com- « munauté d'origine et de programme, et d'où puisse « sortir un gouvernement résolu à faire triompher les « vœux moyens du pays. » — Mais cet espoir ne fut pas confirmé par les faits. On a vu, en 1885, dans le Nord et le Pas-de-Calais, les trente-deux sièges attribués exclusivement à 267,000 conservateurs, et 202.000 républicains restant sans représentation !

La vérité est que, lorsqu'il y a une opinion nettement dominante dans le pays, il y a plus de chances pour que le scrutin de liste en donne une expression plus complète et plus forte: peut-être n'est-ce pas un mal. S'il n'y a pas d'opinion vraiment dominante, le scrutin de liste ne favorise pas plus un parti que l'autre ; mais il appelle à voter sur des idées plutôt que sur des personnes.

4° Cependant on accuse le scrutin de liste — ce reproche semble contradictoire avec le précédent — de favoriser le plébiscite sur un nom : il est plus facile d'organiser la lutte électorale dans 86 départements que dans 580 circonscriptions ; et puis, le succès a beaucoup plus d'importance. — Ce fut là, on s'en souvient, la cause de la réforme de 1889. Mais c'est là une raison de circonstance ; ce danger peut être conjuré par d'autres remèdes : c'est contre lui, par exemple, qu'on a fait la loi sur les candidatures multiples.

5° Le scrutin de liste établit des inégalités choquantes entre les électeurs au point de vue du pouvoir politique : tel électeur votera pour dix députés et tel autre pour trois ou quatre ; il est vrai que la voix de l'un aura plus de poids que celle de l'autre ; mais ce n'est pas une compensation ; c'est une nouvelle inégalité qui s'ajoute à la première. — L'objection est sérieuse. On peut signaler aussi des inégalités dans le scrutin d'arrondissement ; mais elles sont certainement moindres. Seulement, on peut répondre que l'objection s'adresse, non pas précisément au *scrutin de liste*, mais au *scrutin par départements :* on pourrait inventer tel autre mode, où les circonscriptions seraient à peu près égales comme population.

6° On a dit encore que le scrutin de liste favorise la candidature officielle. Les moyens d'influence sont les mêmes ; mais, ici, l'influence officielle n'est point contre-balancée par l'influence personnelle des candidats. — L'argument n'est pas très concluant : si le gouvernement veut exercer une pression, aucun mode de scrutin ne l'en empêchera !

Voilà les arguments que l'on peut faire valoir contre le scrutin de liste. Quelques-uns sont sans portée ; d'autres sont sérieux, mais disparaîtraient en grande partie dans un système de suffrage indirect.

Voyons maintenant l'autre thèse :

1° Le scrutin de liste, peut-on dire, est le plus propre à dégager les idées dominantes dans le pays ; il appelle à voter sur des idées plutôt que sur des personnes ; il est plus favorable, par suite, à l'éducation politique du peuple. Sans doute, il appelle, il suppose des comités ; mais le scrutin uninominal aussi ! Et, précisément, à raison de l'étendue du collège, des comités rivaux peuvent s'élever, qui se font contrepoids : ces comités offriront plus de garanties et auront moins de pouvoir que ceux qui fonctionnent avec le scrutin uninominal.

2° Le scrutin de liste est le seul remède efficace contre la corruption. L'expérience des différents pays prouve que c'est la plaie incurable du suffrage universel ; partout, on cherche des remèdes, le plus souvent inefficaces ; le scrutin de liste décourage absolument la corruption par l'étendue même du collège, et, par là, il tend à améliorer les choix et à élever le niveau des assemblées.

3° Par les mêmes raisons, le scrutin de liste assure bien mieux l'indépendance de l'élu, qui n'est pas aussi asservi aux petits intérêts particuliers, aux intérêts de clocher, qui est plus porté à se préoccuper des intérêts généraux (ceux de toute la région qu'il représente ont déjà ce caractère), qui n'est pas au même point l'esclave de ses électeurs. Incontestablement, le scrutin uninominal fait le lien personnel plus étroit entre l'électeur et l'élu ; il met bien davantage l'élu dans la dépendance de l'électeur. Est-ce un bien ou un mal ?

D'excellents esprits sont divisés sur la question. Les deux thèses ont eu d'éminents défenseurs en 1875, lors de l'élaboration de nos lois constitutionnelles.

MM. Ricard et de Marcère disaient :

« Le corps électoral d'une circonscription restreinte « songe principalement à lui et à ses affaires et perd un « peu de vue les intérêts généraux du pays. Il donne une « sorte de mandat privé, spécial aux intérêts locaux, à son « député, qui, de son côté, par devoir et non sans préoccu- « pation de l'élection prochaine, soigne avec prédilection « les intérêts de ses mandants. On peut craindre que le « représentant ait trop de choses à régler avec le pouvoir « exécutif, de qui dépendent les affaires qu'il traite, pour « être un contrôleur incommode et pour contrarier la « politique d'un ministère dont il a bsoin. Il se fait ainsi « entre les électeurs, l'élu et les ministres du pouvoir un « échange de bons procédés, dans lesquels du pays, de ses « intérêts généraux, de sa politique et de son avenir il est « tenu moins de compte qu'il ne faut. »

M. Dufaure pensait tout autrement :

« L'élection d'arrondissement est favorable aux intérêts « permanents de la société. Elle sert le suffrage universel « en l'éclairant davantage sur ses choix. La volonté des « électeurs est plus libre, leur choix est plus spontané et « il se forme entre eux et leurs élus un lien plus étroit, « plus intime... Aussi les devoirs du mandataire envers ses « commettants s'imposent-ils à lui d'une manière plus « distincte. Il a besoin de conserver ses droits à leur « estime, et l'honneur de son avenir dépend de la conduite « qu'il aura tenue pendant la durée de sa mission. Lui « aussi, il ménage la popularité ; mais la vraie, la bonne, « la popularité durable... » — Qui a raison ?

Si l'on pouvait faire abstraction des passions, des intrigues, des bassesses humaines, le scrutin uninominal serait l'idéal : l'élection est, pour nous, une sélection, et la valeur de l'homme est plus importante encore que ses idées. Malheureusement, on ne peut faire abstraction des passions et des infirmités humaines ! On est constamment rappelé à la réalité ! Or, il est certain que le scrutin uni-nominal favorise les passions, les intrigues, les petits intérêts particuliers, et, en asservissant l'élu, introduit la corruption dans le régime parlementaire.

Est-ce à dire que le scrutin de liste et le suffrage direct aillent bien ensemble? Nous ne le croyons pas! En réalité, il ne peut fonctionner qu'à double degré : on aura beau l'appeler suffrage direct, en fait, ce sera un suffrage indi-rect, mais inorganisé, abandonné au hasard, aux empié-tements des turbulents et des violents, au lieu d'un suffrage indirect, organisé et régulier. Voilà ce que les aveugles seuls ne voient pas !

La conclusion est toute simple. Elle paraîtra à quelques-uns un recul; peut-être s'imposera-t-elle à bref délai si le suffrage universel continue à se comporter comme nous le voyons : c'est le suffrage à deux degrés avec scrutin de liste. Ce mode de suffrage s'imposerait si, comme cela semblerait désirable, on voulait réduire de moitié au moins le nombre des députés, qui est beaucoup trop considérable : il faudrait alors renoncer au scrutin d'arrondissement; il faudrait établir le scrutin départe-mental ; or, avec le scrutin départemental, le suffrage indirect s'impose.

CHAPITRE VIII

LA REPRÉSENTATION PROPORTIONNELLE DES MINORITÉS ET DES INTÉRÊTS.

Nous sommes ici en présence de deux idées très différentes, bien que partant d'une commune prémisse : l'une
est toujours l'expression du suffrage individuel ; l'autre, du
suffrage corporatif.

Toutes les deux partent d'un postulat commun : le suffrage, tel qu'il fonctionne dans la plupart des pays, est un
suffrage inorganisé.

Il faut donc *organiser* le suffrage. Comment? Ici les
deux thèses se séparent : chacune demande un examen
spécial.

§ 1er

Occupons-nous d'abord de la *représentation des minorités*.

La loi du nombre, la loi des majorités, telle qu'elle fonctionne, est brutale et tyrannique. Sans doute, il faut bien
que la majorité décide ; mais il faut distinguer *décision* et
représentation. Écoutons S. Mill : « Parce que la majorité
« doit prévaloir sur la minorité, faut-il que la majorité ait
« tous les votes, que la minorité n'en ait aucun ? Est-il
« nécessaire que la minorité ne soit pas même entendue ?
« Dans une démocratie réellement égale, tout parti, quel
« qu'il soit, serait représenté dans une proportion, non
« pas supérieure, mais identique à ce qu'il est. Une majo-
« rité d'électeurs devrait toujours avoir une majorité de
« représentants ; mais une minorité d'électeurs devrait
« toujours avoir une minorité de représentants. Homme
« pour homme, la minorité devrait être représentée aussi
« complètement que la majorité. »

Pour ceux qui font de la représentation des minorités un dogme politique, l'idéal est une représentation qui soit autant que possible l'image réduite et parfaitement fidèle du pays, « le miroir du pays », suivant l'expression de Prévost-Paradol, « sa photographie », suivant celle de James Lorimer. « Les assemblées représentatives, disait « de même Mirabeau, peuvent être comparées à des cartes « géographiques qui doivent reproduire tous les éléments « du pays, avec leurs proportions, sans que les éléments « les plus considérables fassent disparaître les moindres ». « Le véritable principe, disait M. Pirmez devant les Cham- « bres belges, c'est que le corps représentant doit être « l'image du corps représenté : si dans le corps représenté « il y a du noir, du bleu, du rouge, il faut que dans le corps « représentant il y ait du noir, du bleu, du rouge. »

Ainsi donc, on veut que le corps social soit représenté exactement, tel qu'il est ; il faut que ses couleurs, que ses taches, que ses excroissances même y soient figurées ; il faut que ce soit le pays en petit, en réduction.

C'est, on le voit, la notion essentielle du régime repré- sentatif, et, par conséquent, de la souveraineté nationale, qui se trouve encore ici posée. Si l'on entend le principe de la souveraineté nationale comme signifiant le droit de commander, on entendra par régime représentatif un sys- tème dans lequel la nation délègue ses pouvoirs à un certain nombre de mandataires, qui doivent logiquement être, autant qu'il est possible, la représentation exacte de cette nation. Pour nous, la souveraineté nationale signifie seulement le droit de n'être commandé que par des hom- mes investis de la confiance de la nation. Le système repré- sentatif n'est pas un succédané du gouvernement direct de la nation, pratiquement impossible, mais un système de gouvernement préférable, dans lequel la nation choisit pour la gouverner les hommes les plus éclairés et les meilleurs. Ces hommes représentent la nation, non comme des com- missaires et des porte-voix, mais comme des autorités aux- quelles elle a confié pour un temps le pouvoir de légiférer et de gouverner en son nom.

Avec cette donnée, on ne voit pas bien la nécessité que la représentation nationale soit l'image parfaitement ressemblante de la nation. Elle représente la nation, non en ce sens qu'elle en reproduit tous les traits, mais qu'elle exerce le pouvoir en son nom.

Voyons maintenant les conséquences logiques de cette idée que la représentation nationale devrait être la reproduction aussi fidèle que possible et, en quelque sorte, la réduction de la nation. On ne s'attache d'ordinaire qu'à la considération des opinions politiques; mais il est clair que les prémisses vont beaucoup plus loin.

D'après le dénombrement de 1891, la population de la France se répartissait ainsi suivant les différentes professions :

		Proportion p. %
Agriculture . . . . « . .	17.435.888	47.33
Industrie.	9.532.560	25.89
Transports	1.199.333	3.26
Commerce	3.961.496	10.76
Force publique.	715.624	1.94
Administrations publiques. . . .	699.611	1.90
Professions libérales	1.114.873	3.03
Personnes vivant de leur revenu.	2.169.750	5.89
Total.	36.829.135	

Il faudrait que, dans le Parlement, ces professions fussent représentées dans la même proportion pour que ce Parlement fût l'image parfaitement fidèle de la nation.

Ce n'est pas tout : il s'en faut que toutes les personnes occupées dans la même profession aient le même intérêt. Nous voyons, par exemple, que, dans l'agriculture, les patrons représentaient 49,1 % du total et les employés et ouvriers 50,9 % ; que, dans l'industrie, on comptait 3.319.217 ouvriers et 207.222 employés contre 1.021.659 patrons, etc. Il faudrait donc, pour que l'image fût rigoureusement exacte, que tous ces éléments fussent représentés au Parlement dans la même proportion !

Ce n'est pas tout encore. Il s'en faut que les différentes professions comprises sous la rubrique « *Industrie* » aient le même intérêt : on le voit assez clairement dans les discussions sur les tarifs de douanes ; il faudrait que toutes les industries diverses eussent leur représentation particulière !

On ne se préoccupe que des opinions politiques. Et pourquoi donc ? De malheureuses divisions sur la forme même du gouvernement nous ont fait mettre cette question au premier rang, parce qu'elle est, en effet, capitale ; mais c'est là un accident, un produit historique local ; c'est une situation anormale que celle d'un État ayant dans son sein une opposition constitutionnelle. Et, cette question irritante écartée, il est évident que les intérêts professionnels deviennent une question de première importance et il n'est pas besoin d'être grand observateur pour reconnaître que c'est une de celles qui agitent le plus profondément les hommes. Il semble donc naturel qu'on réclame, en vertu du principe, une représentation proportionnelle aux intérêts. C'est ainsi que les socialistes prétendent aujourd'hui que les ouvriers ont été, dans le passé, constamment exclus des assemblées délibérantes et que c'est à cause de cela que leurs intérêts ont été sacrifiés ; aussi tentent-ils un véritable assaut aux pouvoirs publics. Il faut se bien persuader que, pour l'immense majorité des électeurs, la question économique prime la question politique et que, par exemple, l'opinion du candidat sur la protection et le libre-échange sera pour la plupart de plus grande importance que ses idées sur la revision de la constitution.

Mais l'intérêt économique, si haut qu'il soit coté, n'est pas le seul qui agite les individus, et bien d'autres intérêts vitaux sont en jeu, auxquels il faudrait aussi une représentation spéciale pour que le Parlement fût l'image parfaitement fidèle de la nation. Il y a, par exemple, des catholiques, des protestants, des juifs et des libres-penseurs, et cet intérêt est si peu négligeable que c'est lui qui a servi de base à la division des partis en Belgique, et nous voyons bien aujourd'hui que les querelles de religion ne sont pas mortes.

Et puis, tous ces intérêts divers s'entremêlent à l'infini : tel catholique est républicain et libre-échangiste, tandis que tel autre est conservateur et protectionniste, et l'on peut supposer une foule de combinaisons diverses de différentes opinions ; ce qui nous porte tout à fait à croire que la représentation photographique du pays, que l'on rêve, est pratiquement impossible à raison de la complexité extrême des intérêts à représenter.

On dira peut être que nous poussons le principe à l'absurde. Cependant, un principe qui ne peut pas supporter toutes ses conséquences n'est pas un principe parfaitement vrai.

Ces réserves faites sur les prémisses mêmes des partisans de la représentation proportionnelle, nous sommes tout à fait d'avis que le Gouvernement ne doit pas être la propriété d'un parti, mais l'affaire du pays tout entier. Rien n'est plus mauvais que l'esprit de parti.

En tous pays, il y a des partis, animés d'opinions et de tendances différentes. Dans certains pays, comme en France, il y a des partis politiques, divisés sur la forme même du gouvernement ; c'est un malheur, parce qu'une opposition constitutionnelle est nécessairement passionnée et aveugle ; mais, nous l'avons dit, c'est un produit historique, qui ne peut disparaître qu'avec le temps et la sagesse des citoyens et qui tend à disparaître chez nous. Dans d'autres pays, les partis naissent de tendances sociales différentes, comme en Angleterre les whigs et les tories, aux États-Unis les républicains et les démocrates ; quelquefois, de tendances religieuses, comme en Belgique les catholiques et les libéraux. Chacun de ces partis a un idéal différent d'organisation sociale.

La division en partis donne nécessairement naissance à l'*esprit de parti,* que M. de Laveleye a admirablement défini dans son livre sur *Le Gouvernement dans la démocratie* :

« L'esprit de parti ressemble à l'esprit de secte ; il crée une
« conscience spéciale, qui croit tout permis pour la bonne
« cause. On n'avoue jamais les torts de ses amis ; on ne les
« aperçoit même pas. On ne peut admettre la bonne foi de
« ses adversaires; on ne voit chez eux que fraudes, men-
« songes, injustices, menées perfides. On veut les compri-
« mer ou les frapper sans pitié parce qu'on défend les vrais
« intérêts du pays, qu'eux conduiraient aux abimes.. ....
« L'esprit de parti est si intolérant et son *Credo* si rigide,
« que quiconque ne le défend pas tout entier est un traître.
« Toute indépendance d'idés disparait ; chacun devient
« l'esclave du programme officiel..... Le gouvernement de

« parti ne nomme aux places vacantes que ses partisans
« sans égard pour le mérite et les titres. De leur côté, les
« fonctionnaires ainsi nommés n'agissent que pour aug-
« menter l'influence de leurs amis et pour les maintenir au
« pouvoir sans s'occuper du bien général..... »

L'esprit de parti est un mal, un mal peut-être indestruc-
tible, mais qu'il faut tendre à réduire au minimum. « C'est
« surtout, disait Washington, dans les gouvernements
« populaires que l'esprit de parti exerce le plus de ravages.
« On doit vraiment l'en considérer comme l'ennemi le plus
« acharné. La domination alternative des factions irrite
« cette soif de représailles qui accompagne les dissensions
« civiles. Elle est elle-même un despotisme affreux et finit
« par en amener un autre plus durable. »

Or, on dit que le régime qui n'accorde aucune représentation aux minorités exalte l'esprit de parti en lui donnant le pouvoir, non seulement sans partage, mais sans
contrôle. Il faudrait toutefois se garder des exagérations et
voir les choses telles qu'elles sont. L'opposition joue, dans
tout gouvernement, un rôle utile à titre de contrôle, et
c'est pour cela qu'il est bon, par exemple, qu'elle soit
représentée dans toutes les grandes commissions. Mais
tout parti important dans un pays aura toujours, par le jeu
normal du suffrage, une représentation dans les Chambres :
il n'est pas nécessaire qu'elle soit nombreuse, pourvu
qu'elle soit capable. C'est, à notre avis, se tromper que de
croire que les intérêts de la minorité seront mieux sauvegardés si la majorité qui détient le pouvoir est numériquement faible : il y a gros à parier qu'elle n'en sera que plus
ombrageuse et plus intolérante. Dans ces dernières années,
en France, la lutte a été ardente surtout à l'époque où la
majorité pouvait se croire menacée dans la possession du
pouvoir, et il est constant que les rapports se sont détendus
depuis que l'opposition constitutionnelle est devenue une
quantité négligeable.

La question de la représentation proportionnelle a sus-
cité dans nombre de villes la création de sociétés d'étude
et de propagande ; nous citerons par ordre de date : Genève
(1865), New-York (1867), Londres (1868), Chicago (1869),
Rome (1872), Lausanne (1875), Berne (1877), Madrid (1878),

Bruxelles (1881), Bâle (1882), Paris (1883). La Société de
Paris a publié, en 1888, un volume très complet et très
intéressant sur le sujet. La question a été aussi l'objet de
débats importants à la tribune de différents parlements,
notamment en Angleterre, aux États-Unis, en Suisse, en
Belgique, en Italie, en Espagne, en Portugal, au Brésil.
Enfin le principe de la représentation proportionnelle a été
ou est actuellement appliqué dans une mesure plus ou
moins large en Angleterre, aux États-Unis, en Danemark,
en Suisse, en Espagne, en Portugal, en Italie, au Brésil,
dans la République Argentine, au cap de Bonne-Espérance,
à la Nouvelle-Galles du Sud. Toutefois, l'Italie et le Portugal
y ont récemment renoncé. C'est une thèse qui mérite le
plus sérieux examen.

Voici, en substance, les arguments, assurément très
graves, que l'on fait valoir en faveur du système de la représentation proportionnelle des minorités.

On part, nous l'avons dit, de cette prémisse que, dans
un système représentatif basé sur l'égalité, tout parti doit
être représenté proportionnellement à son importance, et,
comme le dit Stuart Mill, « homme pour homme, la mino-
« rité doit être représentée aussi complètement que la
« majorité ». Dès lors, dit-on, le système de l'élection à
la majorité sans représentation des minorités est profondément injuste. Quelles sont, en effet, les conséquences de
notre système électoral actuel ?

Sur trente mille électeurs auxquels la loi attribue un
député, X a obtenu dix-sept mille voix : le voilà fondé de
pouvoirs des trente mille électeurs, dont treize mille cependant se sont prononcés contre lui ! Mieux que cela : il se
peut que X n'ait triomphé qu'au deuxième tour de scrutin,
à la majorité relative de douze mille voix contre-neuf mille
cinq cents données à Y et huit mille cinq cents à Z, et le
voilà représentant unique de trente mille électeurs dont
dix-huit mille ne voulaient pas de lui ! On pourrait multiplier les exemples.

La statistique des élections législatives de 1877, 1881 et
1885 est, dit-on, instructive. En 1877, avec le scrutin d'arrondissement, les abstentions montent à 19 % ; sur 81 %
des électeurs qui ont pris part au vote, 49 % ont vu passer

les députés de leur choix ; mais 32 % ont déposé inutilement leur bulletin de vote et 51 % des électeurs n'ont pas été représentés. En 1881, toujours avec le scrutin d'arrondissement, les abstentions atteignent 31 % ; 45 % des électeurs ont fait passer leurs candidats ; 24 % ont été battus ; donc 55 % n'ont pas été représentés. En 1885, on a rétabli le scrutin de liste ; les abstentions sont de 23 % et les voix battues, 34 % ; ce qui fait 57 % des électeurs qui n'ont pas été représentés. Les élus ont obtenu, par rapport aux suffrages exprimés, 56 voix sur 100 inscrits ; ils ont réuni 4,401,225 suffrages sur 7,859,330 valablement exprimés, et 3,458,106 électeurs sont demeurés sans réprésentation !

Dira-t-on que ces résultats se corrigent respectivement ? Que, si le parti conservateur est battu dans tel arrondissement à une faible majorité, il battra vraisemblablement les progressistes dans un autre ? Cela peut être vrai dans une certaine mesure avec le scrutin uninominal ; mais ce n'est pas certain et c'est laisser la représentation aux caprices du hasard de la géographie électorale, et le hasard est bien plus grand encore avec le scrutin de liste. Si l'on examine les élections de 1885, avec le scrutin de liste, au point de vue de la représentation des opinions, on voit que les républicains avaient environ 4,300,000 voix et les conservateurs monarchistes 3,550,000 ; sur 568 sièges attribués à la France continentale, les républicains auraient dû avoir 315 sièges au lieu de 366 qu'ils ont eus, et les conservateurs, 257 au lieu de 202. Ne pourrait-il pas même arriver, avec une certaine répartition des suffrages, que la minorité dans le pays obtînt la majorité dans le Parlement ? Il suffit de supposer qu'elle triomphe à une majorité très faible dans le plus grand nombre des circonscriptions, bien qu'elle soit battue à une immense majorité dans les autres. On cite des cas : en Illinois, avant la réforme, 43 élus pour 123,000 suffrages et 42 pour 327,000. En Angleterre, M. Courtney cite certaines élections du Lancashire, dans lesquelles 22 conservateurs étaient nommés par 102,000 votants et 11 libéraux par 104,000.

Voilà, dit-on, les faits et voici les conséquences :

1° Le découragement s'empare d'une foule d'électeurs et les conduit à l'abstention ;

2° L'autorité du Parlement est moindre qu'elle ne devrait être, parce qu'il ne représente pas véritablement la nation ;

3° Les décisions les plus graves sont prises par les représentants de minorités souvent faibles ; car la décision appartient, non pas à la majorité élue, mais à la majorité dans cette majorité, qui peut ne représenter qu'une assez faible minorité du pays ;

4° Le gouvernement, qui paraît très solide, est en réalité très instable, parce qu'un déplacement de quelques voix suffit pour changer la majorité sur laquelle il compte et qui est plus apparente que réelle ; « il se produit de « temps en temps une sorte de coup de bascule qui reten- « tit sur tous les services publics et devient funeste à l'es- « prit de suite dans les affaires »..

5° Enfin, le gouvernement, manquant du contrôle et même de la contradiction qui l'éclaireraient, est plus exposé à mal gouverner et à abuser de son pouvoir.

On a même ajouté que, « quand une doctrine existe, « plus elle est subversive, violente, insensée, plus il est « urgent qu'elle se produise au grand jour ; son inanité, « son impuissance seront ainsi publiquement démontrées ; « on sera averti de son existence et on apprendra à la « combattre [1]. »

Disons immédiatement que les doctrines subversives ne sont que trop répandues déjà, grâce à la liberté de la presse et à la liberté de réunion ; et qu'il n'est assurément pas désirable que les opinions les plus malsaines soient représentées dans les Chambres. Nous y avons déjà quelques collectivistes, et il ne nous semble pas que la machine législative en marche mieux, ni que le Parlement en ait acquis plus de prestige, et l'absence de représentation du parti anarchiste ne s'y fait pas bien vivement sentir.

Les autres raisons sont à coup sûr très sérieuses ; peut-être aucune d'elles n'est-elle sans réponse. Ainsi, on dit que le découragement pousse les électeurs à l'abstention ; mais ceux qui s'abstiennent d'aller au scrutin (et qui n'ont guère le droit de se plaindre de n'être pas repré-

1. De Laveleye, *Le gouvernement dans la démocratie*, II, p. 83.

sentés), n'appartiennent généralement pas aux minorités nombreuses, qui sont ordinairement actives et disciplinées, mais, ou bien à des minorités infimes et qui, dans aucun système, n'obtiendraient de représentation, ou bien, le plus souvent, à des catégories de modérés, d'indépendants, qui n'aiment ni les idées des uns, ni les candidats des autres et se réfugient à tort dans l'abstention.

Il est également fort contestable que l'autorité du Parlement soit moindre parce que la majorité y sera plus compacte, et de bons esprits voient, au contraire, dans l'émiettement de cette majorité, qui mettrait constamment le gouvernement à la merci des coalitions, un argument sérieux contre le système de la représentation proportionnelle. Le gouvernement, qui ne pourrait pas compter sur une majorité solide et bien disciplinée, vivrait au jour le jour, souvent fort peu de jours, et aurait une politique sans suite, sans principes et sans autorité. Mais nous craignons bien qu'il n'y ait de part et d'autre quelque exagération : une majorité moins forte numériquement sera peut-être mieux disciplinée, et nous ne voyons guère que chez nous, où la majorité est depuis longtemps assez puissante, les ministères aient une longue durée et le gouvernement beaucoup d'esprit de suite !

C'est que la majorité, quel que soit le système adopté, est souvent factice et fragile, à raison de la complexité des intérêts qui l'agitent ; et c'est là une vérité qui n'est peut-être pas suffisamment méditée par les partisans de la représentation proportionnelle. Parce que, à un moment donné, l'opinion publique attache une importance particulière soit à la question politique, soit à la question religieuse, on classe immédiatement les électeurs en majorité et en minorité. Mais qui vous dit que cette majorité et cette minorité ne seront pas divisées entre elles sur toutes les questions autres que celle qui a servi de critérium, sur les questions économiques, sur les questions sociales, etc. N'avons-nous pas vu des conservateurs socialistes voter avec les socialistes radicaux ? Tous les républicains et tous les réactionnaires sont-ils d'accord entre eux sur l'excellence de notre régime douanier et sur la supériorité du monométallisme : toutes questions vitales pour un pays cependant ?

Et c'est pourquoi il ne faut pas s'étonner que les décisions les plus graves soient prises par la majorité de la majorité, qui peut ne représenter que la minorité du pays. C'est le résultat forcé du jeu du gouvernement représentatif, et nous n'apercevons pas du tout en quoi l'introduction du système de la représentation proportionnelle y changerait quelque chose !

Nous ne voyons pas davantage comment il assurerait la stabilité du gouvernement, et le résultat contraire, dont on lui fait un grand grief, parait certainement plus vraisemblable. Tout au plus peut-on dire que l'absence de représentation proportionnelle aveugle le gouvernement sur sa propre stabilité ; mais peut-être cela même lui donnera-t-il plus d'esprit de suite et moins d'intolérance !

Enfin, il est incontestablement utile que tout gouvernement soit soumis au contrôle et . contradiction : est-il indispensable, pour que le but atteint, d'organiser un système spécial de représentation proportionnelle ? Voilà ce que les faits ne prouvent pas du tout d'une manière évidente.

Les raisons invoquées à l'appui de la représentation proportionnelle seraient décisives si le gouvernement représentatif était en quelque sorte l'instrument et le succédané du gouvernement direct du pays. L'assemblée, qui devrait logiquement être unique, devrait être le reflet et la reproduction aussi exacte que possible du corps électoral, lequel comprend des minorités aussi bien qu'une majorité. Seulement, dans l'application, on reconnaîtrait bien vite la difficulté qu'il y a à représenter par des unités des idées aussi complexes et aussi variées que celles qui président au gouvernement des hommes. Mais, si le gouvernement représentatif est un système dans lequel une élite est chargée par la nation de gouverner librement en son nom, la nécessité de la représentation proportionnelle apparait moins. Le gouvernement, dans son ensemble comme dans toutes ses parties, appartient nécessairement à la majorité du corps électoral. En bonne justice, la mino-

rité n'a droit de réclamer que deux choses : 1º la garantie
des droits individuels ; 2º les moyens d'agir librement par
la propagande, de manière à devenir la majorité, si elle a
la raison pour elle.

Et maintenant, passons en revue les principaux systèmes qui ont été proposés ou appliqués à l'effet de
parvenir à la représentation proportionnelle des minorités : il y a là des considérations d'un autre ordre, qui
peuvent n'être pas sans influence sur la solution de la
question.

1º *Système du vote limité ou liste incomplète.*

Ce système consiste en ce qu'aucun des électeurs n'a
droit de voter pour la totalité des sièges à pourvoir : par
exemple, chaque électeur ayant un nombre de voix inférieur
d'une unité à celui des représentants à nommer, quatre sur
cinq, trois sur quatre, etc. Ce système avait été admis pour la
formation des bureaux des assemblées primaires dans le
projet de constitution présenté à la Convention les 15 et
16 février 1703, au rapport de Condorcet. Il a été proposé
au Parlement anglais successivement par lord Grey en
1836, par lord Russell en 1854, par lord Cairns en 1867 ; il a
été appliqué à partir de 1867 en Angleterre pour douze collèges ayant trois députés à nommer; à New-York, pour
l'élection de la Constituante en 1867 ; là et dans certains
autres États américains (Illinois, Pensylvanie) pour l'élection des juges. Il a été appliqué en Espagne en 1876, pour
les élections municipales, et en 1878, pour les élections
législatives, et il a passé dans la loi électorale du 26 juin
1890. Il avait été introduit en Italie, en 1882, et en Portugal, en 1884 ; mais il a été abandonné dans ces deux
pays, avec le scrutin de liste : en Italie, en 1891, et en
Portugal, en 1896. Il a également disparu, avec le scrutin
de liste, au Brésil, où il avait été inauguré en 1875.

Ce système soulève bien des objections. Il est purement
arbitraire : il limite le droit de l'électeur, mais il ne fait
pas aux minorités une part proportionnée à leur importance, qui ne peut d'ailleurs pas être exactement connue.
Il donne des résultats très aléatoires: une majorité bien
disciplinée peut néanmoins accaparer tous les sièges ; par
exemple, 99 électeurs ont trois représentants à nommer ;

le parti de la majorité compte 60 voix ; si chaque électeur
a deux voix, le parti dispose de 120 voix ; les membres de
la majorité, bien disciplinés, pourront donc donner 40 voix
à chacun de leurs trois candidats ; les autres, trente-neuf au
plus. En sens inverse, une minorité bien disciplinée peut
arriver à avoir la plus forte représentation, si la majorité
se divise entre un certain nombre de candidats. On a fait
l'hypothèse suivante : cinq sièges à pourvoir et deux partis :
l'un, de 260 voix ; l'autre, de 240 ; chaque électeur disposant
de 4 voix, si la minorité vote comme un seul homme pour
les quatre mêmes candidats, elle leur donnera à chacun
240 voix ; si la majorité répartit les 1.040 voix dont elle dispose (260 × 4) entre les cinq candidats, chacun ne pourra
avoir que 208 voix : la minorité aura quatre sièges et la majorité un . Ces chiffres sont évidemment choisis pour faire
ressortir les conséquences extrêmes du système ; mais un
principe qui peut arriver à produire de telles conséquences
est un système empirique et défectueux. Enfin, dans le cas
où il n'y aurait pas de minorité, le système oblige dans la
pratique à en créer une artificiellement.

2° *Système de vote accumulé.*

Dans ce système, chaque électeur, possédant autant de
voix qu'il y a de sièges à pourvoir, peut, ou voter pour
des personnes différentes, ou donner toutes ses voix au
même candidat. Exemple : 5,000 votants ont cinq représentants à élire ; chacun peut, ou voter pour cinq noms
différents, ou donner toutes ses voix à un ou à deux candidats. De la sorte, dit-on, la minorité pourra être représentée en accumulant ses voix sur certains hommes de
son choix.

Ce système fut adopté dès 1853 au Cap de Bonne-Espérance pour l'élection de la Chambre haute ; en 1870, par
l'Illinois, pour l'élection de la Chambre des représentants
et pour les élections municipales ; il a même été voté par
le Sénat des État-Unis pour la nomination du Congrès et il
ne lui a manqué que trois voix à la Chambre des représentants ; il a été appliqué en Angleterre et en Écosse pour les
conseils d'école et dans plusieurs pays des États-Unis pour
les conseils d'administration des sociétés par actions ; il
est admis par la loi électorale du Chili du 20 août 1890.

Ce système peut, lui aussi, donner lieu à bien des mécomptes. Une minorité bien disciplinée pourra encore obtenir la majorité dans la représentation. Dans notre exemple de tout à l'heure (5.000 votants et 5 députés à élire), s'il y a en présence deux partis, l'un comprenant 3.000 électeurs et l'autre 2.000, les 3.000 électeurs de la majorité disposent de 15.000 voix et les 2.000 électeurs de la minorité, de 10.000 ; si la majorité divise ses voix entre 5 candidats, elle ne pourra donner à chacun d'eux que 3.000 voix ; tandis que la minorité, si elle est bien disciplinée, peut, en concentrant ses voix sur 3 candidats, donner à chacun 3.333 voix et obtenir trois sièges sur cinq. Le vote accumulé est un remède empirique, qui peut devenir une boîte à surprises.

3° *Système de la simple pluralité, avec ou sans minimum*. — Ce système suppose encore des collèges ayant à nommer plusieurs représentants ; mais chaque électeur ne vote que pour un nom : sont élus, dans la limite des sièges à pourvoir, les candidats qui ont obtenu le plus de voix.

Exemple : 5.000 électeurs ont à nommer cinq représentants. Chaque électeur vote pour le candidat de son choix ; les voix se répartissent ainsi :

A	1.800 voix.	élu.
B	900 —	d°
C	700 —	d°
D	600 —	d°
E	300 —	d°
F	250 —	non élu,
G	200 —	d°
Divers	250 —	—
Total.	5.000 voix.	

On aperçoit immédiatement l'inconvenient du système : des candidats très populaires obtiendraient un grand nombre de suffrages et siégeraient à côté de collègues représentant des minorités souvent infimes. La majorité des électeurs pourrait n'obtenir qu'une faible minorité de représentants : par exemple, 100,000 électeurs ayant porté leurs voix sur le même candidat n'auraient qu'un représentant, tandis que 50,000 électeurs qui auraient divisé leurs voix pourraient en avoir 10 !

Ce système ne parait guère défendable, même avec la fixation d'un minimum, destiné à écarter les minorités trop faibles ; car ce n'est là qu'un palliatif, qui diminue, sans la supprimer, l'injustice du procédé. Cependant c'est le système que Condorcet recommandait, en 1793, pour l'élection des jurés ; il a été appliqué, en 1835, dans la Caroline du Nord pour l'élection de la Constituante ; en 1878, en Espagne, pour l'élection de dix députés, avec minimum de 10,000 voix ; en 1884, en Portugal, pour six députés, avec minimum de 5,000 voix. Mais il a été abandonné par la dernière législation de ces deux pays.

M. Boutmy a proposé [1] un expédient pour écarter cette objection bien grave que tel élu représenterait quatre ou cinq fois plus d'électeurs que tel autre : son système consistait à donner à chaque député dans le Parlement un nombre de voix proportionnel à celui des suffrages qu'il aurait recueillis. En équité, cela semble irréprochable ; mais on reculerait devant les conséquences : si un candidat avait obtenu plus de la moitié des suffrages, il ferait la loi à lui tout seul ; un député qui aurait obtenu seulement une partie importante des suffrages serait un danger sérieux pour la liberté politique.

4° *Système du Quotient ou système de Hare*. — Voici un système beaucoup plus scientifique que les précédents. Il fut imaginé, en 1780, par le duc de Richmond ; il fut inséré, en 1855, dans le projet de constitution du Danemark et y passa sans discussion ; il fut soutenu surtout en Angleterre par Thomas Hare, qui a tracé, pour le mettre en pratique, un plan savant, lequel a figuré dans un projet d'*act* du Parlement. Le système a été exposé tout au long dans le *Traité sur l'élection des représentants* de Hare, en 1859, et dans une brochure de M. Fawcett, intitulée le *Bill de réforme de M. Hare simplifié et expliqué* (1860). Stuart Mill s'en est fait l'apôtre fervent.

Le principe qui lui sert de base est le suivant : l'unité représentative, c'est-à-dire la quotité d'électeurs ayant droit à un représentant est déterminée par la division du nombre des électeurs par le nombre des sièges à pour-

1. *La Liberté*, 21 août 1867.

voir ; tout candidat ayant obtenu cette quotité serait élu, encore que cette quotité se composât de votes épars çà et là, dans différents collèges ; quand un candidat aurait obtenu la quotité voulue, les voix ne seraient plus comptées pour lui. mais reportées sur le candidat suivant sur la liste ; à cet effet, chaque électeur aurait le droit de désigner un nombre de substituts égal à celui des sièges à pourvoir moins un (celui des représentants qui a ses préférences).

Voici comment s'opère le dépouillement : le président du bureau donne lecture du nom inscrit en tête de chaque bulletin. Toutes les fois qu'un nom a obtenu le quotient électoral, on proclame le candidat élu, et, dans le dépouillement des bulletins qui suivent, si ce nom reparaît au premier rang, on n'en tient pas compte et on donne lecture du nom placé en deuxième ligne et ainsi de suite.

Un certain nombre de candidats ayant obtenu le quotient électoral et étant proclamés élus, il arrivera qu'un certain nombre d'autres candidats n'aient pas obtenu le quotient électoral. Hare proposait de compléter du premier coup l'élection, en déclarant élus à la majorité relative les candidats qui n'ont pas obtenu le quotient jusqu'à concurrence du chiffre de représentants restant à élire. M. Andræ suivait le même système, mais en exigeant que les candidats eussent obtenu au moins la moitié du quotient ; dans le cas contraire, il abandonnait le système de la représentation proportionnelle et décidait que l'on prendrait autant de candidats inscrits en tête des listes (les élus étant rayés) qu'il en restait à nommer et que la majorité relative suffirait.

Le système du quotient a l'avantage, disent ses partisans, d'assurer la représentation de toute minorité assez forte pour réunir un nombre voix égal au quotient et d'assurer aux hommes de grande valeur, connus de tous, mais qui n'ont pas d'influence locale, l'entrée dans la représentation nationale.

Dans ce système, les votes ne peuvent être recensés qu'au chef-lieu de la circonscription électorale. Il présente un inconvénient grave : la nomination dépend en partie du hasard d'après lequel les noms sortent de l'urne. Soient neuf bulletins portant en première ligne Pierre et en deuxième Paul, et sept bulletins portant en première ligne Pierre et en deuxième Jacques ; le quotient électoral est de cinq : qui sera élu en second, de Paul ou de Jacques? Cela dépend du hasard du dépouillement. Si les neuf premiers bulletins sortent d'abord de l'urne, Pierre absorbera les cinq premiers et sera proclamé élu ; Paul aura quatre voix ; puis viendront les autres bulletins portant Pierre et Jacques ; le nom de Pierre n'étant plus compté, Jacques passera, tandis que Paul ne sera pas élu ; le résultat contraire se serait produit si le hasard du dépouillement avait fait sortir de l'urne d'abord les bulletins aux noms de Pierre et de Jacques.

Le système du quotient peut fonctionner convenablement dans un corps électoral étroit, quand chaque parti peut mesurer ses forces et agir avec discipline. Appliqué à des collèges électoraux étendus, il peut produire de singulières surprises et fausser le scrutin.

Il serait facile, avec certaines hypothèses, de montrer que, si les membres de plusieurs partis agissent à leur guise et sans plan arrêté, toute proportionnalité peut disparaître. Les auteurs du remarquable travail publié à Paris en 1888 sous ce titre : « *La représentation proportionnelle* » sont d'avis que le système de Hare « offre un pro-
« cédé d'une application difficile, qui risque d'atteindre
« imparfaitement son but en matière d'élections munici-
« pales et politiques. »

5° *Système de la concurrence des listes ou du scrutin de liste avec répartition proportionnelle.* — Le principe de ce système est que les sièges, au lieu d'être attribués exclusivement à la majorité absolue ou relative révélée par le scrutin, doivent être repartis entre les partis au prorata des chiffres obtenus [par les différentes listes. C'est en Suisse surtout que ce système a été approfondi, et c'est là qu'il a été appliqué dans différents cantons: dans celui de Neuchâtel (loi du 5 mars 1888, loi du 8 octobre 1891, revisée le 22 novembre 1894) ; dans celui du Tessin (loi du 24 novembre 1891, modifiée par celle du 2 décembre 1892) ; dans celui de Genève (loi du 3 septembre 1892) ; dans celui de Fribourg (loi sur les communes et paroisses, du 19 mai

1894), lorsque la demande en est faite par un certain nombre d'électeurs, suivant la population ; dans celui de Zug (loi du 1ᵉʳ septembre 1894) ; dans celui de Soleure (loi du 30 novembre 1894) ; dans celui de Berne (loi du 5 mai 1895)[1]. C'est donc en Suisse qu'il faut étudier le système des *listes concurrentes*. C'est, de tous ceux qui ont été tentés pour réaliser la représentation des minorités, le plus scientifique et le plus rationnel.

Depuis longtemps déjà, un grand mouvement s'est manifesté en Suisse pour introduire dans la législation électorale le système de la représentation proportionnelle. Il paraît que la question avait été agitée dès la moitié de ce siècle, à Genève, par des disciples de Fourier, MM. Victor Considérant et Cantagrel. Des associations réformistes s'étaient constituées dans toute la Suisse et formaient une sorte de fédération, sous la direction d'un apôtre de la représentation proportionnelle, M. Ernest Naville de Genève.

En 1888, la question entra pour la première fois, à Neuchâtel, dans le domaine de la pratique. La loi sur les communes du 5 mars 1888, après avoir fixé en principe que « l'élection au Conseil général a lieu à la majorité absolue des suffrages », ajoutait : « Le Conseil général peut cependant, par voie de règlement, substituer à cette règle tel système qu'il trouve convenable d'adopter, assurant aux minorités électorales, lors du renouvellement intégral du Conseil général, un quart au moins des sièges. Le Conseil général est tenu d'élaborer ce règlement, si une demande signée en est adressée au Conseil communal trois mois au moins avant l'ouverture du scrutin par un nombre d'électeurs communaux qui corresponde au 5 % de la population totale du ressort communal et qui ne devra pas être inférieur à 10 » (art. 24). — C'était la question laissée à l'initiative populaire. En fait, sur 64 communes que comprend le canton de Neuchâtel, six seulement ont usé de la faculté qui leur était donnée et ont adopté le système le plus simple, celui du *vote limité*.

---

1. Un système analogue a été appliqué, partiellement et d'une manière éventuelle, en Belgique, pour les élections communales, par la loi du 12 septembre 1895, art. 43, 44 et 45.

Cependant, une loi du 22 mai 1891 introduisait le principe de la représentation proportionnelle dans l'élection des municipalités dans le canton du Tessin, très agité par les passions politiques, d'après un système nouveau, dont voici le résumé :

Chaque groupe d'électeurs communaux a le droit d'être représenté dans la municipalité (art. 2). Chaque groupe établit la liste de ses candidats (art. 3). Chaque groupe détermine la dénomination de sa liste, dénomination qui devient la propriété du groupe (art. 5). Les bulletins doivent, *à peine de nullité*, indiquer le *groupe* pour lequel l'électeur entend voter, indépendammeut des noms de ses candidats (art. 8 et 10).

Le dépouillement constate le nombre de voix obtenues par chaque groupe (art. 11). La somme totale du nombre des suffrages obtenus par les listes des divers groupes, divisée par le nombre des conseillers à élire, donne le quotient électoral (art. 12). Chaque groupe a droit à autant de conseillers que le quotient électoral est compris de fois dans le nombre des suffrages obtenus par sa liste.

Quand la répartition est opérée, les conseillers restant à élire sont attribués aux groupes auxquels restent les plus fortes fractions ; les groupes qui ont obtenu un nombre de suffrages inférieur au quotient électoral ne participent pas à la répartition (art. 13). Pour chaque groupe, le bureau proclame élus les candidats qui ont obtenu le plus de voix. et, en cas d'égalité, il tire au sort (art. 14).

Tel est le système dit *des listes concurrentes*, qui est en train de se généraliser en Suisse. Il a été développé dans la loi neuchâteloise du 28 octobre 1891, confirmée avec quelques perfectionnements en 1894. C'est là qu'il convient d'étudier de plus près cet ingénieux système.

Les listes sont formées par les partis politiques ou groupes d'électeurs (art. 59). Les partis qui élaborent une liste doivent déclarer à la préfecture leurs candidats, cinq jours au moins avant celui de l'ouverture du scrutin : cette déclaration doit être signée, au nom du parti, par deux électeurs au moins. Tout candidat peut protester contre l'inscription de son nom sur une liste déterminée, et la préfecture doit alors rayer son nom. Deux jours avant le scrutin, la préfecture fait publier et afficher, sur papier blanc et en caractères identiques, les noms de tous les candidats : sont seuls valables les suffrages donnés aux candidats qui ont été publiés dans cette forme.

L'électeur n'est pas tenu de s'approprier une liste entière ; il peut combiner entre elles deux ou plusieurs listes ; il dispose d'autant de suffrages qu'il y a de députés à élire dans son collège ; mais il n'est pas tenu d'user de tous ces suffrages et la loi l'autorise à émettre des *suffrages de liste*, en inscrivant sur son bulletin la mention suivante : « Les suffrages non exprimés nominativement sont attribués à la liste X. » L'électeur ne peut pas porter plusieurs fois le même nom sur son bulletin, s'il l'avait fait, le nom ne serait compté qu'une fois, et les suffrages perdus de ce chef seraient considérés comme des suffrages non exprimés, à moins que le bulletin ne contînt la mention expresse d'attribution à une liste des suffrages non exprimés, comme il a été dit, auquel cas les suffrages seraient comptés comme suffrages de liste.

Ici commence le rôle d'une commission électorale de district qui, dans le canton de Neuchâtel, a la haute direction des opérations électorales. Elle est composée du préfet, du président du tribunal et du juge de paix du chef-lieu du district ou d'un de ses assesseurs. Elle détermine d'abord le chiffre électoral de chaque liste, c'est-à-dire le nombre total des suffrages valablement exprimés qui doivent bénéficier à cette liste.

Il peut se rencontrer des candidats communs à plusieurs listes. Dans ce cas, de deux choses l'une : ou le candidat inscrit sur deux listes a opté pour l'une d'elles, et son option a été rendue publique avant le commencement de la votation ; en ce cas, tous les suffrages obtenus par lui sont attribués à la liste qu'il a choisie ; ou bien le candidat a gardé le silence, et voici le procédé prescrit par la loi : on fait abstraction pour un moment des suffrages émis en faveur de tout candidat commun ; on établit provisoirement, en dehors de ces suffrages, le chiffre électoral de chaque liste, et l'on fait bénéficier des suffrages de chaque candidat commun, parmi les listes où il figure, celle qui a obtenu le chiffre électoral le plus élevé.

La loi genevoise du 3 septembre 1892 a suivi un autre système : elle dispose que le candidat qui figure sur plusieurs listes doit opter pour l'une d'elles et qu'à défaut d'option le sort désigne la liste à laquelle il sera compté.

Pour pouvoir être proclamé élu, tout candidat doit avoir obtenu un nombre de suffrages équivalant à quinze pour cent au moins des votants; lorsqu'aucun des candidats d'une liste n'a obtenu le *quorum*, cette liste n'a pas de chiffre électoral et n'entre pas en ligne de compte pour le calcul de la répartition.

Pour cette répartition, il faut diviser le chiffre total des suffrages valablement exprimés par le nombre des députés à élire. Le chiffre électoral de chaque liste est ensuite divisé par le quotient obtenu. Cette opération donne le nombre de sièges à attribuer à la liste. Soient 5.000 votants et cinq sièges à pourvoir: une liste a obtenu 3.000 voix et l'autre 2.000 ; on obtient le quotient électoral en divisant 5.000 par 5, ce qui donne 1.000; on obtient ensuite le droit électoral de chaque liste en divisant par le quotient, 1.000, le chiffre électoral de chacune d'elles : la première aura droit à trois représentants; la seconde à deux. La répartition faite, on prend dans chaque liste. jusqu'à concurrence du nombre de sièges qui lui sont attribués, ceux des candidats qui ont obtenu le plus de voix et on les proclame élus.

Mais ici se présente, en pratique, une délicate question. Les opérations destinées à fixer le quotient électoral de chaque liste ne donnent pas, en général, des nombres entiers; il y a presque toujours des fractions, en sorte que, la première répartition des sièges faite, il en reste souvent quelques-uns à pourvoir. A qui les attribuer ? Le Conseil d'État du canton de Neuchâtel avait proposé, dans l'élaboration de la loi de 1891, d'attribuer les sièges qui restaient à la liste ayant obtenu la plus forte fraction. Mais la Commission du Grand Conseil avait fait prévaloir une autre solution, consistant à attribuer les sièges non pourvus à la liste qui avait obtenu le chiffre électoral le plus élevé. Cependant, c'était favoriser outre mesure la liste du plus fort chiffre électoral que de lui attribuer tous les sièges lorsqu'il en restait plusieurs à pourvoir. Aussi la loi de 1894 (art. 64) a-t-elle décidé que, si le complément à pourvoir est de plus d'un siège, ces sièges sont répartis entre les listes qui ont obtenu le plus fort chiffre électoral, dans l'ordre de leur force numérique.

Pour ne pas rompre l'équilibre des partis et altérer la représentation proportionnelle des groupes par des élections partielles au cours de la législature, la loi de 1894 (art. 68) dispose que, pendant toute la durée de la législature, le siège qui devient vacant reste attribué au groupe ou au parti auquel il appartenait ; mais, comme il arrive souvent que ceux des candidats d'un parti qui ne sont pas élus ne réunissent pas le *quorum* exigé, la loi nouvelle autorise les collèges électoraux à nommer des députés suppléants : les candidats non élus et à leur suite les candidats suppléants qui ont obtenu le *quorum* nécessaire et en même temps le plus grand nombre de suffrages dans leur liste respective sont inscrits sur un tableau où l'on puise en cas de vacance.

6° *Système de M. d'Hondt.* — M. d'Hondt a essayé de régler équitablement la dévolution des sièges restés au-dessous du quotient électoral.

Il a appelé son système « système du *chiffre répartiteur* ou *chiffre diviseur.* » Voici la formule : « Les chiffres électoraux respectifs obtenus par les différentes listes en présence sont divisés par un même nombre donnant des quotients dont la somme soit égale au nombre de sièges à pourvoir ». Il s'agit de déterminer un chiffre, tant soit peu inférieur au quotient électoral proprement dit, et qui se retrouve sept fois dans les totaux attribués aux différentes listes s'il y a sept sièges à donner, huit fois s'il y en a huit, etc.

Prenons l'exemple de M. d'Hondt : soient trois sièges à pourvoir et trois listes en présence, réunissant : la première 1.550 voix, la deuxième 750 voix, la troisième 700 voix, ensemble 3.000 ; le quotient électoral est de 1.000. Si l'on applique le système des plus forts excédents pour l'attribution des sièges pour lesquels le quotient n'a pas été atteint, la première liste obtiendra un siège parce qu'elle a réuni plus de voix que le quotient et chacune des deux autres listes en obtiendra également un, parce qu'elles possèdent un chiffre de voix non réprésentées — 750 et 700 — supérieur à l'excédent de la première, soit 550. Ainsi, la liste de 700 voix aurait un représentant tout comme celle qui en a obtenu 1.550! C'est tout à fait inadmissible !

Si on applique le système consistant à attribuer les sièges litigieux à la liste qui a obtenu le chiffre électoral le plus élevé, du moins sans le correctif qu'y a apporté la loi neuchâteloise de 1894, la première liste aura les trois sièges, les autres rien !

C'est à ce résultat que M. d'Hondt a voulu obvier. « En « divisant, dit-il, les chiffres électoraux des partis par un « même nombre donnant des quotients dont la somme soit « égale au nombre de sièges à conférer, on arrive à mesu- « rer exactement tous les partis à la même aune ; on ac- « corde à chacun tout ce qui lui revient. » Reprenons l'exemple ci-dessus : trois groupes de 1.550, 750 et 700 élec- teurs se disputent trois sièges ; le chiffre répartiteur sera 750, qui entre deux fois dans 1.550 et une fois dans 750, ce qui donne une somme de quotients $(2 + 1)$ égale au nombre de sièges à pourvoir. Dès lors la liste de 1.550 aura deux sièges, celle de 750 en aura un, et celle de 700 n'aura rien ; et c'est justice ; car si on lui donnait un siège, il faudrait logiquement en donner deux au groupe de 1.550 et un au groupe de 750, ce qui ferait quatre, alors qu'il n'y a que trois sièges à donner.

Mais comment trouver le chiffre répartiteur ? On peut le trouver d'une manière empirique, en prenant pour point de départ le chiffre d'électeurs d'après le nombre des vo- tants et en descendant, par 500 ou par 100 voix jusqu'à ce qu'on tombe sur un chiffre qui se retrouve dans les diffé- rents totaux obtenus par les listes autant de fois qu'il y a de sièges à donner. Dans l'exemple ci-dessus, le nombre des votants étant $1.550 + 750 + 700 = 3.000$, pour trois sièges, en descendant successivement, on arrive au chiffre de 750, qui est contenu deux fois dans 1.550 et une fois dans 750 : c'est le chiffre répartiteur. On peut aussi avoir recours à des procédés mathématiques. M. d'Hondt proposait le sui- vant : diviser les chiffres électoraux de chaque liste par 1, 2, 3, 4, et ainsi de suite ; puis comparer les quotients obtenus, en les rangeant suivant l'ordre de leur importance ; le quotient qui occupe le rang qui correspond au nombre de sièges à pourvoir est le chiffre diviseur. Reprenons notre exemple :

Les chiffres des listes différentes sont : 1,550. 750 et 700, qui, divisés par 1, donnent 1.550   750   700
        par 2   —   775   375   350
        par 3   —   516 (f.) 250   233 (f.)
Rangeons les quotients par ordre d'importance.

1	1.550		
2	775		
3		750	
4			700
5	375		

Comme il y a trois sièges à pourvoir, c'est le chiffre 750, le troisième dans l'ordre d'importance, qui est le chiffre répartiteur.

Le système de M. d'Hondt unifie le quotient électoral dans chaque circonscription ; mais le quotient peut varier d'une circonscription à l'autre dans d'assez fortes propor- tions. M. Pernolet a prétendu unifier le quotient dans l'ensemble du pays, en imaginant un quotient d'élimination, destiné à écarter les groupes qui n'auraient pas obtenu un minimum de voix déterminé par la division des 4/5 des électeurs du pays (c'est-à-dire de tous ceux qui sont cer- tainement capables de voter) par le nombre de sièges. « J'admets, dit M. Pernolet, l'emploi des deux quotients, « un quotient *d'élimination,* qui sert à déterminer le *quo-* « *rum* nécessaire donnant droit à avoir au Parlement au « moins un représentant choisi par le groupe dont les « membres ont fait preuve de capacité représentative en « paraissant au scrutin en nombre suffisant ; et un *quotient* « *de répartition*, qui sert à déterminer le nombre de sièges « à attribuer à chacune des listes concurrentes reconnues « valables. J'admets que, sous notre régime de suffrage

« universel, pour avoir un droit absolu, indéniable de faire
« figurer un au moins de ses candidats dans les assemblées
« parlementaires, une liste n'est valable qu'autant qu'elle
« a obtenu l'appui de 14.000 suffrages, 14.000 étant le ré-
« sultat de la division des 4/5 de nos dix millions d'élec-
« teurs (c'est-à-dire de tous ceux qui sont certainement
« capables de voter) par le nombre de sièges (570 environ)
« attribués par la loi à la France continentale. »

Ces systèmes subsidiaires ne sont que des modifications,
des perfectionnements du système des *listes concurrentes*,
et ce système est évidemment la réalisation la plus rationnelle de la représentation proportionnelle. Il suggère
pourtant quelques réflexions :

1° Il est inapplicable à une élection unique : c'est un
inconvénient, ce n'est pas un vice radical ; — 2° Il est for-
cément assez compliqué : l'exposé que nous avons fait de
son fonctionnement en Suisse ne laisse pas de doute à cet
égard ; il n'y a pas là cette simplicité qui est si désirable
dans les instruments à l'usage des masses ; — 3° Il appelle
les électeurs à voter sur des questions de parti, non sur des
personnes, et, par cela même, il suppose nécessairement des
partis bien disciplinés, composant d'avance leurs listes ; s'ils
n'existaient pas, il faudrait en inventer; — 5° Enfin et surtout,
il ne peut réaliser la représentation proportionnelle que relativement à l'idée dominante qui divise les partis, c'est-à-
dire d'une manière purement relative, point d'une manière
absolue, par l'excellente raison que c'est impossible ! Et
nous nous permettrons d'appeler une fois encore là-dessus
l'attention de ceux qui ont une foi sans bornes dans la repré_
sentation proportionnelle. Vous ne pourrez jamais diviser
les hommes en partis que sur une idée déterminée, politique,
religieuse, sociale eu économique ; mais les hommes de chaque parti peuvent être et sont divisés sur une foule d'autres
questions qui sont chaque jour à décider; et c'est ce qui
fait qu'une représentation proportionnelle complète et
sincère est une pure chimère !

Le système de la représentation proportionnelle a été
abandonné en Italie et en Portugal, et voici le jugement
que le Conseil d'État du canton de Neuchâtel portait sur
lui en 1894, après une épreuve de trois ans :

« Les opérations, notamment celles du dépouillement et de la répartition proportionnelle des suffrages se sont accomplies régulièrement et facilement, et les résultats du vote ont été déterminés sans beaucoup de difficultés et. croyons-nous, sans erreur..... Cependant, la loi n'a point apporté dans la lutte des partis l'apaisement auquel on se flattait d'arriver ; elle n'a point apporté, comme beaucoup le prophétisaient, en même temps que la justice pacifiante, la paix électorale ; la lutte a été aussi passionnée qu'elle l'était précédemment et, dans plusieurs collèges, elle a atteint un degré d'acuité et d'acrimonie que nous n'avions pas encore connu. »

Le système de la représentation proportionnelle a été proposé récemment pour l'élection du Conseil national suisse et la question a été discutée au mois de juin 1898 — pendant trois séances qui peuvent compter parmi les journées parlementaires les plus brillantes. La réforme, défendue par les trois partis de la minorité, la droite catholique, le centre libéral et l'extrême gauche, a été repoussée par la majorité radicale, qui détient le pouvoir, par 76 voix contre 57.

Et cependant la pensée qui l'inspire est juste et bonne, à la condition de la restreindre à sa sphère naturelle. Le principe de la représentation proportionnelle nous parait excellent dans une commission, comme la commission du budget : il est très regrettable qu'une pareille commission soit exclusivement composée de membres de la majorité qui gouverne et ne s'ouvre à aucun des membres de l'opposition, et c'est ce qui se produira fatalement si le principe de la représentation proportionnelle n'est pas admis. Peut-être même l'introduction du principe serait-elle bonne dans les élections communales qui se font au scrutin de liste ; car, sans lui, il est à craindre que le parti dominant ne rencontre aucune contradiction et administre sans contrôle, et que des intérêts considérables ne restent sans représentation. Mais nous inclinons à croire qu'il serait inutile et sans portée véritable dans les élections générales ; une opposition de quelque importance saura toujours se faire sa place au Parlement, et, pour servir les intérêts généraux du pays, il n'est pas nécessaire que l'opposition soit nombreuse : il suffit qu'elle soit éclairée et vigilante.

§ 2

LA REPRÉSENTATION DES INTÉRÊTS.

Nous arrivons à l'examen d'une autre thèse, voisine de la précédente, la thèse de la *représentation des intérêts*. Ses partisans veulent, eux aussi, *organiser* le suffrage, mais sur une base différente : tout à l'heure, c'étaient les partis politiques; maintenant, ce sont les intérêts économiques.

Théoriquement, il y aurait dans cette conception même un problème philosophique très digne de méditation. *L'intérêt* ne crée pas le *droit*, et, si l'idée était complètement réalisée, il y aurait peut-être lieu de craindre que les intérêts qui obtiendraient la majorité dans la représentation ne devinssent très vite oppresseurs. On pourrait se demander aussi si la thèse de la représentation des intérêts est parfaitement compatible avec le principe même de la souveraineté nationale.

Passons en revue les plans principaux qui ont été proposés pour réaliser l'idée de la représentation des intérêts.

Voici d'abord celui qui fut élaboré en Belgique, lors de la revision de la constitution, par le baron de Haulleville [1].

Cette représentation, dit-on, est très ancienne. Les États généraux de l'ancien régime, élus indirectement par le suffrage universel des citoyens d'alors, étaient constitués par les Ordres : Noblesse, Clergé, Tiers État, qui représentaient les trois grandes classes sociales de notre temps : les savants, les capitalistes et les travailleurs manuels (salariés à la journée). Jusque vers le milieu de ce siècle, les seconds seuls exerçaient le droit de souveraineté par les électeurs censitaires. Dans la deuxième moitié de ce siècle, on leur a ajouté, de diverses manières,

----

1. *Revue sociale et politique*, 1894, p. 419 et suiv.

dans plusieurs pays, les représentants de la science (les diplômés, etc) Les travailleurs manuels seuls n'étaient pas représentés ; il est juste qu'ils le soient pour leur part et proportion.

Dans le plan du baron de Haulleville, les sénateurs devraient être choisis sur des listes d'éligibles élus par les différents groupes sociaux. Ces groupes seraient : A. *Le capital* : la grande propriété, la petite propriété ; la grande industrie, la petite industrie ; le grand commerce, le petit commerce ; — B. *Le travail* : les ouvriers de la terre ; les ouvriers de l'industrie ; les ouvriers du commerce ; — C. *L'intelligence* : les hommes de loi ; les hommes de science ; les hommes de lettres ; les artistes. On attribuerait cinquante-quatre sénateurs au capital (neuf à chacune de ses catégories) ; cinquante-quatre sénateurs au travail (vingt-sept aux ouvriers de la terre, dix-huit aux ouvriers de l'industrie, neuf à ceux du commerce), et trente-six sénateurs à l'intelligence (neuf à chacune de ses catégories : hommes de loi, de science, de lettres et artistes). Une commission d'État, composée de neuf membres, nommés annuellement, un tiers par le roi, un tiers par le Sénat, un tiers par l'Académie royale de Belgique, serait chargée de trancher toutes les difficultés relatives au classement par groupes des électeurs, avec appel devant le Sénat. Le même système devait être appliqué aux élections municipales, chaque catégorie d'intérêts ou *classe* devant élire le tiers des membres du conseil.

Cependant une nouvelle division en classes serait nécessairement arbitraire, alors que toutes les séparations artificielles ont disparu et que, de fait, très souvent les classes se confondent. La répartition des représentants afférents à chaque classe deviendrait un sujet de luttes incessantes et conduirait nécessairement à la lutte des classes elles-mêmes et à la domination de l'une sur l'autre. Si le système était appliqué rigoureusement et de manière à composer le Sénat ou le Parlement entier des hommes appartenant réellement à chaque classe et dans la proportion numérique de chaque classe, on en reconnaitrait sans doute bien vite les défauts : un Sénat qui, sur 144 membres, comprendrait 54 ouvriers et 18 petits commer-

çants et industriels, sans compter les artistes, ne serait
peut-être pas l'idéal pour traiter les intérêts généraux
du pays. Ce qu'il faut pour cela, c'est surtout l'intelligence
et l'indépendance de caractère, deux conditions qui sup-
posent, d'une part, une instruction et une éducation suffisamment développées, et, d'autre part, une situation à l'abri
des besoins matériels. Non ! refaire une nouvelle division
en classes cent ans après la Révolution française, opposer
les capitalistes aux ouvriers et les uns et les autres aux
professions libérales, assurer la prépondérance de te.
classe sur les autres, en vérité, cela n'est pas proposable !

Dans le même ordre d'idées, on a quelquefois proposé
de faire de l'une des deux Chambres, du Sénat, la représen
tation des communes. On sait que telle était l'idée qui
avait présidé à la création de notre Sénat, en 1875 ; on
voulait qu'il fût, suivant l'expression de Gambetta, « le
grand conseil des communes de France ». Mais il est
permis de croire qu'on était alors plus préoccupé de la
pensée de faire contrepoids par le vote des communes
rurales à l'influence des grands centres que d'organiser
une véritable représentation des groupes communaux,
d'autant-plus que les collèges électoraux institués conte-
naient des éléments tout à fait étrangers à cette idée. Mais
la thèse de la représentation des communes a été reprise
et développée dans ces derniers temps [1]. On voudrait que,
des deux Chambres, l'une, nommée par le suffrage universel direct, représentât les individus ; l'autre, le Sénat,
représentât « les groupes organiques sociaux que crée la
communauté des intérêts ». « Les groupes communaux,
dit-on, sont les plus anciens, ceux qui ont fait preuve de
la plus grande vitalité, qui ont le mieux résisté au nivelle-
ment révolutionnaire : seuls ils nommeront le Sénat. » —
Cependant, à ne considérer même que le point de vue
pratique, nous ne voyons pas que les groupes communaux
soient créés par la communauté des intérêts ; nous croyons
que l'on est dupe d'une étiquette, et que, si l'on va au fond

---

1. Voir une étude de **M. Duguit**, professeur à la Faculté de droit
de Bordeaux, insérée dans la *Revue politique et parlementaire*, août et
septembre 1895, et les autorités citées par lui.

des choses, on reconnaît qu'elle couvre des intérêts très complexes, très variés, très différents et souvent très contraires ; et dès lors nous n'apercevons pas bien la convenance qu'il y a à prendre comme base de la représentation des intérêts un groupement qui est, en réalité, déterminé par des causes tout autres que la communauté d'intérêts !

Un plan savant et tendant au même but a été exposé par M. le comte Hamilton, professeur à l'Université de Lund[1]. Il part de cette prémisse que les bases d'une organisation représentative rationnelle doivent être cherchées dans cette loi générale de développement qui régit le perfectionnement de tous les organismes et qui s'appelle la *division du travail*. Cette loi de développement a été suivie dans les appareils de gouvernement et d'administration nécessaires au fonctionnement social. C'est ainsi que, dans tous les pays représentatifs, le gouvernement est réparti entre un certain nombre de ministres, préposés chacun à une administration spéciale, qui s'occupent : celle-ci de la guerre, celle-là de la marine, une troisième de la justice, une quatrième de l'instruction publique, etc., etc.

Rien d'analogue n'existe dans l'organisation de la représentation. On n'y rencontre aucune subdivision ; tout doit encore être exécuté par un seul et même appareil. Ce qui est nécessaire, c'est une séparation de fonctions, une subdivision de la représentation d'après les questions qu'elle aura à traiter et à résoudre. Nul n'est apte à tout faire ; si toutes sortes de questions doivent être résolues par une seule et même représentation, il est évident qu'un petit nombre seulement de ses membres possédera une capacité spéciale dans la plupart des questions ; la majorité se contentera de se ranger à l'opinion de ceux qui ont la plus grande autorité, ou de ceux qui ont le don de la parole et de la persuasion. »

Une subdivision de la représentation n'est pas moins nécessaire à cause des électeurs qu'à cause des représentants. Autrement, il arrivera toujours que les votes ne seront donnés que sous l'inspiration de l'esprit de parti,

1 *Revue d'économie politique*, 1801, p. 140.

avec une aveugle obéissance aux meneurs et les représentants qui auront été choisis à raison de leurs opinions dans un certain groupe de questions trancheront une quantité d'autres affaires d'une manière absolument opposée aux vues et aux désirs de leurs électeurs.

Donc, conformément à la loi identique de développement qui a présidé à l'organisation du gouvernement et de l'administration, la représentation doit être partagée en plusieurs subdivisions ou représentations spéciales, chacune d'elles représentant le peuple entier et exerçant tout son pouvoir, mais seulement dans un certain groupe de questions à la discussion desquelles elle est spécialement préparée.

Le nombre de représentations spéciales devrait, en principe, être déterminé par le nombre des ministères, sauf à subdiviser encore la représentation lorsqu'un de ces ministères réunit plusieurs branches d'exploitation bien distinctes.

Il y aurait donc une représentation spéciale pour les finances, pour l'éducation, pour les voies de communication, pour l'industrie, pour la législation, etc.

Le nombre de représentants n'a pas besoin d'être considérable ; il pourrait et devrait être notablement inférieur à celui des représentations actuelles ; la responsabilité envers la nation serait accrue par ce fait que les opinions de chacun seraient plus généralement connues. Le grand nombre de mandataires qui composent les représentations actuelles n'est désirable que par la probabilité de trouver dans leur nombre même quelque espèce de garantie qu'on y rencontrera les connaissances spéciales nécessaires à la solution des différentes questions à résoudre ; mais en soi, et pour la discussion de chaque question, le grand nombre de représentants, incompétents dans la question, et par suite sans indépendance, est un lest inutile et un vrai mal.

Le choix des représentants devrait naturellement résulter d'un vote auquel il serait à désirer que tout le pays concourût ; mais, en cas d'impossibilité, il faudrait que le vote eût lieu dans des collèges électoraux assez étendus pour que la minorité y pût obtenir sa part de représentation ; et l'éligibilité ne devrait pas être restreinte aux limites du collège électoral.

Le droit de vote devrait être général, mais pas nécessairement égal pour tous; il pourrait être plus largement attribué à ceux qui possèdent des connaissances spéciales. Si, par exemple, dans la représentation de l'enseignement, on a nommé cinquante membres, par vote général, un certain nombre en plus pourrait être nommé par les professeurs des établissements d'instruction de toute sorte du pays et par des personnes ayant subi leurs examens.

Un certain lien entre les représentations spéciales devrait être établi, quelques-unes de ces représentations ayant un travail tel que l'influence de leurs actes s'étendrait à la plupart des autres branches de l'activité sociale : par exemple, celle des finances et de la législation générale. On pourrait augmenter le nombre des membres de ces représentations s'occupant d'affaires générales, en donnant à chacune des autres représentations le droit d'y adjoindre un certain nombre de leurs membres, et les membres nommés par ce suffrage indirect ne seraient certainement pas les moins bons.

Chaque représentation devrait avoir le droit d'initiative dans les autres, avec le droit d'y envoyer des députés pour y défendre ses propositions, mais sans droit de vote.

Les limites de compétence de chaque représentation spéciale dépendraient de la nature des questions et les litiges qui viendraient à s'élever à ce sujet pourraient être tranchés, soit par la représentation spéciale de la constitution, soit par des tribunaux déterminés.

Il devrait être attribué à chaque représentation spéciale une dotation ordinaire fixe, dont elle pût disposer à son gré ; elle ne pourrait être réduite, en dehors du consentement de la représentation spéciale, que dans une certaine proportion supportée par toutes les autres, et les augmentations de crédit dont elle aurait besoin seraient demandées à la représentation commune des finances. De la sorte, la gérance des deniers publics deviendrait bien plus sévère et bien mieux appropriée à son but.

Enfin, le mode et l'époque de la réunion des représentations spéciales devraient être différemment fixés selon la nature et l'étendue de leurs affaires, et autant que possible successivement, puisque les membres des unes auraient à prendre part aux travaux de certaines autres.

Dans un pareil système, si l'on en croit son auteur, la volonté du peuple trouverait une expression bien plus véritable et pourrait se faire plus énergiquement obéir dans chaque direction. D'autre part, le gouvernement se verrait consolidé dans chaque branche d'administration et ne serait plus guère exposé à des changements subits résultant du caprice ou du hasard, et il aurait le temps requis pour préparer les affaires à soumettre aux délibé- rations de la représentation. Et, bien que l'intensité du pouvoir se trouvât ainsi accrue pour chaque représen- tation dans son cercle d'action, l'oppression par la majorité ne pourrait devenir écrasante : aucune des subdivisions de la représentation populaire ne se trouverait détenir la puissance absolue ; elle serait contenue dans ses limites par l'ensemble des autres représentations

Nous avons tenu à reproduire les traits généraux du sys- tème, à coup sûr très ingénieux, présenté par le comte Ha- milton. La différence qui offusque son auteur dans l'organi- sation du gouvernement d'une part et de la représentation de l'autre s'explique pourtant naturellement : elle est la conséquence de la différence essentielle qui existe entre la délibération et l'action ; pour agir, il faut une compétence spéciale ; pour délibérer et décider, il faut surtout un juge- ment droit et un caractère indépendant et ferme. La décision est toujours précédée et éclairée par une délibération dans laquelle les différents éléments du problème sont exposés ; chacun peut, s'il le veut, juger en connaissance de cause. Il n'est pas bien certain qu'il soit plus avantageux de remettre la décision de toutes les questions à des hommes du métier, qui ont souvent des vues bornées et des idées préconçues ; du moins, faut-il distinguer entre les ques- tions techniques, qui appartiennent par la nature des choses aux spécialistes, et les questions non techniques, qui peuvent souvent avec avantage être résolues par d'au- tres : par exemple, les méthodes d'enseignement et les programmes doivent évidemment être arrêtés par des hommes spécialement compétents en matière pédagogique ; mais d'autres questions relatives à l'enseignement, et qu'on peut appeler externes, peuvent être résolues par tous, telles que celles qui touchent à l'organisation du service, aux frais qu'il entraine, etc. ; or, ce sont précisément les questions qui sont soumises au Parlement.

On propose une représentation spéciale pour la législation ; mais le Parlement, sauf le temps qu'il perd chez nous en interpellations, fait-il autre chose que de légiférer? Si l'on veut dire qu'il serait nécessaire que les lois fussent rédigées par des hommes d'une compétence spéciale, nous le croyons tout à fait ainsi ; mais ceci est tout autre chose, une question de forme, non de fond ; nous ne voyons pas bien ce qui échapperait à la compétence du comité de législation.

Une représentation spéciale de l'industrie, par exemple, résoudrait, nous dit-on, toutes les questions touchant à l'industrie. Prenons cependant une des plus importantes et des plus difficiles, celle de la liberté commerciale ou de la protection douanière : est-il bien certain qu'elle doive être tranchée souverainement par les industriels, c'est-à-dire par les intéressés? Mais d'abord, leurs intérêts sont souvent opposés : l'un affirme ne pouvoir vivre sans la protection, qui fait mourir l'autre ! Les commerçants n'ont pas du tout des intérêts identiques. Et le consommateur, c'est-à-dire tout le monde, qui le représentera? La spécialisation de la représentation n'aura-t-elle pas pour résultat de sacrifier l'intérêt général aux intérêts particuliers ? Et c'est là, selon nous, le danger capital du système proposé. Des spécialistes auraient toujours tendance à se préoccuper plus des intérêts de corps que des intérêts généraux de l'État.

Et puis, on pourrait citer une foule de questions qui se posent devant le Parlement, souvent sans avoir pu être prévues, et qui seraient en dehors de la compétence des représentations spéciales, si nombreuses qu'on les fasse. Qui décidera, le cas échéant, de la paix ou de la guerre, d'un traité à conclure, d'une réforme monétaire proposée, des mesures à prendre pour combattre un fléau, de questions sociales à résoudre ? Est-ce que toutes ces questions vitales n'intéressent pas tout le monde? Et n'en arriverait-on pas logiquement à demander un mandat spécial des électeurs pour la solution de chaque question, c'est-à-dire à l'impossible ?

Le système du comte Hamilton se présente avec une certaine apparence scientifique qui séduit ; au fond, il nous paraît peu recommandable et peu pratique.

Voici un troisième plan, tout nouveau. Il a paru d'abord dans une série d'articles de la *Revue des Deux-Mondes*, en 1895 et 1896. Il a pour titre « *L'organisation du suffrage universel* » et pour auteur M. Charles Benoist. Lui aussi voudrait *organiser* le suffrage universel et, dans ce but, il propose deux bases différentes, l'une pour la Chambre des députés, l'autre pour le Sénat.

La Chambre aurait cinq cents députés, c'est-à-dire un député par vingt mille électeurs. Les élections auraient lieu, non par arrondissement, mais entre électeurs groupés suivant leurs professions. Sur cent mille électeurs comportant pour tel département cinq députés, si les agriculteurs sont au nombre de quarante mille, ils choisiront parmi eux deux députés ; les industriels, s'ils sont vingt mille, éliront un député ; les commerçants, s'ils atteignent ce chiffre, éliront le quatrième député ; enfin, les professions libérales, les rentiers, les fonctionnaires, ceux qui ne formeraient pas un groupe assez considérable pour voter seuls, s'assembleraient en un collège mixte qui nommerait le cinquième député.

Quant au Sénat, les membres en seraient nommés à raison de trois par département, quelle que fût la population. Le premier sénateur serait un conseiller général, élu par les conseillers généraux ; le second, un conseiller municipal, élu par les conseils municipaux ; le troisième serait choisi par les délégués des unions, associations, sociétés savantes ou industrielles, syndicats de toute nature existant dans le département.

Ainsi, l'un des corps serait la représentation professionnelle ; l'autre, l'auteur du moins le croit, la représentation de la vie collective de la France.

Disons tout de suite qu'il y a là au moins une illusion. Le Sénat de M. Charles Benoist ne répond à aucune idée ; c'est un amalgame irrationnel. Les conseils généraux (qui pourraient faire un collège électoral très acceptable, s'il n'était un peu restreint) sont tout autre chose que les unions, associations, sociétés savantes, syndicats, etc. : c'est une réunion d'hommes qui représentent des idées et des intérêts très différents et très variés ; c'est une réunion, point une association. D'autre part, on peut se demander pourquoi le seul fait de s'associer donnerait un droit électoral nouveau. L'association a assez de tendances naturelles à devenir envahissante : est-il si opportun de lui en fournir de nouveaux moyens ?

Que dire de la Chambre imaginée par M. Benoist ? L'auteur propose sept groupes professionnels très larges, susceptibles de servir de cadres au suffrage universel organisé : 1º Agriculture ; 2º Industrie ; 3º Transports, postes et télégraphes ; 4º Commerce ; 5º Administration publique ; 6º Professions libérales ; 7º Rentiers. Chaque catégorie, dans chaque département, aurait un nombre de députés proportionné à son importance numérique. Voici le département du Nord, le plus peuplé après la Seine. Il aura 19 députés ainsi répartis : cinq nommés par et dans le groupe de l'agriculture ; neuf nommés par et dans le groupe de l'industrie ; un par et dans le groupe des transports ; trois par et dans le groupe du commerce ; un seul pour l'administration publique, les professions libérales et les rentiers, réunis en un collège unique. Ainsi, même dans un département qui a le chiffre exceptionnel de 19 députés, voilà trois des catégories imaginées par l'auteur qui s'évanouissent et se fondent en une seule ! Mais c'est là un des petits côtés de la question, un vice auquel il ne serait peut-être pas impossible de remédier. Ce sont les résultats généraux du système qu'il faut voir.

Signalons d'abord celui-ci : l'agriculture, qui a aujourd'hui à la Chambre 38 représentants, en aurait 225 ! D'autre part, les professions libérales, qui y sont actuellement, nous l'accordons, trop largement représentées, en auraient 13 au lieu de 296 !

Soit ; mais la préoccupation de l'intérêt professionnel n'offre-t-elle pas de danger ? La profession qui sera le plus largement représentée ne fera-t-elle pas prévaloir ses intérêts sur tous les autres ? Les intérêts corporatifs ne prendront-ils point le pas sur l'intérêt général ?

Ce n'est pas tout ! Si ce sont les intérêts qu'on veut représenter, il faut aller jusqu'au bout. M. Charles Benoist nous dit : « La représentation nationale doit être l'image en raccourci, la reproduction de la vie nationale. » Nous connaissons cette formule ! Appliquons-la donc :

Les intérêts, dans chaque profession, ne sont pas identiques : il y a des patrons et des ouvriers ; dans l'agriculture, les ouvriers représentent 51 % contre 49 ; dans l'industrie, les ouvriers sont trois millions contre un. S'imagine-t-on une Chambre élue sur ces bases ?

Nous le disons nettement : tout cela n'est pas le progrès ; mais le retour en arrière, un recul vers le passé. C'est toujours *l'intérêt* qui a fait les *classes* sociales, qui a développé l'esprit corporatif. La Révolution a eu le tort, en abattant les classes et les corporations, de supprimer la liberté d'association ; nous la voulons entière dans la limite compatible avec l'ordre social, mais non dominante : nous ne voulons pas qu'elle devienne un État dans l'État ; nous ne voulons plus de classes, ni du régime des corporations !

Tous ces systèmes partent d'une fausse conception de la représentation nationale, qui devrait être, selon nous, une élite chargée de gouverner la masse. Les meilleures assemblées furent celles qui ont été élues en dehors des préoccupations d'intérêt personnel chez les électeurs et chez les élus : par exemple, l'assemblée nationale de 1871, qui ne connaissait pas les *politiciens*, produit des petits intérêts particuliers. Oui, le parlementarisme traverse une crise grave ; oui, le niveau des assemblées délibérantes baisse ; mais il baisserait bien plus encore, si les intérêts étaient pris pour base de la représentation ! Oui, il faut des remèdes, mais pas celui-là !

M. Paul Leroy-Beaulieu proposait le suivant[1] :

La vraie méthode de représentation consisterait à avoir des députés de deux origines différentes : les députés de collèges particuliers et les députés *nationaux*, c'est-à-dire n'appartenant en propre à aucun collège. Les députés des

____

1. Séances et Travaux de l'Académie des Sciences morales et politiques, avril 1898, p. 452.

collèges devraient être nommés individuellement par des circonscriptions doubles ou triples de la moyenne actuelle des arrondissements, c'est-à-dire ayant 120 à 150.000 âmes : on aurait ainsi 250 à 280 députés de collège. Quant aux députés nationaux, ce seraient tous ceux qui obtiendraient un total de voix, sur quelque point de la France que ce fût, s'élevant à 18.000 ou 20.000, sans limitation de nombre. On aurait ainsi vraisemblablement 80 à 100 députés nationaux, le quart de la Chambre, d'une tout autre capacité et indépendance que le vulgaire troupeau des députés de collège. Ce seraient ceux qui seraient investis de la grande autorité, qui représenteraient l'intérêt général et seraient en état de le comprendre.

L'idée des députés nationaux n'est pas nouvelle : elle était réalisée dans la loi électorale espagnole du 28 décembre 1878 : tout candidat ayant recueilli dans divers districts électoraux une somme de suffrages dépassant 10.000 pouvait demander à la Chambre de le proclamer député ; dix sièges étaient réservés aux élus de ce suffrage général ; la loi électorale de 1890 a supprimé cela ; en fait, il paraît qu'un très petit nombre de candidats avaient bénéficié de cette faveur. Pareil système avait été appliqué, en Portugal, par la loi électorale de 1884, pour les députés, avec minimum de 5.000 voix ; il a également disparu dans la réforme de 1895 et 1896.

Le système des députés nationaux est ingénieux, plus peut-être que pratique. Il s'agit là de célébrités ; le corps électoral ordinaire n'est peut-être pas très apte à distinguer les célébrités, et elles-mêmes ne seraient pas toujours convenables à la fonction.

L'idée est excellente de faire entrer dans le Parlement des hommes éminents, n'appartenant à aucun collège spécial, uniquement préoccupés de l'intérêt général ; mais sa mise en pratique ne peut, selon nous, être bien faite que par le Parlement lui-même, par voie de cooptation : nous aurons l'occasion d'y revenir.

Si l'on craint que les grands intérêts économiques ne soient pas suffisamment représentés, il y aurait un moyen assez simple d'y remédier : ce serait d'autoriser les grands corps électifs qui représentent ces intérêts à députer quelques-uns des leurs au Parlement pour les y défendre, sans d'ailleurs prendre part au vote ; de la même manière que le Gouvernement est autorisé à nommer des commissaires ayant une compétence spéciale dans la discussion des différents projets de loi soumis au Parlement. Il y a là, si nous ne nous trompons, le germe d'une innovation utile et qui rencontrerait l'adhésion générale. Et par là tous les intérêts légitimes seraient sauvegardés ; car ce qu'il faut surtout pour cela, c'est une représentation composée d'hommes intelligents et probes, dont la religion soit suffisamment éclairée sur la question à résoudre.

DEUXIÈME PARTIE

Les Eligibles.

Nous venons de parler du droit de suffrage et de nous occuper des *électeurs;* venons maintenant aux *éligibles.*

Généralement, la première condition pour être éligible est d'être électeur, du moins d'avoir la capacité électorale. Il en est ainsi en France ; mais il n'est pas nécessaire d'être inscrit sur une liste électorale, ce qui supprime, en principe, la condition de résidence.

Mais tous les électeurs ne sont pas éligibles : certaines conditions sont exigées pour l'éligibilité ; certaines catégories de personnes sont inéligibles ; enfin, il y a incompatibilité entre certaines fonctions et celles que confère l'élection et cela peut être encore rapporté à l'éligibilité en ce sens que l'élection ne produira pas effet si l'élu ne se démet pas de ses autres fonctions. Nous aurons à étudier tout cela et à rechercher ensuite comment s'exerce le droit de candidature.

CHAPITRE PREMIER

DES CONDITIONS REQUISES POUR L'ÉLIGIBILITÉ.

La seule condition particulière qui distingue aujour-
d'hui, en France, l'éligible de l'électeur est une condition
d'âge. Dans notre législation actuelle, l'âge requis pour
être éligible à la Chambre des députés est de 25 ans accomplis (l. 30 nov. 1875, art. 6) et de 40 ans au Sénat. (l. 24 fév.
1875, art. 3; l. 9 décemb. 1884, art. 4) ; et la condition d'âge
doit être acquise *au jour de l'élection*: le candidat qui n'aurait pas l'âge requis au moment de l'élection ne serait pas
valablement élu et son élection devrait être annulée lors
même qu'il aurait atteint l'âge voulu avant la vérification
des pouvoirs.

L'âge d'éligibilité aux assemblées législatives a plusieurs fois varié en France. Le décret du 22 décembre 1789
le fixait à 25 ans; la constitution de 1793 l'abaissa à 21 ans.
La constitution de l'an III (art. 83) exigeait 30 ans pour le
Conseil des Cinq Cents et 40 ans pour le Conseil des Anciens;
celle de l'an VIII fixait l'âge des tribuns à 25 ans, celui des
députés à 30 et celui des sénateurs à 40. La charte de 1814
porta à 40 ans l'âge d'éligibilité à la Chambre des députés ;
celle de 1830 la réduisit à 30, et la constitution de 1848,
après le décret du 5 mars, à 25. Cet âge a été maintenu depuis lors ; et pour le Sénat, électif depuis 1875 seulement,
l'âge a été fixé à 40 ans par les lois constitutionnelles qui
nous régissent.

En Belgique, comme chez nous, on est éligible à 25 ans
à la Chambre des députés ; on ne peut être sénateur qu'à
40 ans.

En Espagne, on est éligible à la Chambre à 25 ans et
au Sénat à 35.

En Grèce, où il n'y a qu'une Chambre, on est éligible à
30 ans.

Au Reichstag allemand, on est éligible à 25 ans.

Les législations de la Prusse, de la Bavière et de la Saxe ont fixé l'éligibilité à 30 ans. Il en est de même en Autriche et en Italie. En Hongrie, on est éligble à 24 ans. Dans les pays scandinaves, l'éligibilité est fixée à 25 ans en Danemark et en Suède; à 30 ans, en Norvège.

Les législations de la Suisse, de l'Angleterre et du Portugal ne font pas de distinction entre l'électorat et l'éligibilité ; on est donc éligible à 20 ans en Suisse ; à 21 ans, en Angleterre et en Portugal.

Aux États-Unis, l'éligibilité est fixée à 25 ans pour la Chambre des représentants, et à 30 ans pour le Sénat.

Il ne nous paraît pas rationnel de fixer le même âge pour l'électorat et pour l'éligibilité. Il est infiniment plus facile de discerner et de choisir les hommes les plus capables de gérer la chose publique que de la gérer soi-même ; et il est naturel que le citoyen s'initie à la connaissance des affaires publiques avant d'être appelé à les administrer. Il faut, pour cela, une connaissance des hommes et des choses, qui ne s'acquiert qu'avec le temps.

D'autre part, nous n'apercevons pas bien la raison de distinguer à cet égard entre les deux Chambres et de reculer pour l'une d'elles l'âge de l'éligibilité. La seule raison qu'on puisse alléguer est qu'un homme a plus d'expérience à 40 ans qu'à 30 ; mais il en aura plus à 50 qu'à 40, et, avec ce raisonnement-là, on ne saurait plus ou s'arrêter. Il faut prendre le moment où l'homme est en pleine possession de ses facultés et a acquis, d'une manière générale, assez d'expérience de la vie pour pouvoir sans témérité se mêler activement aux affaires publiques, et s'y arrêter pour toutes les élections ; car, si l'on dit qu'on n'est bon pour l'une qu'à tel âge, il y a de fortes raisons de croire qu'on n'est pas plus propre à faire partie de l'autre avant cet âge. Ayant demandé que l'électorat soit reculé à 25 ans, nous serons logique en demandant que l'éligibilité soit fixée à 30 pour toutes les élections.

Et, par les raisons qui viennent d'être dites, il n'y a pas à distinguer, selon nous, entre les élections politiques et administratives ; chez nous, l'âge requis pour siéger dans les assemblées administratives, conseils généraux, conseils d'arrondissement, conseils municipaux, est le même que pour la Chambre des députés, 25 ans. Dans tous les cas, nous proposerions de le fixer à 30 ans.

Aucune condition de cens n'est exigée aujourd'hui en France pour l'éligibilité soit aux assemblées politiques, soit aux assemblées administratives. Il n'en a pas toujours été ainsi.

Le décret du 22 décembre 1789 décidait que, pour être éligible à l'Assemblée nationale, il faudrait être citoyen actif, payer une contribution directe équivalant à la valeur d'un marc d'argent, et posséder en outre une propriété foncière. La constitution de 1791 fit disparaître la nécessité d'un cens spécial; elle décida que tous les citoyens actifs pourraient être nommés représentants. La Charte de 1814 subordonna l'éligibilité au paiement d'une contribution directe de 1.000 fr., et la loi du 29 juin 1820 aggrava encore cette exigence, en disposant que les contributions ne seraient comptées pour l'éligibilité que lorsque la propriété foncière aurait été possédée, la location faite, la patente prise et l'industrie exercée une année avant l'époque de la convocation du collège électoral. La loi du 19 avril 1831 réduisit le cens d'éligibilité à 500 fr.; il disparut tout à fait avec la Révolution de 1848 et n'a pas reparu depuis.

La plupart des législations qui subordonnent l'électorat à un cens déterminé y subordonnent par cela même l'éligibilité; toutefois, il en était autrement en Belgique avant la dernière revision, et il en est encore autrement en Italie. La Belgique, qui n'exigeait aucun cens pour l'éligibilité à la Chambre, en exigeait et en exige encore un pour le Sénat : ce cens était de 1.000 florins d'impositions directes, patentes comprises, avant la revision; il est aujourd'hui de 12.00 fl.; est également éligible tout propriétaire ou usufruitier d'immeubles situés en Belgique dont le revenu cadastral s'élève au moins à 12.000 fl. Les sénateurs élus par les conseils provinciaux sont dispensés de toute condition de cens.

En Espagne, les 180 sénateurs nommés à l'élection ne peuvent être choisis que parmi certaines catégories déterminées par l'article 22 de la constitution, et à

la condition qu'ils jouissent d'un revenu de 7.500 pesetas, provenant, soit de leurs biens propres, soit des
traitements de leurs emplois qui ne peuvent leur être
enlevés sans décision judiciaire, soit de pensions de vétérance ou de retraite. Peuvent encore être élus ceux qui,
depuis deux ans, possèdent une rente annuelle de 20.000
pesetas, ou paient au Trésor 4.000 pesetas de contributions
directes, s'ils jouissent d'un titre de noblesse ou s'ils ont
rempli certaines fonctions électives. D'ailleurs, ces sénateurs sont élus, non au suffrage universel, mais par les
corporations de l'État et les plus fort imposés.

Nous avons repoussé le cens pour l'électorat; nous
le repoussons, à plus forte raison, pour l'éligibilité.

Cette condition n'est exigée aujourd'hui, en France, ni
pour la Chambre des députés ni pour le Sénat.

Pour le conseil général, la loi du 10 août 1871 exige, en
principe, le domicile dans le département, avec cette restriction toutefois que, pour un quart du nombre total des
membres dont le conseil doit être composé, la condition
de domicile peut être suppléée par l'inscription au rôle de
l'une des contributions directes dans le département, au
1er janvier de l'année dans laquelle se fait l'élection, ou la
justification qu'on devait y être inscrit à ce jour, ou que,
depuis la même époque, l'on a hérité d'une propriété foncière dans le département (l. 10 août 1871, art. 6).

Pour être éligible au conseil d'arrondissement, il
faut de même être domicilié dans l'arrondissement, ou
y payer une contribution directe (l. 3 juillet 1848,
art, 14).

Enfin, pour être éligible au conseil municipal, il faut,
en principe, être électeur dans la commune, ou, du moins,
mais pour un quart seulement des membres du conseil
municipal, être inscrit dans ladite commune au rôle
des contributions directes, ou justifier qu'on devait y
être inscrit au 1er janvier de l'année de l'élection (l. 5 avril
1884, art. 31).

Il nous semble très rationnel d'exiger, en principe, que
le candidat ait son établissement dans la circonscription
électorale dont il sollicite les suffrages. Cette exigence
nous paraît tout à fait nécessaire en matière d'élections

locales, qu'il s'agisse de la commune, du département ou de la province ; car ceux-là seuls peuvent bien connaître les intérêts et les besoins locaux qui vivent dans la localité et au milieu de ses habitants. Nous approuverions qu'une exception fût faite en matière d'élections communales ; mais nous l'aimerions mieux dans les termes de la loi belge que de la loi française : d'après la loi belge du 12 septembre 1895 (art. 65), c'est seulement dans les communes de moins de 700 habitants qu'un tiers des membres du conseil peut être pris parmi les citoyens domiciliés dans une autre commune. C'est seulement, en effet, dans les petites communes qu'il peut être utile d'admettre au conseil des personnes qui, bien que non domiciliées dans la commune, y ont des intérêts et y paient des impôts, et qui apporteront vraisemblablement des lumières qui ne seront pas à dédaigner dans l'assemblée communale. Dans les communes de quelque importance, cette raison-là n'existe plus : les électeurs trouveront toujours au milieu d'eux un nombre suffisant d'hommes capables de gérer leurs affaires, connaissant mieux leurs intérêts et plus à même de s'en occuper que des hommes du dehors.

Cette raison s'applquie avec plus de force encore aux assemblées départementales (ou provinciales : nous ne parlons pas des conseils d'arrondissement, qui n'ont pas d'importance) ; et l'exception admise par notre législation jusqu'à concurrence du quart des membres du conseil n'a vraisemblablement d'autre but et d'autre intérêt que de permettre aux sénateurs et aux députés de siéger dans les conseils généraux ; mais l'utilité de ce cumul même de mandats nous paraît fort contestable et la difficulté de les concilier et de les exécuter simultanément deviendrait sans doute évidente, si, au lieu de divisions administratives artificielles, douées d'une personnalité civile anémique, nous vivions sous un régime de large décentralisation et de vie locale plus réelle et plus intense. Nous savons bien qu'il est utile que les législateurs soient mis au courant des intérêts et des besoins des localités qu'ils représentent ; mais il ne paraît nullement indispensable pour cela qu'ils fassent partie intégrante des assemblées délibérantes, et ils n'auraient que plus de temps et plus d'indépendance pour régler les intérêts généraux du pays, s'il en était autrement.

Pour les membres du Parlement eux-mêmes, il ne nous paraîtrait pas excessif d'exiger qu'ils fussent originaires de la circonscription où l'élection est faite ou qu'ils y fussent établis depuis un temps déterminé, comme l'exige la législation de la Grèce et celle de la République Argentine, ou du moins qu'ils y eussent une partie de leurs intérêts[1]. Ce serait la plus sûre garantie qu'ils connaissent leurs électeurs et surtout qu'ils sont connus d'eux; et ce serait en même temps le meilleur moyen de prévenir le danger des candidatures multiples, posées dans le but de provoquer une sorte de plébiscite sur un nom, danger qui n'est pas chimérique, puisque le législateur français a dû tout récemment y appliquer d'urgence un remède empirique. Il y aurait toutefois à cela, dans notre système électoral actuel, une objection très grave : des personnalités éminentes, mais manquant d'influence locale, parce qu'elles vivent, par exemple, dans la capitale et n'ont pas conservé de relations étroites avec leur pays d'origine, pourraient se trouver par là exclues du Parlement, dont elles auraient été cependant une des lumières et l'ornement. Mais il serait facile d'obvier à ce résultat en adoptant le système, excellent à bien des égards, du recrutement partiel de l'une au moins des deux assemblées, et peut-être des deux, par voie de cooptation : ce serait le correctif nécessaire du système proposé.

Une autre condition d'éligibilité qui a disparu de notre législation électorale, c'est le serment politique. L'ar-

1. Lors de l'élaboration des lois constitutionnelles de 1875, la Commission des Trente proposa une disposition (art. 41) ainsi conçue : « Ceux qui sont éligibles ne peuvent être élus que dans les circonscriptions électorales des départements : 1° où ils ont leur domicile ; 2° où leurs parents étaient domiciliés au moment de leur naissance ; 3° où ils ont antérieurement, pendant cinq années consécutives, été portés au rôle de la contribution personnelle ; 4° où ils ont été élus aux assemblées antérieures et de ceux où ils ont précédemment exercé des fonctions électives ; 5° où ils sont inscrits à l'une des quatre contributions directes. » — Cette disposition était-elle, comme on l'a dit, un acte de défiance à l'encontre de la popularité de M. Thiers ? Peut-être bien ; mais, en elle-même, elle nous semble parfaitement défendable.

ticle 1er du Sénatus-Consulte du 17 février 1858 portait :
« Nul ne peut être élu au Corps législatif si, huit jours
au moins avant l'ouverture du scrutin, il n'a déposé, soit
en personne, soit par un fondé de pouvoirs en forme authentique, au secrétariat de la préfecture du département
où se fait l'élection, un écrit signé de lui, contenant le
serment formulé dans l'article 16 du Sénatus-Consulte
du 25 décembre 1852. L'écrit déposé ne peut, à peine de
nullité, contenir que les mots: « Je jure obéissance à la
« constitution et fidélité à l'empereur. » Il en est donné
récépissé. »

Le serment politique a disparu, chez nous, avec la constitution impériale.

En Italie, les députés sont astreints, sous peine de
déchéance, à prêter le serment « d'être fidèles au roi, d'observer fidèlement le Statut et les lois de l'État, et d'exercer leurs fonctions en ayant uniquement en vue le bien
inséparable du roi et de la patrie. » (Statut, art. 49; loi
électorale, art. 92, 93). — C'est tout à la fois un serment
politique et professionnel. S'il n'est pas une condition d'éligibilité, c'est une condition de l'exercice de la fonction, ce
qui revient au même.

Nous repoussons, sans hésiter, le serment politique,
qui est contraire au principe de la souveraineté nationale,
et nous croyons peu à l'utilité du serment professionnel.
Les gouvernements qui croient assurer leur perpétuité
par des serments politiques, ou en prétendant mettre leur
principe au-dessus de toute discussion, se trompent étran-
gement : notre propre histoire en contient des preuves
géminées. Quant aux serments professionnels, ils n'ont
jamais eu le pouvoir de maintenir dans le devoir ceux qui
ont assez peu de conscience pour s'en écarter.

Nous n'avons pas mentionné la condition, pour être éligible, de jouir des droits de citoyen ; car elle va de soi et
elle est d'ailleurs impliquée par la qualité d'électeur, requise pour être éligible. Il faut toutefois signaler la loi
française du 26 juin 1889, sur la nationalité, qui a apporté,
en ce qui concerne les élections législatives, une restriction
nouvelle à l'éligibilité des étrangers naturalisés : « L'étran-
« ger naturalisé jouit de tous les droits civils et politiques

« attachés à la qualité de citoyen français. Néanmoins, il
« n'est éligible aux assemblées législatives que dix ans
« après le droit de naturalisation, à moins qu'une loi spé-
« ciale n'abrège ce délai. Le délai pourra être réduit à une
« année. Les Français qui recouvrent cette qualité après
« l'avoir perdue, acquièrent immédiatement tous les droits
« civils et politiques, même l'éligibilité aux assemblées
« législatives » (art. 3). — C'est ainsi qu'aux États-Unis,
nul ne peut être nommé sénateur s'il n'est depuis neuf ans
citoyen des États-Unis, et membre de la Chambre des représentants, s'il n'est citoyen depuis sept ans au moins ; et
une disposition analogue se retrouve, avec des variantes
dans la durée du stage, dans un certain nombre de constitutions : elle est surtout nécessaire dans les pays où se
produit un courant important d'immigration ; dans tous les
cas, elle se justifie d'elle-même.

CHAPITRE II

DES CATÉGORIES D'ÉLIGIBLES.

La législation a parfois déterminé des catégories d'éligibles. Telle était la disposition de la loi du 29 décembre 1831 sur la pairie : la restriction s'adressait au roi. Les pairs de France ne pouvaient être choisis que dans certaines catégories de hauts fonctionnaires ou de grands propriétaires, industriels ou manufacturiers, déterminées par la loi : ces dernières catégories devaient payer au moins 3.000 fr. de contributions directes.

Cette disposition a visiblement inspiré celle de l'article 33 de la Constitution italienne, qui a déterminé d'une manière tout à fait analogue les catégories dans lesquelles le roi peut choisir les sénateurs.

Ces lois ne restreignaient que le choix du souverain. En Espagne, la constitution a établi des catégories dans lesquelles doivent être pris tout à la fois les sénateurs nommés par le roi et les sénateurs élus par les corporations de l'État et les plus fort imposés. La liste de ces catégories, qu'il est inutile de reproduire, rappelle encore beaucoup celle de la loi française de 1831; il y est dit que les personnes indiquées devront jouir d'un revenu de 7.500 pesetas, provenant soit de leurs biens propres, soit des traitements de leurs emplois, soit de pensions de vétérance ou de retraite.

Il en était de même dans la constitution du Portugal. L'article 39 portait : « Ne pourront être élus pairs que les individus compris dans certaines catégories qui ne pourront être différentes de celles où seront pris les pairs nommés par le roi. » Ces catégories avaient été déterminées par la loi du 3 mai 1878, organique de la pairie. Mais le décret du 25 septembre 1895 a supprimé les pairs électifs et décidé que la Chambre se composerait des pairs de droit et de quatre-vingt-dix pairs nommés par le roi dans des catégories déterminées.

On retrouve le même système avec quelques variantes dans la loi des Pays-Bas du 12 avril 1890.

En 1873, MM. Thiers et Dufaure proposaient un Sénat élu au suffrage universel dans des catégories légales qui rappelaient celles de 1831. Cette idée, reprise par M. Bardoux dans le cours de la seconde délibération, parut même un instant réunir les suffrages de l'Assemblée nationale, mais ne fut pas finalement adoptée.

Le système des catégories peut être différemment apprécié, suivant qu'il a pour objet de restreindre le choix du souverain ou celui des électeurs. Dans le cas où il se propose de limiter le choix du souverain, la seule critique qu'on puisse lui faire (et elle n'est pas sans fondement), c'est de constituer une garantie beaucoup plus apparente que réelle; car les hauts fonctionnaires, qui figurent pour la plus large part dans ces catégories, tiennent leurs fonctions du chef de l'État. Quant au système des catégories appliqué à l'élection, qui rencontrerait peut-être d'assez vives résistances dans l'opinion publique en France, à raison de l'idée, souvent excessive, qu'on s'y fait de la souveraineté nationale, il mérite une sérieuse attention. Il faudrait, sans aucun doute, exclure toute catégorie fondée sur la naissance ou sur la richesse, qui ne sont aucunement la preuve de la capacité et de la moralité ; et il faudrait, d'autre part, que les catégories établies fussent assez larges pour comprendre toute l'élite de la nation, aussi bien dans les emplois libres que dans les fonctions publiques, tous les hommes qui auraient été distingués par le libre choix de leurs concitoyens ou par des autorités sociales indépendantes. Supposez, par exemple, que les distinctions honorifiques, telles que la croix de la Légion d'honneur et autres, soient décernées par un Conseil de l'Ordre, en dehors de toute influence politique et à raison des seuls mérites, cela pourrait fournir une excellente catégorie. Ce que l'on reprochera sans doute à ce système, c'est que, pour être vraiment efficace et pour exclure du Parlement les politiciens qui en sont la plaie, il devrait restreindre dans une assez large mesure la liberté de choix des électeurs et amener ainsi des exclusions regrettables. On ne le propose guère que pour l'une des deux Chambres, et peut-être aurait-il encore l'inconvénient de créer dans l'opinion une distinction entre une Chambre, qui serait dite populaire, et l'autre, qui le serait moins.

CHAPITRE III

DES INÉLIGIBILITÉS.

La théorie des inéligibilités est l'inverse de celle que nous venons d'examiner : celle-là avait pour but de déterminer certaines catégories dans lesquelles serait circonscrit le choix des électeurs ; celle-ci a pour objet de déterminer des catégories dans lesquelles il ne pourra pas s'exercer.

Il importe à cet égard de faire une distinction, souvent perdue de vue dans les dispositions législatives, entre l'inéligibilité et l'incompatibilité : la première rend l'élection nulle ; la seconde oblige seulement à opter entre le mandat électif, d'ailleurs valablement acquis, et certaine fonction ou certain autre mandat.

En principe, et sauf la condition d'âge, tout électeur est éligible ; et les exceptions à cette règle ne peuvent résulter que d'un texte formel. Voyons celles qui sont écrites dans les principales législations électorales, et spécialement dans la nôtre.

L'inéligibilité peut être absolue ou relative.

L'inéligibilité absolue suit le candidat dans toutes les circonscriptions ; l'inéligibilité relative, destinée surtout à prévenir des abus d'influence, est limitée au territoire où cette influence peut s'exercer.

Quelles sont les causes d'inéligibilité absolue dans notre législation électorale actuelle ?

Une première cause, et qui s'applique à toutes les élections sans distinction, est celle qui résulte du défaut ou de la perte de la qualité d'électeur, puisque cette qualité est la condition première pour être éligible.

Une deuxième cause d'incapacité absolue, dans toutes les élections, résulte de la qualité de militaire en activité de service. Elle a été édictée par l'art. 7 de la loi du 30 novembre 1875, en ce qui concerne la Chambre des députés ;

par l'art. 5 de la loi du 9 décembre 1884, pour le Sénat (sauf pour les maréchaux de France et les amiraux) ; par la loi du 5 avril 1884 (art. 31), pour les conseils municipaux, et enfin par la loi du 23 juillet 1891, pour les conseils généraux et d'arrondissement. L'interdiction ne s'applique qu'aux militaires en activité de service : elle ne touche ni ceux de la réserve, ni ceux de l'armée territoriale ; elle ne frappe pas non plus les officiers placés dans la seconde section du cadre de l'état-major général, ni ceux qui ont cessé d'être employés activement tout en étant maintenus dans la première section pour avoir commandé en chef devant l'ennemi, ni les officiers renvoyés dans leurs foyers en attendant la liquidation à laquelle ils ont droit acquis. Elle frappe les militaires en disponibilité ou en non-activité.

Cette exclusion nous paraît pleinement justifiée par les mêmes causes qui ne permettent pas d'appeler les militaires à voter. Si l'officier veut faire de la politique, il n'a qu'à résigner ses fonctions.

Une troisième cause d'inéligibilité absolue résulte des lois des 16 juin 1885 et 22 juin 1886. La première déclarait inéligibles à la Chambre les membres des familles qui ont régné sur la France (art. 4) ; celle du 22 juin 1886 a étendu cette incapacité à toutes les fonctions électives : elle s'applique donc aux élections administratives comme aux élections politiques.

Une quatrième cause d'incapacité absolue a été introduite par la loi du 4 mars 1889, qui a modifié la législation des faillites. L'article 21 porte : « A partir du jugement d'ouverture de la liquidation judiciaire, le débiteur ne peut être nommé à aucune fonction élective ; s'il exerce une fonction de cette nature, il est réputé démissionnaire. » C'est là encore une incapacité générale, s'appliquant à toutes les élections.

L'article 27 du décret organique du 2 février 1852 déclarait indignes d'être élus, non seulement les individus frappés d'incapacités perpétuelles et exclus indéfiniment des listes électorales, mais encore ceux qui avaient été frappés d'incapacités temporaires en vertu de l'art. 16. Cette disposition n'ayant pas été reproduite dans l'art. 6 de la loi du 30 novembre 1875, la question s'est posée de savoir si l'article 27 est encore applicable aux individus qui, frappés d'incapacités temporaires, ont recouvré le droit d'être inscrits sur les listes électorales. La question n'a pas été résolue expressément ; toutefois, dans sa séance du 6 avril 1876, la Chambre des députés a déclaré éligible un citoyen qui avait encouru un jugement entraînant l'incapacité temporaire, mais qui avait été gracié avant l'exécution du jugement et qui d'ailleurs, postérieurement à la décision gracieuse, avait été élu et admis comme membre d'un conseil général. Cette solution accuse, à notre avis, une lacune dans la loi. Au reste, nous l'avons dit déjà, nous ne concevons guère mieux l'incapacité *temporaire* en matière électorale que la déchéance *temporaire* du droit de porter la croix de la Légion d'honneur.

Voici maintenant des causes d'inéligibilité absolue, spéciales aux élections pour les assemblées administratives.

Tandis que les interdits sont, nous l'avons vu, privés de l'exercice du droit électoral et, par suite, inéligibles à toutes les fonctions, les individus pourvus d'un conseil judiciaire sont électeurs et ne sont inéligibles qu'au Conseil général (l. 10 août 1871, art. 7) et au conseil municipal (l. 5 avril 1884, art. 32). — Il y a là une lacune à combler : ils ne devraient être ni électeurs, ni éligibles. Quand on n'a pas su faire ses propres affaires, on n'est pas qualifié pour s'occuper de la gestion des affaires publiques. La lacune est d'autant plus évidente dans notre législation que la nomination d'un conseil judiciaire est une sorte de demi-interdiction, qui ne vise pas seulement les prodigues, mais encore ceux qui ne sont pas sains d'esprit, sans être cependant dans l'état d'imbécilité habituelle qui motive l'interdiction.

Sont encore inéligibles au Conseil général, pendant trois ans, les conseillers généraux condamnés pour avoir pris part à une réunion illégale du conseil ou à une conférence interdépartementale dissoute (l. 10 août 1871, art. 34 et 91).

Est inéligible pendant un an tout membre d'un Conseil général, d'un Conseil d'arrondissement ou d'un Conseil municipal déclaré démissionnaire pour avoir, sans excuse valable, refusé de remplir une fonction qui lui était dévolue par la loi (l. 7 juin 1873, art. 3).

Sont inéligibles au conseil municipal ; 1° les domestiques *exclusivement* attachés à la personne ; 2° ceux qui sont dispensés de subvenir aux charges communales ; 3° ceux qui sont secourus par les bureaux de bienfaisance (l. 5 avril 1884, art. 32).

Pour nous, ces deux dernières catégories sûrement, et peut-être la première, ne devraient pas être admises à l'exercice du droit de suffrage.

Un certain nombre de constitutions refusent l'éligibilité, soit d'une manière absolue, soit à l'une des Chambres, aux ecclésiastiques. Il en est ainsi en Angleterre, où un statut de Georges III déclare inéligibles les membres du clergé. De même, les ecclésiastiques sont frappés d'inéligibilité en Suisse, en Grèce, en Espagne pour la Chambre des députés, au Mexique, au Brésil. L'Italie restreint l'inéligibilité aux « ecclésiastiques ayant charge d'âmes ou juridiction avec obligation de résidence ». En Belgique, il y a incompatibilité entre les fonctions législatives et celles de ministre du culte : le résultat est le même, le caractère ecclésiastique ne ressemblant pas à une fonction publique qu'on peut résigner.

Nous ne saurions approuver ces exclusions, ni en droit, ni en fait. En droit, nous n'apercevons aucune bonne raison pour exclure de l'éligibilité cette catégorie de citoyens et restreindre, en ce qui les concerne, le choix des électeurs ; si l'on craint des abus d'influence, c'est là une cause d'inéligibilité purement relative, qui doit être, en effet, dans certains cas établie. En fait, nous concédons volontiers que la place des ministres du culte n'est pas, en général, dans les assemblées politiques, où ils risquent souvent de compromettre leur dignité ; et toutefois il n'est pas inutile que quelques hautes personnalités du monde ecclésiastique y figurent : ils y apporteront une note différente et une compétence spéciale dans des questions très graves, auxquelles précisément beaucoup d'autres seront souvent étrangers. Il suffirait d'ailleurs qu'il n'y eût pas de raisons péremptoires pour les écarter ; car les inéligibilités ne doivent pas être multipliées et ne se justifient que par des motifs tirés de l'intérêt supérieur de l'État.

La Constituante, par des motifs divers, à la fois de générosité mal entendue et de mesquine jalousie, avait décrété que ses membres ne pourraient pas être élus à l'Assemblée législative : ce fut une grave faute, surtout dans les circonstances où elle se produisit ; l'expérience acquise à la Constituante n'eût certes pas été de trop à la Législative. D'une manière générale, une semblable mesure est mauvaise : tout métier demande un apprentissage et particulièrement le métier de législateur ; les nouvelles assemblées sont souvent possédées d'un désir immodéré d'innovation, surtout quand elles sont exclusivement composées d'éléments nouveaux ; prohiber la réélection des mêmes hommes, c'est décréter que le travail sera toujours fait par des apprentis ; établir une période d'inéligibilité, c'est empêcher de s'établir l'esprit de tradition, si nécessaire pour servir de contrepoids à l'esprit de nouveauté, et c'est en même temps éliminer des concours précieux. On conçoit de semblables dispositions à l'effet de conjurer quelque péril public, comme la dictature ; mais ici rien de semblable n'est à craindre.

Cependant, la constitution de l'an III admit le même principe que la Constituante ; mais seulement en théorie ; car les conventionnels décrétèrent, en même temps, par une loi « sur les moyens de terminer la Révolution », qu'ils seraient tous rééligibles, et même que les 2/3 des membres du Corps législatif devraient être choisis parmi eux, ce qui fut fait.

La constitution de l'an VIII admit le principe de la non-rééligibilité pendant un an ; mais il fut bientôt supprimé par le S.-C. du 18 floréal an X (2 août 1802).

Rappelons encore le grave échec qui faillit être porté à la liberté des électeurs par le décret de la Délégation du gouvernement de la Défense nationale du 31 janvier 1871, portant : « Ne pourront être élus représentants du peuple à l'Assemblée nationale les individus qui, depuis le 2 décembre 1851 jusqu'au 4 septembre 1870, ont accepté les fonctions de ministre, sénateur, conseiller d'État et préfet....., ni ceux qui ont accepté la candidature officielle, et dont les noms figurent dans la liste des candidatures recommandées par les préfets aux suffrages des électeurs. » — C'était là un véritable acte de dictature, qui fut justement abrogé par le décret du Gouvernement de la Défense nationale du 4 février 1871.

Il ne faut pas oublier que, dans toutes ces questions d'éligibilité, il s'agit surtout de la liberté de l'électeur, et, si le législateur a incontestablement le droit d'écarter les incapables et les indignes, ou même ceux que des raisons d'ordre supérieur commandent de tenir à l'écart de la politique intérieure du pays, il ne pourrait, sans usurper, prétendre à diriger le choix des électeurs.

Passons aux causes d'inéligibilité relative, c'est-à-dire locale.

En ce qui concerne les élections législatives, ces causes sont écrites dans l'article 2 de la loi du 30 novembre 1875, pour les élections à la Chambre des députés, et dans l'article 21 de la loi du 2 août 1875, pour les élections sénatoriales. Ces dispositions sont presque identiques; nous reproduirons seulement celle qui s'applique à la Chambre des députés, et nous indiquerons ensuite les quelques différences : « Ne peuvent être élus par l'arrondissement ou la colonie compris en tout ou partie dans leur ressort, pendant l'exercice de leurs fonctions et pendant les six mois qui suivent la cessation de leurs fonctions, par démission, destitution, changement de résidence ou de toute autre manière : 1° les premiers présidents, les présidents et les membres des parquets des cours d'appel; 2° les présidents, vice-présidents, juges titulaires, juges d'instruction et membres du parquet des tribunaux de première instance ; 3° le préfet de police, les préfets et les secrétaires généraux des préfectures ; les gouverneurs, directeurs de l'intérieur et secrétaires généraux des colonies ; 4° les ingénieurs en chef et d'arrondissement ; les agents voyers en chef et d'arrondissement; 5° les recteurs et inspecteurs d'Académie; 6° les inspecteurs des écoles primaires ; 7° les archevêques, évêques et vicaires généraux; 8° les trésoriers payeurs généraux et les receveurs particuliers des finances ; 9° les directeurs des contributions directes et indirectes, de l'enregistrement et des domaines, et des postes ; 10° les conservateurs et inspecteurs des forêts. — Les sous-préfets ne peuvent être élus dans aucun des arrondissements du département où ils exercent leurs fonctions. »

Les mêmes causes d'inéligibilité s'appliquent au Sénat, sauf les différences que voici : les juges de première instance, autres que les juges d'instruction, ne sont plus frappés d'exclusion ; d'autre part, l'inéligibilité s'étend au département (qui est pour le Sénat la circonscription électorale).

Les causes d'inégibilité relatives au conseil général sont écrites dans l'article 8 de la loi du 10 août 1871, à laquelle il faut joindre la loi du 23 juillet 1891.

Les cas d'inéligibilité sont plus restreints en ce qui concerne le conseil d'arrondissement.

Enfin, quant au conseil municipal, il faut se reporter à l'article 33 de la loi du 5 avril 1884, qui a étendu dans une assez large mesure les inéligibilités résultant des lois antérieures.

En ce qui concerne les élections législatives, les fonctionnaires déterminés par l'article 12 de la loi du 30 novembre 1875 et par l'article 21 de la loi du 2 août 1875 ne peuvent être élus, par l'arrondissement ou la colonie compris en tout ou en partie dans leur ressort, pendant l'exercice de leurs fonctions *et pendant les six mois qui suivent la cessation de leurs fonctions,* tandis que, pour les élections administratives, l'inéligibilité cesse avec la fonction, et celui qui l'occupait peut être élu dès le lendemain du jour où il l'a résignée. Mais l'inéligibilité persisterait lors même que la démission de la fonction serait donnée après l'élection. Le système admis pour les élections législatives est plus logique : si l'on craint un abus d'autorité et d'influence, il faut qu'un certain temps s'écoule, après la cessation des fonctions, pour que les effets n'en soient plus à redouter.

En principe, il n'est pas bon de multiplier les causes d'inéligibilité. Elles doivent être restreintes à ceux qui exercent une autorité réelle et desquels on peut redouter un abus d'influence : dans ce cas, sont les chefs de service qui disposent de l'avancement d'un grand nombre de subordonnés. Mais nous ne voyons pas de bonne raison pour exclure, par exemple, les conseillers des cours d'appel et les juges des tribunaux.

D'autre part, il y a certaines fonctions électives qui confèrent une autorité non moins grande que les fonctions civiles et qui devraient être une cause d'inéligibilité : par exemple, les fonctions de maire, au moins dans les communes qui constituent la plus grande partie de la circonscription électorale. En Italie, les syndics et les membres de la députation provinciale sont inéligibles dans le ressort où ils exercent ou ont exercé leurs fonctions depuis moins de six mois.

CHAPITRE III

DES INCOMPATIBILITÉS.

L'incompatibilité diffère de l'inéligibilité en ce qu'elle n'empêche pas d'être valablement élu ; mais elle s'en rapproche en ce qu'elle ne permet pas de cumuler la fonction avec le mandat conféré par l'élection.

L'incompatibilité peut s'expliquer par deux causes générales : soit parce que l'élu n'aurait pas toute l'indépendance voulue pour remplir son mandat s'il conservait la fonction incompatible avec lui, soit parce qu'il ne pourrait consciencieusement s'acquitter d'une double besogne.

Dans notre législation, l'exercice de toute fonction publique, rétribuée sur les fonds de l'État, est, d'une manière générale, déclaré incompatible avec le mandat législatif.

Dès le début de ses travaux, la Constituante avait, par les décrets des 7 novembre 1789 et 10 janvier 1790, interdit à ses membres d'accepter du Gouvernement aucune place, même celle de ministre, aucun don, pension, traitement ou emploi, même en donnant leur démission. La constitution de 1791 décida qu'un député ne pourrait être nommé fonctionnaire que deux ans après la cessation de ses fonctions et elle obligea les fonctionnaires, autres toutefois que les juges, élus députés, à opter. La Convention nationale décréta également, le 25 septembre 1792, que toutes les fonctions publiques seraient incompatibles avec celle de représentant de la nation, et ce principe fut reproduit par la constitution de l'an III (art. 47). Mais, après le coup d'État de brumaire, cela fut changé et la loi du 10 novembre 1799 ouvrit aux agents du pouvoir la porte des Chambres ; les membres du Corps législatif étaient même invités, *au nom du bien public*, à accepter les fonctions civiles qui leur seraient offertes. La constitution de l'an VIII n'édicta d'incompatibilité que pour les sénateurs, qui étaient « à jamais

inéligibles à toute autre fonction publique ». La Charte de
1814 et la loi électorale du 5 février 1817 gardèrent le
silence sur la question des incompatibilités, et le parti
libéral ne cessa de signaler, pendant toute la durée de la
Restauration, les abus qui en résultèrent. Aussi, presque
immédiatement après la Révolution de juillet, une loi sou-
mit à la réélection les députés nommés à des fonctions
publiques salariées (l. 12 sept. 1830), et celle du 19 avril 1831
établit l'incompatibilité entre les fonctions de député et
celles de préfet, sous-préfet, receveur général, receveur
particulier des finances et payeur. La constitution de 1848,
reproduisant les interdictions de 1792, portait : « Toute
« fonction publique rétribuée est incompatible avec le
« mandat de représentant du peuple. Aucun membre de
« l'Assemblée nationale ne peut, pendant la durée de la lé-
« gislature, être nommé ou promu à des fonctions publiques
« salariées dont les titulaires sont choisis à volonté par le
« Pouvoir exécutif. Les exceptions aux dispositions des
« deux paragraphes précédents seront déterminées par la
« loi électorale organique. » La loi électorale du 15 mars
1849 comprit dans ces exceptions les fonctions de ministre.
Ces fonctions furent, au contraire, déclarées incompatibles
avec le mandat de député par la constitution du 14 janvier
1852 (art. 44); et le décret organique du 2 février 1852 dé-
clara incompatible avec le même mandat toute fonction
publique rétribuée (la jurisprudence interpréta cela en
ajoutant : « sur les fonds de l'État »). Tout fonctionnaire
élu député fut réputé démissionnaire par le seul fait de son
admission comme membre du Corps législatif, et tout député fut réputé démissionnaire par le seul fait de l'acceptation de fonctions publiques salariées : l'incompatibilité entre
les fonctions de ministre et celles de membre du Parlement
cessa en vertu du S.-C. du 8 septembre 1869.

Dans le décret de convocation de l'Assemblée nationale
de 1871, le Gouvernement de la Défense nationale avait
suspendu provisoirement les incompatibilités établies par
la législation antérieure; mais bientôt la loi du 25 avril 1872
interdit aux membres de l'Assemblée d'accepter des fonctions publiques salariées, réduisit le nombre des exceptions
admises en 1849 et décida que les députés ne pourraient

être nommés ou promus dans l'ordre de la Légion d'honneur que pour fait de guerre.

Sous la constitution actuelle, la loi du 30 novembre 1875 a de nouveau posé en principe qne « l'exercice des fonctions publiques rétribuées sur les fonds de l'État est incompatible avec le mandat de député » (art. 8). Telle est la règle : voyons les conséquences et les exceptions.

Observons d'abord que la loi ne vise que les *fonctions rétribuées sur les fonds de l'État* ; elle ne s'applique donc ni aux fonctions rétribuées sur les fonds du département, des communes, des établissements publics, ni aux fonctions publiques non rétribuées, ni aux emplois, même rétribués, qui ne rentrent pas dans les fonctions publiques.

Il résulte de la règle que « tout fonctionnaire élu député sera remplacé dans ses fonctions si, dans les huit jours qui suivent la vérification des pouvoirs, il n'a pas fait connaître qu'il n'accepte pas le mandat » (art. 8) ; que « tout député nommé ou promu à une fonction publique salariée cesse d'appartenir à la Chambre par le fait même de son acceptation » (art. 11).

Cette dernière disposition est applicable même aux fonctions publiques exceptées par la loi de la règle de l'incompatibilité ; mais, dans ce cas, le député peut être réélu. Ces fonctions exceptées de la règle sont celles de ministre, sous-secrétaire d'État, ambassadeur, ministre plénipotentiaire, préfet de la Seine, préfet de police, premier président de la Cour de cassation, premier président de la Cour des comptes, premier président de la Cour d'appel de Paris, procureur général près la Cour de cassation, procureur général près la Cour des comptes, procureur général près la Cour d'appel de Paris, archevêque et évêque, pasteur président du consistoire dans les circonscriptions consistoriales dont le chef-lieu compte deux pasteurs et au-dessus, grand rabbin du consistoire central, grand rabbin du consistoire de Paris. Sont également exceptées les fonctions de professeurs titulaires de chaires qui sont données soit au concours, soit sur la présentation des corps où la vacance s'est produite (l. 30 nov. 1875, art. 8 et 9). La même loi excepte les « *missions temporaires* » ;

toute mission qui a duré plus de six mois cesse d'être temporaire et devient une fonction publique, régie par les dispositions spéciales aux incompatibilités. Notons encore que les députés nommés ministres ou sous-secrétaires d'État ne sont pas soumis à la réélection (art. 11).

Toutes ces règles sont aujourd'hui applicables au Sénat, depuis la loi du 26 décembre 1887, si ce n'est toutefois que, l'article 11 de la loi du 30 novembre 1875 ne lui ayant pas été étendu, il ne paraît pas possible d'appliquer aux sénateurs nommés ou promus à des fonctions compatibles avec le mandat législatif la nécessité de la réélection.

Une autre incompatibilité est écrite dans la loi du 10 août 1871, dont l'article 70 porte que les fonctions de membre des commissions départementales élues chaque année par les conseils généraux sont incompatibles avec le mandat législatif : la cause de cette incompatibilité est dans l'impossibilité de remplir les deux fonctions.

Ajoutons que la loi du 17 novembre 1897, portant prorogation du privilège de la Banque de France, a déclaré, dans son article 3, les fonctions de gouverneur et de sous-gouverneur de la Banque de France incompatibles avec le mandat législatif.

En ce qui touche les élections pour les assemblées administratives, il y a des incompatibilités absolues, c'est-à-dire s'appliquant à toutes les circonscriptions, et qui sont, en principe, les mêmes pour toutes les assemblées locales ; elles concernent les fonctions de préfet, sous-préfet, secrétaire général, conseiller de préfecture, commissaire et agent de police. Il faut ajouter, pour le conseil municipal, les fonctions de gouverneur, directeur de l'intérieur et membre du Conseil privé des colonies (l. 10 août 1871, art. 9 ; l. 22 juin 1833, art. 5 ; déc. 3 juillet 1848, art. 14 ; l. 5 avril 1884, art. 34). Il y a aussi des incompatibilités restreintes à une seule circonscription : en matière d'élection au conseil général, dans le cas d'agents salariés ou subventionnés sur les fonds départementaux, et dans le cas d'entrepreneurs de services départementaux (l. 10 août 1871, art. 10), et en matière d'élection au conseil d'arrondissement, pour les ingénieurs des ponts et chaussées, architectes du département, agents forestiers (l. 22

juin 1833, art. 5). Dans les élections municipales, l'exercice des fonctions ou entreprises communales est une cause d'inéligibilité.

Presque tous les pays qui ont des institutions représentatives ont admis en principe l'incompatibilité entre les fonctions publiques salariées par l'État et le mandat législatif. Il en est ainsi en Belgique, où même les membres des Chambres ne peuvent être nommés à des fonctions salariées par l'État qu'un an au moins après la cessation du mandat, sauf les ministres, les agents diplomatiques et les gouverneurs ; — en Angleterre, où il y a incompatibilité entre le mandat législatif et les emplois rétribués par la Couronne ; — en Espagne. sauf quelques exceptions, notamment pour les fonctions dont le siège est à Madrid et dont le traitement est au moins de 12.500 pesetas ; — en Grèce, où l'exercice des fonctions publiques rétribuées est même une cause d'inéligibilité (l. 3/17 sept. 1877, art. 5) ; — en Italie, à part des exceptions assez larges, il est vrai, mais limitées par cette condition que le nombre des députés fonctionnaires ne dépassera pas quarante, indépendamment des ministres et secrétaires généraux (l. des 3 juillet 1875 et 13 mai 1877).

Un principe contraire a été admis en Autriche et dans les pays allemands ; en Autriche, en Allemagne, en Prusse, en Bavière, il n'y a pas d'incompatibilité générale entre le mandat législatif et les fonctions publiques : généralement, le député qui accepte un mandat rétribué perd son siège ; mais il peut être réélu. Cette pratique ne saurait convenir à un peuple libre.

Et les motifs d'exclusion s'appliquent avec autant de force au Sénat qu'à la Chambre. Les raisons, qui ne comportent pas de distinction, en ont été fort bien déduites par le rapporteur de la commission sénatoriale en 1875, dont pourtant l'opinion ne prévalut pas alors : « Il n'est « pas nécessaire d'être un philosophe chagrin pour ne « point avoir une confiance absolue dans l'indépendance de « ceux qni sont liés envers l'État par les habitudes de « toute leur vie. Si les membres des assemblées délibé— « rantes qui n'ont pas ces liens et ces attaches donnent « parfois le spectacle de défaillances attristantes, n'est-il

« pas légitime de prévoir, sans injure pour personne, que
« le fonctionnaire public cédera plus facilement encore à
« des considérations d'intérêt personnel et à des pressions
« abusives ?.....

« Les fonctionnaires publics ont le mérite de la spécia-
« lité et de la pratique. Oui, sans doute ; mais les exclure
« du vote de la loi, ce n'est pas les exclure de la prépa-
« ration de la loi. Avant de proposer un projet de loi, le
« Gouvernement consulte les fonctionnaires de tout rang
« et de tout ordre. Il a à sa disposition le Conseil d'État
« tout entier. Les commissions législatives entendent les
« ministres, les chefs de service ; il ne se fait jamais de
« loi intéressant les finances, l'armée, l'administration,
« sans que les autorités spéciales ne soient consultées,
« sans qu'elles aient la faculté de défendre ce que l'expé-
« rience a consacré. Dans cette mesure, oui certes, la
« présence du fonctionnaire est utile. Mais la politique doit
« lui rester étrangère. »

Ces raisons sont pleines de vérité ; et elles condamnent
beaucoup des exceptions que notre législation a cru devoir
admettre. On comprend celles qui visent des fonctionnaires
inamovibles ; mais des fonctions telles que celles de préfet
de la Seine, préfet de police, procureur général devraient
sans aucun doute demeurer incompatibles avec le mandat
législatif. L'exception faite en faveur des « missions temporaires » n'est pas mieux justifiée et peut donner lieu a
bien des abus.

Nos lois n'établissent pas d'incompatibilité entre les
différents mandats électifs, si ce n'est celle qui résulte de
la loi du 10 août 1871 entre les fonctions des membres des
commissions départementales des Conseils généraux et les
fonctions législatives. Il y a là, pour certains cas au moins,
une lacune.

En Belgique, il y a incompatibilité entre les fonctions
législatives et celles de membre des conseils provinciaux.
En Espagne, l'incompatibilité existe entre les fonctions
législatives, celles de député provincial et celles de conseiller municipal, excepté à Madrid. En Italie aussi, il y a
incompatibilité entre les fonctions de député au Parlement
et celles de syndic (maire) ou de membre de la députation

provinciale , et aussi entre les fonctions de syndic d'une
commune et celles de membre de la députation provinciale
où cette commune est située. En Grèce, les maires ne peuvent être élus députés que s'ils donnent leur démission ou
sont destitués quarante jours au moins avant le jour du
vote : c'est une cause d'inéligibilité.

On peut hésiter en ce qui concerne l'incompatibilité
entre les fonctions législatives et celles de conseiller général (ou député provincial). Il est vraisemblable que, dans
un pays de large décentralisation, où la vie provinciale est
active, où la gestion des affaires locales incombe tout
entière ou à peu près aux assemblées locales, les inconvénients du cumul frapperaient les yeux beaucoup plus que
chez nous. Mais nous n'hésitons pas à penser que la loi
devrait décréter l'incompatibilité entre les fonctions législatives et celles de maire, au moins dans les communes de
quelque importance : il est alors, en effet, impossible en
fait que les deux mandats soient convenablement remplis
en même temps par la même personne, et il arrivera forcé-
ment que l'un ou l'autre et probablement l'un et l'autre
seront négligés. Le cumul a des inconvénients plus graves
encore : le député a trop d'intérêt à ménager ses électeurs
pour que l'œil du maire ne se ferme pas presque inconsciemment sur une foule de contraventions au réglement.

Autrefois il y avait incompatibilité entre le mandat législatif et les fonctions de gérant d'un journal : établie par
l'article 9 de la loi du 29 juillet 1849, cette incompatibilité
avait été maintenue dans l'article 8 de la loi du 11 mai 1868 ;
aujourd'hui, la loi sur la presse, du 29 juillet 1881, laisse
aux sénateurs et députés toute latitude à cet égard.

La question la plus grave qui se pose en matière d'incompatibilité est celle de savoir si elle doit exister entre le mandat législatif et la fonction de ministre ; mais cette question,
qui fut l'objet d'un débat fameux au sein de la Constituante,
appartient bien plutôt à la théorie du régime parlementaire
qu'à la législation électorale elle-même. En fait, cette incompatibilité n'a existé chez nous que sous la Constituante [1],

---

1. La Constituante, malgré les efforts de Mirabeau, décida que les députés ne pourraient pas être ministres, et même que les ministres n'auraient

qui paraît ne l'avoir édictée que par des considérations
personnelles, et sous le second Empire, qui ne nous
offre aucunement le type d'un gouvernement parlementaire ; et il est certain que cette incompatibilité n'existe
dans aucun pays soumis au véritable régime parlementaire, que beaucoup la considèrent encore comme inconciliable avec ce dernier régime ; beaucoup pensent comme
Benjamin Constant : « Si les membres des assemblées ne
« peuvent jamais participer au gouvernement comme
« ministres, il est à craindre qu'ils ne regardent le gouver-
« nement comme leur ennemi naturel. Si, au contraire, les
« ministres peuvent être pris parmi les législateurs, les
« ambitieux ne dirigeront leurs efforts que contre les
« hommes et respecteront l'institution. Nul ne voudra
« briser un instrument dont il pourra conquérir l'usage ; et
« tel qui chercherait à diminuer la force du pouvoir exécu-
« tif si cette force devait toujours lui rester étrangère,
« la ménagera si elle peut devenir un jour sa propriété ».
Malheureusement, c'est une propriété trop ardemment
convoitée ! On dénature et on compromet l'institution en
combattant les hommes sans trêve ni merci, dans l'unique
désir de prendre leur place ! L'instabilité ministérielle est
devenue une plaie si vive de notre régime gouvernemental
qu'elle appelle des remèdes énergiques, et l'on peut se
demander si l'incompatibilité entre les fonctions de ministre et le mandat législatif ne serait pas le plus topique des
remèdes. C'est à ce point de vue que la question nous
paraît mériter un sérieux examen. C'est une erreur de
croire que les Chambres seraient systématiquement hosti-
les à un ministère pris en dehors d'elles : si l'incompatibilité était écrite dans la constitution (et il faudrait bien
entendu qu'il en fût ainsi), les députés n'auraient aucune
raison de renverser le ministère, si ce n'est dans le cas où
il leur paraitrait mal gouverner, et il est certain que les
ministres resteraient plus longtemps à leur poste quand

pas entrée avec voix consultative dans l'Assemblée. Elle décida même qu'un
député ne pourrait devenir ministre en donnant sa démission et elle alla
jusqu'à décider que cette incapacité durerait quatre ans après l'expiration des fonctions législatives.

nul de ceux qui disposent de leur sort n'aurait l'espoir de les remplacer. Mais cette question tient, nous le répétons, à l'essence même du regime parlementaire et nous ne croyons pas devoir y insister ici.

Il faut noter encore, avant de quitter ce chapitre des incompatibilités, deux dispositions remarquables des législations italienne et portugaise.

En Italie, les fonctionnaires publics qui, par exception, sont éligibles ne peuvent siéger à la Chambre au nombre de plus de quarante, non compris les ministres et sous-secrétaires d'État ; les magistrats et professeurs ne peuvent y siéger au nombre de plus de dix : en cas de besoin, on tire au sort pour les ramener au nombre légal (loi électorale politique, art. 88). En Portugal, les magistrats et fonctionnaires, tant civils que militaires, ne peuvent non plus siéger dans la Chambre au nombre de plus de quarante, et, disposition plus curieuse, les médecins et les avocats ne peuvent y siéger au nombre de plus de vingt, les ministres non compris : au besoin, comme en Italie, on tire au sort (l. 21 mai 1896, art. 8, 9 et 11).

CHAPITRE IV

COMMENT S'EXERCE LE DROIT DE CANDIDATURE.

En principe, les candidatures doivent être libres ; restreindre ce droit serait porter atteinte à la souveraineté nationale. Cependant la liberté n'exclut pas la règle, et déjà nous avons dit, en traitant de l'éligibilité, qu'on pouvait très légitimement subordonner le droit de poser une candidature à certaines conditions de nature à établir l'existence d'un lien entre les électeurs et les candidats.

Deux questions méritent ici spécialement d'attirer notre attention : celle des candidatures multiples et celle des candidatures préalables.

La question des candidatures multiples est née récemment chez nous de circonstances politiques.

Jusqu'en 1889, aucune restriction n'avait été apportée en France au droit de candidature. La loi du 17 juillet 1889, inspirée par le cauchemar du boulangisme, a prohibé les candidatures multiples. Le caractère de cette loi ressort clairement de l'exposé des motifs : « Le devoir d'une dé-« mocratie qui veut rester maîtresse d'elle-même et se « mettre à l'abri de toutes les surprises est de prendre « des mesures pour rendre impossible le plébiscite sur le « nom d'un homme. Ces mesures n'ont pas été prises par « les auteurs de la loi électorale qui nous régit. Nous nous « proposons de combler cette lacune. Nous nous montrons « fidèles au principe fondamental de la République en don-« nant à la nation les garanties nécessaires contre quicon-« que entreprendrait d'usurper sa souveraineté ». Au Sénat, M. de Casabianca a développé les raisons qui ont entraîné le vote de la loi : « On s'est élevé, disait-il, contre le carac-« tère de cette mesure, qui constituerait, au dire des « adversaires du projet, une atteinte à la souveraineté na-« tionale, au libre exercice du suffrage universel. Nous ne

« saurions, pour notre part, donner pareille interprétation
« à cette mesure, si vivement, si justement sollicitée par
« la majorité républicaine du Parlement, et nous sommes.
« au contraire, convaincus qu'en interdisant les candidatu-
« res multiples, nous répondons au vœu du pays,qui pourra
« ainsi choisir librement et loyalement ses mandataires. Le
« pourrait-il sans l'interdiction des candidatures multiples ?
« Nous ne le croyons pas. En effet, tout citoyen qui solli-
« cite un mandat doit pouvoir le remplir. Or, n'est-il pas
« vrai que ceux qui, le même jour, demandent à être
« investis du mandat de représenter plusieurs circonscrip-
« tions, surprennent en quelque sorte la confiance des élec-
« teurs,envers lesquels ils prennent des engagements qu'ils
« seront dans la nécessité de violer ? Il est, ce nous sem-
« ble, du devoir du législateur de se préoccuper de cette
« situation, d'y remédier et d'éviter, par l'interdiction des
« candidatures multiples, de fréquentes, de dangereuses
« agitations. Mais des considérations d'un autre ordre mili-
« tent en faveur de la proposition de loi. Les élections lé-
« gislatives ne sauraient avoir le caractère qu'on voudrait
« leur prêter. Le pays, en effet, est uniquement appelé à
« choisir ses représentants et à leur confier un mandat.
« Les partisans des candidatures multiples voudraient
« se placer au-dessus des lois, au-dessus de la constitu-
« tion en organisant une manifestation plébiscitaire.
« Le devoir d'une démocratie qui veut rester maîtresse
« d'elle-même et se mettre à l'abri de toutes les sur-
« prises, disent les auteurs de la proposition, est de
« prendre les mesures voulues pour rendre impossible le
« plébiscite sur le nom d'un homme. On ne saurait mieux
« définir, mieux caractériser la portée de la proposition,
« mieux indiquer le but qu'elle veut atteindre ; on ne sau-
« rait mieux affirmer le droit, le devoir qui s'impose aux
« représentants de la nation d'empêcher l'acte le plus at-
« tentatoire à la liberté de tous, la mainmise sur la souve-
« raineté d'un peuple. »

La seconde partie de l'argumentation est claire et
aurait pu dispenser de la première. Dans toute la discussion, il n'a été question que de ce danger ; car là était
toute la question. Le danger n'était certes pas imaginaire ;

nous comprenons très bien que le législateur s'en soit
préoccupé ; mais il est permis de se demander si on y a
appliqué le meilleur remède.

M. Wallon avait proposé l'amendement suivant : « Nul
« ne peut être candidat dans plus de trois circonscrip-
« tions ». « Défendre à un candidat, disait-il, de se pré-
« senter dans 40 ou 50 circonscriptions, ce n'est pas
« attaquer le suffrage universel ; ce n'est pas en attaquer
« l'usage légitime ; c'est en interdire l'abus. Quand on se
« présente dans 50 collèges, on ne cherche pas à entrer
« dans la Chambre, on cherche à se mettre au-dessus ; on
« veut s'imposer au pays par des moyens que la consti-
« tution réprouve..... Mais je réprouve aussi la candidature
« unique, parce qu'elle me paraît contraire à l'intérêt du
« Parlement. Ce n'est pas seulement un homme que la loi
« frappe ; ce sont les chefs de parti et les hommes les plus
« éminents qu'elle menace. Je ne suis pas en peine pour
« les médiocrités : les médiocrités arriveront toujours à la
« Chambre. Mais je m'inquiète pour les hommes éminents
« de la Chambre des députés. Ceux-là, par leur supério-
« rité même, provoquent les attaques les plus vives de
« leurs adversaires dans les collèges qui les ont nommés ;
« que ces adversaires l'emportent d'une voix, et voilà un
« député considérable qui se trouve exclu de la Chambre.
« C'est fort bien pour le collège qui n'en a plus voulu ;
« mais c'est un sérieux dommage pour le parti qui tient à
« l'avoir à sa tête. Il me paraît donc de l'intérêt, non pas
« d'un homme, mais de tous les partis, que l'on réserve
« aux candidats plus d'une chance d'arriver au Parlement,
« qu'un candidat puisse se présenter, non pas seulement
« dans son ancien collège, mais dans deux ou trois collèges,
« où le parti qui le veut à sa tête se croit sûr de le faire
« triompher. »

L'amendement ne fut pas adopté ; il eût peut-être été
d'une application assez difficile en pratique.

Nous l'avons déjà dit : un remède bien plus rationnel et,
à notre avis, bien plus conforme aux principes, consisterait à exiger la preuve d'un certain lien entre le candidat
et la circonscription électorale, quelque chose comme la
disposition de la législation grecque, qui veut que le can-

didat à la Chambre des députés soit originaire de la circonscription, ou l'habite depuis deux ans. Si la proposition faite par la Commission des Trente en 1875[1] avait été acceptée, on n'aurait pas été obligé de faire la loi de 1889, sur les candidatures multiples.

Quoi qu'il en soit, résumons l'économie de cette loi. Le principe en est déposé dans l'art. 1er : « Nul ne peut être candidat dans plus d'une circonscription ». Ce principe ne s'applique qu'aux élections à la Chambre des députés : cela a été dit d'une manière formelle lors de la discussion de la loi au Sénat. Les articles 2 et 4 contiennent l'application du principe. Art. 2 : « Tout citoyen qui se présente ou est présenté aux élections générales ou partielles doit, par une déclaration signée ou visée par lui et dûment légalisée, faire connaitre dans quelle circonscription il entend être candidat. Cette déclaration est déposée, contre reçu provisoire, à la préfecture du département intéressé le cinquième jour au plus tard avant le jour du scrutin. Il en sera délivré récépissé définitif dans les 24 heures. » — La déclaration peut être rédigée sur papier libre et n'est soumise à aucun droit de timbre. La légalisation est donnée par le maire, dans la forme habituelle ; en cas de refus, elle pourrait être remplacée par un acte de notaire ou d'huissier.

Pourquoi un double récépissé et un délai de 24 heures entre les deux ? Aux termes de la circulaire ministérielle du 29 août 1889, le préfet doit, immédiatement après l'enregistrement de toute déclaration, adresser au ministre de l'intérieur un télégramme indiquant les noms, profession, etc., du candidat ; le ministre vérifie s'il a déjà été inscrit ou non une déclaration antérieure au nom du même candidat et transmet au préfet l'ordre de délivrer ou de refuser le reçu définitif : le délai de 24 heures entre les deux reçus a pour but de permettre cette vérification.

L'article 4 interdit « de signer ou d'apposer des affiches, d'envoyer ou de distribuer des bulletins, circulaires ou professions de foi dans l'intérêt d'un candidat qui ne s'est pas conformé aux prescriptions de la présente loi. »

---

1. V. *Supra*, p. 108.

Cette disposition soulève une question délicate : à partir de quel moment précis un candidat peut-il faire acte de candidature ? Quatre systèmes ont été proposés. Le premier dit : Seulement après la délivrance du récépissé définitif. Le second : Vingt-quatre heures après la délivrance du récépissé provisoire, lors même que l'administration n'aurait pas remis le récépissé définitif. Le troisième système dit : Aussitôt après la délivrance du récépissé provisoire. Le quatrième va plus loin et autorise à faire acte de candidature aussitôt après la déclaration faite et sans même qu'il soit nécessaire d'attendre le reçu provisoire. C'est le système consacré par la Cour de cassation, et c'est aussi le plus juridique. L'article 4, en parlant du candidat « qui ne s'est pas conformé aux prescriptions de la présente loi », suppose qu'il s'agit d'un fait actif à accomplir par le candidat ; or, le seul, c'est la déclaration ; quand il l'a faite, le candidat n'a plus rien à faire : il s'est conformé aux prescriptions de la loi.

D'autres questions, non moins délicates, s'élèvent relativement aux sanctions, soit pénales, soit civiles, écrites dans la loi. Les sanctions civiles sont déposées dans les articles 3 et 5, ainsi conçus. Article 3 : « Toute déclaration faite en violation de l'article 1er de la présente loi sera nulle et irrecevable. Si des déclarations sont déposées par le même citoyen dans plus d'une circonscription, la première est seule valable. Si elles portent la même date, toutes sont nulles ». — Article 5 : « Les bulletins au nom d'un citoyen dont la candidature est posée en violation de la présente loi n'entrent pas en compte dans le résultat du dépouillement. Les affiches, placards, professions de foi, bulletins de vote apposés ou distribués pour appuyer une candidature dans une circonscription où elle ne peut légalement être produite, seront enlevés ou saisis ». — Enfin, l'article 6 contient les sanctions pénales : « Seront punis d'une amende de 10.000 fr. le candidat contrevenant aux dispositions de la présente loi, et d'une amende de 1.000 à 5.000 fr. toute personne qui agira en violation de l'article 4 de la présente loi ».

En ce qui concerne les sanctions pénales, on s'est demandé quelle est la nature des infractions prévues par

cette loi. La question s'est posée à un double point de vue.
On soutenait, d'une part, que ces infractions constituant
des *délits*, n'étaient punissables qu'autant que leurs auteurs avaient eu l'intention criminelle ; non, s'ils étaient
de bonne foi. On soutenait, d'autre part, que, s'il s'agissait
d'infractions purement matérielles, les règles sur la com-
plicité n'étaient pas applicables. — Ce sont des *délits*,
puisque ces infractions sont punies de peines correctionnelles, et les règles du délit leur sont applicables ; la
théorie des *délits contraventionnels* est aujourd'hui abandonnée ; d'autre part, nulle disposition de loi ne subor-
donne l'application de la peine à la preuve d'une intention
criminelle spéciale ; quand la loi commande ou défend un
acte, la peine est applicable par cela seul que l'acte a été
omis ou commis : l'ignorance de la loi ne saurait être une
cause d'excuse, ou la loi perdrait tout caractère coercitif.

Des questions bien plus difficiles s'élèvent à propos des
sanctions civiles. D'abord, sur l'article 3, on peut se demander si le préfet est juge de la validité de la déclaration.
Cette question a fait l'objet, au Sénat, d'une discussion assez
longue et fort confuse, qui s'est terminée par cette déclaration du Garde des sceaux : « Le projet de loi ne bouleverse
« en rien notre droit public, qui reste entier. Ce que je veux
« dire, c'est que le préfet n'est pas, à mon avis, juge des
« élections, et qu'au Parlement seul appartient toujours le
« droit de vérifier l'élection de ses membres. » Commen-
tant le même article, dans sa circulaire du 29 août 1889, le
ministre de l'intérieur a donné aux préfets les instructions
suivantes : « Je vous rappelle que vous n'êtes pas juge des
« questions d'inéligibilité d'ordres divers qui peuvent s'ap-
« pliquer aux déclarants et qui appartiennent à la compé-
« tence de la Chambre des députés, chargée de vérifier les
« pouvoirs de ses membres. Toutefois, vous refuseriez, le
« cas échéant, de recevoir les déclarations de candida-
« ture faites ou visées par les contumax que la Haute-
« Cour de justice a condamnés par arrêt en date du
« 19 août 1889. Cette condamnation emporte, en effet, la
« dégradation civique, et les condamnés sont en état d'in-
« terdiction légale absolue. Si plusieurs déclarations du
« même candidat pour des circonscriptions différentes de

« votre département vous étaient adressées, vous n'auriez
« à délivrer un récépissé définitif que pour la première en
« date. Si ces déclarations étaient déposées le même jour,
« elles seraient toutes nulles, conformément à l'article 3.»

La question s'est posée devant la Chambre, en 1889, à
propos du général Boulanger. Les bureaux électoraux
ayant annulé tous les bulletins portant le nom du général,
dont la déclaration avait été refusée par le préfet de la
Seine, les membres de la minorité du bureau chargé de la
vérification des pouvoirs soutinrent qu'il y avait là une
violation des prérogatives de la Chambre ; qu'en fait, le
préfet devenait juge de l'éligibilité des candidats, puisqu'il
se constituait juge de la recevabilité ou de la nullité des
déclarations de candidature. Le débat qui s'est engagé à
cet égard n'a guère éclairci la question ; il s'y est dit des
choses contradictoires et incohérentes, par la raison qu'on
a voulu concilier des choses inconciliables : le but de cette
loi était d'empêcher le plébiscite sur un nom ; pour cela, il
ne suffit pas que l'élection soit invalidée ; il faut que la
candidature ne puisse pas se produire.

La loi de 1889 a posé, dans notre pratique électorale, en
même temps que la prohibition des candidatures multiples,
l'obligation de la candidature préalable. C'est un système
qui est appliqué dans plusieurs législations étrangères.

En Angleterre, tout candidat doit être proposé par écrit
dans une forme déterminée : la proposition est faite par
deux électeurs et doit être signée par huit autres, qui l'ap-
puient. Les déclarations de candidature sont remises au
président du bureau électoral le jour de l'élection et affichées à la porte de la salle du vote. Si le nombre des candidats ainsi proposés n'est pas supérieur au nombre des
députés à élire par la circonscription, les candidats sont
proclamés élus à la fin de la journée par le *Returning
Officer*, qui est le grand ordonnateur de l'élection : ils sont
ainsi élus par consentement tacite. Si, au contraire, il y a
plus de candidats que de députés à élire, ou s'il y a quelque
contestation, l'élection est ajournée au jour fixé par le *Returning Officer*, jour qui est publié.

La Belgique a emprunté à l'Angleterre le système des
candidatures préalables. Là aussi, il faut que les candidats,

pour être admis à se présenter au choix des électeurs, soient proposés dans certains délais et dans certaines conditions avant l'élection. Le délai est aujourd'hui de dix jours pour les élections législatives et provinciales, de quinze jours pour les élections communales. Les candidatures doivent être appuyées par un nombre déterminé de parrains, d'après la population ; et ce nombre a été augmenté par les lois de 1894 et de 1895. Pour les élections législatives et provinciales, la présentation doit être signée par cent électeurs au moins pour les arrondissements qui, en cas de renouvellement intégral des deux Chambres, élisent plus de quatre membres, et par cinquante dans les autres ; pour les élections communales, le nombre des parrains varie de cinq à cinquante, suivant le chiffre de la population. Dans les élections de sénateurs par les conseils provinciaux, les candidats doivent être présentés, au moins cinq jours avant celui fixé pour le scrutin, par cinq conseillers provinciaux (l. 28 juin 1894, art. 225). Quatre jours avant celui du scrutin, la liste des candidats est arrêtée par la députation permanente du conseil provincial (art 226).

Il faut que les candidats acceptent par une déclaration écrite et signée d'eux, et qui doit être remise au président du bureau principal de l'arrondissement dans lequel l'élection a lieu. S'ils se présentent ensemble et forment une liste complète, la déclaration en fait mention. Les candidats aux élections législatives peuvent indiquer la qualification de parti qu'ils désirent faire imprimer en tête de leur liste.

Ces formalités accomplies, le bureau électoral principal arrête la liste des candidats auxquels les suffrages peuvent être valablement donnés. Si le nombre des candidats ne dépasse pas le nombre des mandats à conférer, ces candidats sont proclamés élus sans scrutin, à l'expiration des délais pour la présentation des candidatures (l. 28 juin 1894, art. 167, et l. 12 sept. 1895, art. 20). C'est une innovation : avant les dernières lois électorales de 1894 et 1895, les électeurs étaient appelés aux urnes, même lorsqu'il n'y avait pas lutte ; l'innovation, proposée dans le projet de loi en 1877, n'avait pas été admise ; on avait voulu laisser aux électeurs le moyen d'éliminer tels candidats que leur

conscience repousserait; aujourd'hui, le système anglais
du *Ballot Act* de 1872 a triomphé.

Le même système a été appliqué par la loi néerlandaise
du 7ᵉ septembre 1896; les candidats doivent être proposés
par quarante électeurs au moins. En cas de non-présenta-
tion d'un candidat, on fait un nouvel appel au corps électoral. S'il n'y a qu'un seul candidat, il est déclaré élu sans
scrutin; s'il y en a plusieurs, la liste en est communiquée
par le bourgmestre à chaque électeur, jointe à sa convocation au scrutin.

En Grèce, les électeurs ne peuvent donner valablement
leurs voix qu'aux candidats qui ont été proposés 25 jours
au moins avant celui de l'élection par un acte signé de
douze électeurs au moins et notifié par huissier, avec
autorisation du candidat, au président du tribunal de
première instance; d'ailleurs, le système de votation usité
en Grèce, à l'aide de boules, que nous verrons, nécessite
absolument la pratique des candidatures préalables.

En Danemark, nul ne peut être candidat s'il ne s'est
présenté et s'il n'est appuyé au moins par un des électeurs
de la circonscription. De même qu'en France, nul ne peut
se présenter dans plusieurs circonscriptions.

En Espagne, les déclarations de candidature sont facul-
tatives. Le conseil provincial déclare candidats ceux qui le
demandent ou qui sont proposés par le nombre d'électeurs
voulu (1/20 du nombre des inscrits). Le seul effet de cette
déclaration est de permettre aux candidats, s'ils réunissent
d'ailleurs les conditions nécessaires, d'user du droit de
nommer des assesseurs, qui, avec le président, concourent
à composer le bureau électoral (l. 26 juin 1890).

Le système des candidatures préalables est également
usité dans le Nouveau Monde[1].

La nécessité d'une déclaration de candidature se comprend en principe; elle n'est point, en réalité, une entrave
à la liberté des électeurs; elle les empêcherait, au contraire, de perdre leurs voix sur un nom n'ayant aucune
chance; mais il ne faut pas exiger un nombre de signatures

---

1. V. notamment la loi de l'État de New-York du 29 avril 1891
(*Annuaire de législation étrangère*, 1892, p. 952.)

considérable, comme le fait l'État de New-York, où le nombre varie entre 250 et 3.000, selon l'étendue de la circonscription, ni la présence réelle du candidat, comme la législation du Danemark. Il faut respecter la liberté et du candidat et des l'électeurs. Le système anglais a de sérieux avantages et ne paraît pas présenter de graves inconvénients.

La législation anglaise offre, au point de vue de l'exercice du droit de candidature, un trait tout à fait particulier: c'est l'institution obligatoire des agents électoraux. Tout candidat doit faire choix d'un agent électoral. Un candidat peut, à la vérité, être son propre agent électoral; mais il en doit faire la déclaration et il se soumet par là à toutes les obligations et à toutes les responsabilités qui incombent à un agent électoral. Le nom et l'adresse de l'agent électoral doivent être déclarés par écrit par le candidat ou par quelqu'un en son nom au *Returning Officer*, qui a la haute direction de l'élection. La nomination de l'agent électoral peut être révoquée au cours des opérations ; mais un autre agent doit être désigné par écrit au *Returning Officer*. Plusieurs candidats peuvent avoir le même agent électoral : en ce cas, il y a candidatures jointes et chacun des candidats est responsable des actes des autres et des agents des autres. Toute personne peut être choisie comme agent électoral, sauf le *Returning Officer* et ses employés et à l'exception de tous ceux qui, dans les sept années précédentes, auraient été reconnus coupables de quelque *corrupt practice*. Tout agent électoral doit, avant le vote, faire, devant le *Returning Officer* ou le juge de paix, la promesse solennelle de ne rien faire, dans l'élection, qui soit contraire aux prescriptions de l'*Act* sur les élections de 1872. Indépendamment de l'agent électoral, il peut y avoir des sous-agents, un par district électoral, nommés par l'agent principal, et aussi des agents du scrutin, des secrétaires, des messagers. Le nombre maximum de tous ces employés est limité par la loi, d'après le nombre des électeurs de la circonscription.

Les agents des candidats seront admis dans la salle du vote sur la présentation de leur commission. Ils pourront requérir le *Presiding Officer* de questionner l'électeur qui se présente pour voter sur son identité et sur le point de savoir s'il n'a pas déjà voté dans la même élection, même de lui déférer le serment. Ce seront eux qui ordonneront et régleront toutes les dépenses relatives à l'élection, dont le maximum est d'ailleurs déterminé par la loi, et ils devront transmettre, dans les 35 jours suivant la proclamation du résultat du vote, un état détaillé de ces dépenses au *Returning Officer*. Et le candidat est responsable de son agent électoral : par exemple, dans le cas de *corrupt practice* commise par l'agent, le candidat sera frappé d'inéligibilité dans la circonscription pendant 7 ans et, s'il a été élu, son élection sera nulle. Il y a, dans toute cette organisation, un trait particulier du génie essentiellement pratique des Anglais. Nous notons surtout cette institution au point de vue de la garantie qu'elle assure aux candidats, qui sont représentés dans toutes les opérations électorales.

On trouve en Belgique une institution qui se rapproche de celle-là, quoique d'une portée plus restreinte.

Cinq jours avant l'élection, les candidats désignent chacun un *témoin* et un témoin suppléant des opérations électorales pour chacun des bureaux de vote et pour le dépouillement ; les candidats qui se présentent ensemble ne peuvent désigner qu'un témoin et un témoin suppléant par bureau ; les candidats eux-mêmes peuvent être désignés comme témoins ou suppléants (l. 28 juin 1894, art. 165). Les témoins sont distribués par la voie du sort entre les divers bureaux et chacun vote dans celui auquel il est attaché.

Le rôle des témoins est ainsi défini par les articles 17 et 35 de la loi du 9 juillet 1877 : ils siègent au bureau à une place déterminée ; ils jurent de « garder le secret des votes », et ce devoir a pour sanction une amende de 500 à 3.000 francs et la privation facultative pour 10 ans au plus des droits d'électorat et d'éligibilité ; après examen par le président et les scrutateurs, tous les bulletins sont communiqués à chacun des témoins, qui soumettent au bureau leurs réclamations, lesquelles sont consignées au procès-verbal, ainsi que les décisions du bureau ; ils ont voix consultative dans les délibérations relatives aux bulletins contestés.

En Espagne, il existe une garantie d'un autre genre. Les candidats, du moins certaines catégories de candidats

déterminés par la loi ont le droit de nommer des assesseurs qui siégeront au bureau ; ces candidats sont : 1° les
anciens députés aux Cortès, ayant représenté le même district ou tout autre district de la province ; 2° ceux qui ont
lutté dans le même district à des élections antérieures et
qui ont obtenu 1/5 au moins des suffrages exprimés ; 3° les
anciens sénateurs élus par la province de laquelle dépend
le district ; 4° les candidais proposés comme tels par un
nombre d'électeurs s'élevant au 1/20 au moins du nombre
total des électeurs inscrits. Les demandes de déclaration
de candidature et les propositions de candidature peuvent
être adressées au conseil provincial jusqu'au dimanche qui
précède l'élection inclusivement ; et, comme nous l'avons
dit déjà, le seul effet de cette déclaration est de permettre
aux candidats, s'ils réunissent d'ailleurs les conditions
nécessaires, d'user du droit de nommer des assesseurs
(l. 26 juin 1890, art. 37).

En Grèce, chaque candidat, ou, en son absence, l'électeur qui l'a proposé et a déposé, aux mains du receveur de
la province, une somme de 200 drachmes pour les frais
électoraux, a le droit de nommer un représentant ou un
remplaçant pour chaque section électorale. Il peut révo-
quer la nomination de ce représentant ou de son remplaçant et leur en substituer d'autres à tout moment
jusqu'à la fin du vote. Les représentants ainsi désignés
sont reconnus par le bureau électoral s'ils lui présentent
une déclaration par écrit de leur nomination. Les candidats, ou, à leur défaut, leurs représentants ou leurs
remplaçants ont le droit de rester dans le local du vote
pendant tout le temps que dure le scrutin, de former
toute réclamation ou toute opposition contre tout ce qui
se rapporte à l'ordre du vote pour l'intérêt de leurs
candidats, d'apposer leurs scellés sur les urnes et sur
la caisse qui les contient, d'être présents au dépouillement des voix et d'exercer tout autre droit reconnu
par la loi (l. 5/17 sept. 1877, art. 30. 31).

Ces différentes législations offrent, au point de vue de
la sincérité du scrutin, des garanties supérieures à la
nôtre. La législation belge nous paraîtrait surtout pouvoir
servir de modèle à cet égard.

TROISIÈME PARTIE

———

Les Elections.

———

Après avoir étudié les *électeurs* et les *éligibles*, nous arrivons aux *élections*, et nous allons avoir encore à aborder toute une série de questions d'une importance capitale : la confection et la revision des listes électorales, la composition des collèges électoraux et des bureaux électoraux, les opérations du vote, sa constatation et ses résultats, la vérification des pouvoirs, les fraudes électorales ; enfin, la nature et la durée du mandat électoral, qui se rattachent encore intimement à notre sujet.

———

CHAPITRE PREMIER

DES LISTES ÉLECTORALES.

L'inscription sur la liste électorale est, en principe,
la condition *sine qua non* de l'exercice du droit de
vote.

Comment les listes électorales sont-elles dressées ?
Comment doivent-elles l'être ? C'est en rapprochant et en
comparant quelques-unes des principales législations que
nous pourrons répondre à cette question en connaissance
de cause.

Distinguons d'abord deux systèmes généraux : celui des
listes permanentes et celui des listes dressées en vue d'une
élection déterminée. Le premier est le plus usité et incontestablement le meilleur ; le second est appliqué notamment en Allemagne et en Autriche.

La matière est régie, en Allemagne, par la loi du 31 mai
1869 et le règlement électoral du 28 mai 1870. La liste,
disons-nous, n'est pas permanente ; elle n'est dressée
qu'un mois avant l'élection. Lorsque le gouvernement a
fixé la date des élections, l'autorité compétente de chaque
commune ou domaine indépendant doit dresser en double
la liste des électeurs ; cette autorité correspond chez nous
à l'autorité municipale. Les listes électorales sont dressées,
en principe, d'après l'ordre alphabétique des noms des électeurs et doivent contenir leurs prénoms, âge, profession
et résidence. Il est fort important pour les électeurs de
s'assurer que leur désignation est bien exacte ; car il n'est
pas délivré de cartes d'électeur et l'on a vu des électeurs
empêchés de voter parce qu'un simple tréma avait été oublié
sur une des lettres de leur nom, malgré toutes les preuves
d'identité qu'ils pouvaient offrir ! Les listes doivent être
publiées au plus tard quatre semaines avant le jour fixé

pour les élections. L'autorité compétente pour fixer le jour où commence cette publicité n'est pas la même dans tous les États de l'Empire ; c'est, en général, le pouvoir central, département de l'intérieur. Lorsqu'un électeur veut la rectification de la liste, il doit, dans les huit jours de la publication des listes, le faire savoir par écrit à l'autorité municipale, au commissaire ou à la commission déléguée à cet effet. La décision appartient à une autorité qui varie suivant les États ; il n'y a même pas unité dans le royaume de Prusse : en général, c'est l'autorité municipale pour les villes, le directeur du cercle pour les campagnes : dans quelques États, c'est le commissaire de l'élection ; dans d'autres, l'autorité centrale. La sentence doit être rendue dans les trois semaines de la date de la publication, et, la loi ni le règlement ne prévoyant la possibilité d'un appel, elle est en dernier ressort ; d'ailleurs l'appel ne pourrait pas être exercé, étant donné le peu de temps qui sépare l'époque où doivent être rendues ces décisions du jour de l'élection. Les changements qui peuvent être la conséquence des recours formés contre la liste y sont mentionnés de suite, et la liste est définitivement arrêtée le vingt-deuxième jour après sa publication.

Il est manifeste qu'un pareil système, par la diversité et par la nature même des autorités chargées des opérations, par la brièveté des délais, par l'absence de recours, n'offre aucune garantie aux électeurs et ne saurait convenir à un pays libre.

On trouve en Autriche un système qui se rapproche de celui-là et qui n'est guère plus satisfaisant. Les garanties font absolument défaut.

Le système des listes permanentes, qui permet à toutes les réclamations, d'où qu'elles viennent, de se produire utilement, est incontestablement supérieur.

Voyons comment il est organisé dans quelques-unes des législations électorales qui paraissent avoir réglé cette matière avec le plus de soin.

Nous exposerons en détail les systèmes admis en France, en Belgique et en Espagne ; nous emprunterons quelques traits saillants aux autres législations et nous essaierons d'en tirer la conclusion.

§ I.

En France, la liste électorale est permanente et soumise
à une revision annuelle : la liste revisée sert de base aux
élections depuis le 31 mars d'une année jusqu'au 31 mars
de l'année suivante.

La liste électorale est dressée dans chaque commune
par une commission administrative composée du maire,
d'un délégué de l'administration désigné par le préfet et
d'un délégué choisi par le conseil municipal. Dans les communes divisées en sections électorales, le maire est remplacé par un adjoint ou un conseiller municipal dans l'ordre
du tableau. A Paris et à Lyon, la liste est dressée, dans chaque quartier ou section, par une commission composée du
maire de l'arrondissement ou d'un adjoint délégué, du conseiller municipal élu dans le quartier ou la section et d'un
électeur désigné par le préfet : la liste est dans ces deux
communes dressée par arrondissement.

Les listes électorales sont l'objet d'une révision annuelle, dont la procédure est déterminée par le décret réglementaire de 1852, combiné avec la loi du 7 juillet 1874.

Du 1er au 10 janvier de chaque année, la commission chargée de dresser la liste des électeurs de la
commune ajoute les noms des citoyens qu'elle reconnait
avoir acquis les qualités exigées par la loi [1]. La commission doit inscrire aussi ceux qui auraient été précédemment omis et ceux qui doivent acquérir les conditions d'âge et de résidence avant le 1er avril ; elle retranche
les individus décédés, ceux dont la radiation a été ordon-
née par l'autorité compétente, ceux qui ont perdu les
qualités requises par la loi et ceux qu'elle reconnait avoir
été indûment inscrits, encore que leur inscription n'ait pas
été attaquée. L'électeur qui a été l'objet d'une radiation
d'office de la part de la commission, ou dont l'inscription a
été contestée devant elle, est averti sans frais par le maire
et peut présenter ses observations. Le tableau contenant

---

1. V. l'article 14 de la loi du 5 avril 1884,

les additions et retranchements opérés par la commission
est déposé au plus tard le 15 janvier au secrétariat de la
commune et communiqué à tout requérant, qui peut le re-
copier et le reproduire par la voie de l'impression. Avis de
ce dépôt est donné par affiches. Une copie du tableau et du
procès-verbal constatant l'accomplissement des formalités
légales est, en même temps, transmise au sous-préfet, qui
l'adresse, dans les deux jours, avec ses observations, au
préfet. Celui-ci peut déférer les opérations de la commission au conseil de préfecture, qui statue dans les trois jours
et fixe, s'il y a lieu, le délai dans lequel les opérations an-
nulées doivent être refaites.

Tout citoyen omis sur la liste électorale a le droit de
présenter sa réclamation à la mairie. L'électeur qui demande pour la première fois son inscription sur les listes
électorales d'une commune doit, au préalable, apporter la
preuve qu'il a demandé sa radiation dans la commune où il
exerçait ses droits auparavant.

Tout électeur inscrit sur l'une des listes de la circonscription électorale peut réclamer l'inscription ou la radiation d'un individu omis ou indûment inscrit ; les préfets ou
sous-préfets ont le même droit. Celui qui demande une inscription ou une radiation n'agit point en vertu d'un droit
privé, mais exerce une véritable action publique, en sorte
que la question jugée avec lui se trouve l'être à l'égard de
tous.

Les demandes en inscription ou en radiation doivent être
formées dans le délai de 20 jours à partir de la publication
des listes. Elles sont soumises aux commissions qui ont
dressé les listes et auxquelles sont adjoints deux autres délégués du conseil municipal. A Paris et à Lyon, ces délégués sont remplacés par deux électeurs domiciliés dans le
quartier ou la section, et désignés par la commission administrative elle-même (l. 7 juill. 1874, art. 2).

Quand la commission a statué, sa décision est notifiée
dans les trois jours aux parties intéressées, par écrit et à
domicile, par les soins de l'administration municipale. Les
parties ont un délai de 5 jours à partir de cette notification
pour interjeter appel. Le droit d'examen et de critique des
listes électorales conféré à tout électeur inscrit implique le

droit d'interjeter appel des décisions de la commission municipale : la jurisprudence de la Cour de cassation accorde aux parties qui n'ont pas figuré au débat devant la commission et qui, par conséquent, n'ont pas reçu notification des décisions, un délai de 20 jours à partir de ces décisions pour interjeter appel.

L'appel des décisions des commissions est porté, par simple déclaration au greffe, devant le juge de paix du canton, qui statue dans les dix jours, sans frais ni forme de procédure, et sur simple avertissement donné trois jours à l'avance à toutes les parties intéressées. Le juge de paix doit donner avis au préfet et au maire des infirmations par lui prononcées dans les trois jours de la décision.

La décision du juge de paix peut être l'objet d'un pourvoi en cassation ; mais le pourvoi ne peut être formé que par ceux qui ont été parties devant la commission municipale ou par l'électeur intéressé. Il doit être formé dans les 10 jours de la notification de la décision, n'est pas suspensif ; il est formé par simple requête et dénoncé aux défendeurs dans les 10 jours qui suivent. Il est dispensé de l'intermédiaire d'un avocat à la Cour et jugé d'urgence, sans frais ni consignation d'amende, par la chambre civile, saisie directement. Le juge de paix auquel l'affaire est renvoyée, dans le cas de cassation, doit statuer dans les mêmes formes et les mêmes délais que le premier.

Le 31 mars de chaque année, la commission opère toutes les rectifications régulièrement ordonnées, transmet au préfet le tableau de ces rectifications et arrête définitivement la liste électorale de la commune. Les listes électorales sont réunies en un registre et conservées dans les archives de la commune. Tout électeur peut en prendre communication et copie. La liste électorale reste, jusqu'au 31 mars de l'année suivante, telle qu'elle a été arrêtée, sauf les changements qui y auraient été ordonnés par décision du juge de paix, et sauf aussi la radiation des électeurs décédés ou privés des droits civils et politiques par jugement ayant force de chose jugée.

Tels sont les traits essentiels de nos listes électorales. Nous reconnaîtrons qu'elle ne présentent pas toutes les garanties désirables.

§ 2.

En Belgique, les listes électorales sont également permanentes et soumises à une revision annuelle. Voici le résumé de la procédure déterminée par la loi du 12 avril 1894 :

Les listes sont dressées par ordre alphabétique pour toutes les communes ; elles mentionnent les noms, prénoms, professions des électeurs, la rue, le numéro de leur demeure, la date de la naissance, en un mot toutes les indications propres à bien déterminer l'individualité de l'électeur et le quantum de votes qui lui appartient (l. 12 avril 1894, art. 68).

Chaque année, du 1er au 31 août, le collège des bourgmestre et échevins procède à la revision des listes. Il y maintient ou y inscrit d'office, ou à la demande de tout citoyen, ceux qui, ayant au 1er juillet *depuis un an au moins leur domicile dans la commune,* réunissent les conditions de l'électorat.

Les listes sont arrêtées provisoirement le 31 août et déposées à l'inspection du public, au secrétariat et aux commissariats de police de chaque commune, du 3 septembre au 31 janvier (art. 69). Les juges de paix procèdent à leur vérification, en présence du bourgmestre ou de son délégué, et à leur révision quant aux causes d'exclusion ou de suspension prévues par la loi.

Tout individu indûment omis ou rayé, ou dont le nombre ou les conditions d'attribution de votes supplémentaires sont inexactement indiqués sur les listes, peut réclamer devant le collège du bourgmestre et des échevins et se pourvoir devant la cour d'appel du ressort (l. 12 avril 1894, art. 90).

Jadis, la juridiction contentieuse en matière d'élections appartenait aux députations permanentes des conseils provinciaux. Elles jugeaient notamment les recours contre les décisions des directeurs de contributions directes relatives au cens et contre toutes décisions relatives aux listes électorales. Mais de graves défiances s'étaient élevées sur l'impartialité de ces corps électifs, profondément imprégnés de l'esprit de parti, et déjà la loi de 1869 avait déféré aux cours d'appel la connaissance en dernier ressort des contestations électorales ; la loi du 30 juillet 1881 alla plus loin : elle enleva toute compétence aux députations permanentes en matière de contentieux électoral et investit les cours d'appel de l'entière juridiction, sauf recours en cassation.

Les cours d'appel jugent, en conséquence, les recours formés contre les décisions des directeurs des contributions directes (la question n'a plus d'intérêt aujourd'hui que relativement aux votes supplémentaires) et les recours formés contre les décisions des collèges des bourgmestres et échevins relatives aux listes électorales (l. 12 avril 1894, art. 90).

Dans tous les cas, tout individu jouissant des droits civils et politiques peut, dans l'arrondissement où il a sa résidence habituelle, exercer le recours ou y intervenir. Et si le tiers réclamant contre les listes électorales vient à décéder en cours d'instance, tout individu jouissant des droits civils et politiques dans l'arrondissement peut adhérer au recours ou à l'intervention et continuer l'instance.

Les cours d'appel jugent ces affaires au nombre de trois conseillers, sans la présence du ministère public, et sans qu'il soit besoin du ministère d'un avoué. Les témoins prêtent serment, comme en matière correctionnelle.

Le recours en cassation est ouvert au procureur général près la cour d'appel et aux parties en cause contre les arrêts des cours d'appel (l. 12 avril 1894, art. 42 et 115). Le pourvoi n'est pas suspensif.

Ajoutons que toutes les réclamations et tous les actes relatifs aux listes électorales sont faits sur papier libre et dispensés de l'enregistrement.

§ 3

Nulle législation n'a pris plus de souci de la confection des listes électorales que la législation espagnole, dont la dernière expression est la loi du 26 juin 1890.

Les listes électorales sont permanentes et soumises à une révision annuelle. Sur ces listes sont portés les noms et prénoms paternels et maternels de tous les citoyens espagnols qualifiés électeurs.

La formation, la révision, la garde et l'inspection de ces listes sont confiées à un conseil central, résidant à Madrid, à des conseils provinciaux résidant dans les capitales des provinces et à des conseils municipaux : tous ces conseils sont dénommés « *Conseils de la liste électorale* ». Ces conseils sont permanents.

Le conseil central est présidé par le président du Congrès des députés et comprend quatorze autres membres, pris par ordre d'ancienneté parmi les anciens présidents et les vice-présidents du Congrès des députés. Il y a six conseillers suppléants, pris également parmi les anciens vice-présidents et, à défaut, parmi les députés du dernier Congrès qui comptent le plus grand nombre de législatures.

Le conseil provincial est présidé par le président de la députation provinciale et comprend également quinze membres : dix sont pris, par ordre d'ancienneté, parmi les anciens présidents et vice-présidents de la députation provinciale ; les quatre autres sont des députés choisis par la députation provinciale tous les deux ans lors de sa constitution. Il y a aussi six suppléants, pris parmi les anciens vice-présidents et, à défaut, les députés les plus souvent nommés.

Le conseil municipal de la liste est présidé par l'alcade et comprend les membres de la municipalité et les anciens alcades domiciliés dans la commune.

Le 1er avril de chaque année, les juges municipaux remettent aux alcades la liste de tous les électeurs morts durant les douze mois précédents. Les juges d'instruction et de première instance leur transmettent celle de tous les jugements définitifs qui touchent à la capacité électorale des individus inscrits sur les listes de chaque district. Les listes sont publiées et affichées le 10 avril, avec les corrections qu'elles comportent. A ces affiches est joint l'avis, répété d'ailleurs par publications, que, le 20 du même mois, le conseil municipal de la liste électorale se réunira et que tout habitant pourra devant lui formuler toutes réclamations, verbalement ou par écrit.

Le 20 avril, le conseil municipal se réunit pour entendre les réclamations en séance publique ; il y statue ensuite en comité secret et établit huit listes : 1° électeurs décédés ; 2° électeurs devenus incapables ou indûment inscrits ; 3° électeurs omis ; 4° électeurs qui ont cessé d'être domiciliés ; 5° électeurs dont le droit a été suspendu ; 6° électeurs dont l'incapacité a pris fin ; 7° réclamations d'inscription ; 8° réclamations de radiation. Le conseil statue sur chacune des réclamations par une décision motivée et il est dressé du tout procès-verbal. Toutes ces listes sont envoyées au président de la députation provinciale, avec les pièces à l'appui.

Le 1er mai, le conseil provincial se réunit en séance publique, approuve les listes qui ne sont l'objet d'aucune réclamation et statue, à huis clos, sur les réclamations, qui peuvent être faites par tout habitant du district ou par son représentant, ou encore par tout individu étant ou ayant été sénateur, député aux Cortès ou député provincial. Ses décisions sont publiées le lendemain dans un numéro spécial du bulletin de la province.

Toute personne ayant le droit d'être entendue du conseil provincial peut appeler de ses décisions devant la cour. L'appel se fait par écrit ou verbalement, au secrétariat de la députation, dans les trois jours de la publication des décisions. Il est porté devant la chambre civile et jugé dans les neuf jours : expédition de l'arrêt est adressée, le lendemain, au président de la députation provinciale.

Le 1er juin, le conseil provincial se réunit de nouveau, forme la liste des électeurs dont le droit est reconnu et ordonne leur inscription. Si le nombre des électeurs d'une commune est supérieur à 500, le conseil les partage en sections à peu près égales comme nombre d'électeurs. Une copie de la liste de chaque commune est adressée à chaque alcade, qui la communique au conseil municipal, la dépose aux archives et en fait afficher une copie (art. 16). Une loi modificative du 26 juillet 1892 dispose que « sur la liste seront copiés par ordre alphabétique les noms des électeurs de chaque municipe, séparés par sections, avec exclusion des incapables, et ces copies constitueront les listes définitives, qui seront imprimées et publiées au Bulletin officiel avant le 15 juillet.

Le président de la députation envoie des exemplaires semblables au président du Congrès, au président de la cour, aux juges d'instruction, aux juges de première instance et aux juges municipaux, afin que les électeurs puissent les consulter. De plus, tout électeur peut se procurer, pour un prix modique, copie de la liste définitive, au secrétariat de la députation provinciale.

Il est ouvert, au secrétariat de la députation provinciale. un livre dit *Liste électorale* (*Censo electoral*), contenant toutes les listes municipales de la province et tenu à jour au moyen d'annotations marginales, que l'on peut consulter gratuitement (art. 17).

Quant au conseil central, il a pour mission : 1° d'inspecter et de diriger les services qui se rattachent aux listes électorales ; 2° de conserver les exemplaires imprimés des listes définitives ; 3° de communiquer avec toutes les autorités publiques et tous les fonctionnaires publics ; 4° de recevoir et résoudre toutes plaintes; 5° d'exercer une juridiction disciplinaire sur les personnes qui interviennent avec un caractère officiel dans les opérations électorales ; il peut imposer à ce titre des amendes s'élevant jusqu'à 1.000 pesetas ; 6° de rendre compte au Congrès des députés de ce qui lui parait devoir être porté à sa connaissance.

A la veille des élections, les juges municipaux remettent aux alcades une liste des électeurs décédés ; les juges d'instruction et de première instance remettent la liste des électeurs frappés d'incapacité par sentence définitive ; les présidents des députations envoient la liste des modifications produites par le passage des électeurs de la liste générale à celles des collèges spéciaux. Toutes ces pièces sont jointes aux listes définitives et une liste générale, contenant les noms de tous ceux dont elles affectent la capacité électorale, est placardée à l'entrée de la salle de vote (art. 19).

Toutes les pièces relatives aux listes électorales sont sur papier libre et gratuites (art. 20).

Dans les Universités, qui forment des collèges électoraux spéciaux, la formation des listes est l'œuvre d'un conseil composé du recteur président, des doyens des facultés, des directeurs des instituts et des chefs des écoles supérieures spéciales et professionnelles établies dans la ville, siège de l'Université. Pour les sociétés économiques ou chambres de commerce, elle est l'œuvre de leurs conseils de direction ou d'administration (art. 27). Les listes spéciales à ces diverses corporations sont l'objet d'une révision annuelle, révision qui est faite par les autorités ci-dessus désignées, avec droit d'appel devant la Cour.

L'article 8 du décret du 5 novembre 1890 porte que toutes les autorités et tous les fonctionnaires publics ou ecclésiastiques, préposés aux archives, doivent expédier gratuitement et sur papier libre tous documents dont un électeur peut avoir besoin pour établir sa capacité, ou la capacité ou l'incapacité des autres électeurs.

Ce qui frappe dans cette législation, ce sont d'abord les précautions minutieuses prises et les facilités accordées pour que toutes les réclamations puissent se produire ; c'est encore la participation de tous les corps représentatifs de la commune, de la province et de l'État à la confection des listes électorales, en même temps que celle de l'élément judiciaire, juges municipaux, juges d'instruction et de première instance ; c'est la multiplicité des recours, portés d'abord devant l'autorité élective supérieure et ensuite devant la cour d'appel ; c'est enfin le rôle du conseil central, véritable *Conseil supérieur* des listes électorales.

§ 4.

Quelques autres législations offrent des traits particuliers, qui méritent d'être cités.

En Grèce, le contrôle des listes électorales est entièrement soumis à l'autorité judiciaire. Les listes, dressées dans chaque commune par le maire, sous sa responsabilité, soumises ensuite par lui à l'examen du conseil municipal, puis homologuées par le tribunal de première instance sur le vu d'un rapport du juge de paix, sont imprimées par les soins du président du tribunal. Elles sont permanentes et revisées tous les ans. Le juge de paix les publie dans son

prétoire et reçoit les réclamations. C'est à lui que le maire
demande les radiations et les inscriptions nouvelles. Tout
électeur peut demander la radiation des individus indûment inscrits; seuls les intéressés ou leurs représentants
peuvent demander l'inscription de celui qui aurait été omis.
Le juge de paix adresse toutes les pièces, avec un rapport
détaillé, au président du tribunal de première instance et
le tribunal statue en dernier ressort.

En Italie, la liste électorale, permanente, est revisée
par une commission nommée par le conseil municipal parmi
les électeurs de la commune et composé, du syndic (maire),
président, et de 4 commissaires dans les conseils qui
comptent de 15 à 30 membres ; de 6 dans les autres ; leurs
pouvoirs durent deux ans et ils ne sont pas rééligibles
pendant les deux années suivantes. Les réclamations sont
portées en appel devant la commission électorale de la
province, composée du président du tribunal du chef-lieu ,
d'un conseiller de préfecture désigné par le préfet et de
trois citoyens nommés par le conseil provincial, dans sa
sesssion ordinaire, parmi les électeurs de la province, en
dehors des syndics des communes, des employés de l'État
de la province ou des communes; c'est la loi du 11 juillet
1894 qui a donné la présidence de cette commission au
président du tribunal civil, au lieu du préfet, et qui a remplacé ce dernier par un conseiller de préfecture. Aux
séances de cette commission assiste un représentant du
ministère public, sans voix délibérative, mais avec pouvoir
de se faire communiquer tous documents et avec droit
d'appel contre les décisions de la commission. Tout citoyen
a le droit de réclamer contre une décision de la commission
provinciale devant la cour d'appel; la cause est jugée
d'urgence, comme en matière sommaire, sans ministère
d'avoué ou d'avocat, sur le rapport d'un conseiller, les
parties entendues ou leurs défenseurs, s'ils se présentent, et sur les conclusions du ministère public.
La décision est susceptible d'un pourvoi en cassation,
qui est dispensé du ministère d'un avocat et jugé
sommairement.

En Suisse, il est tenu, dans chaque commune, des
registres matricules des citoyens actifs , ou catalogues

civiques. Voici, par exemple, les dispositions de la loi électorale du canton de Vaud du 8 septembre 1893:

Article 7 : « Il est établi dans chaque commune un registre civique uniforme, selon une formule donnée par le Conseil d'État. — Lorsqu'il est constaté que le citoyen actif a transporté ailleurs et d'une manière définitive sa résidence depuis plus de trois mois, il est rayé des registres civiques — Il y a recours au Conseil d'État.

Article 8 : « Les municipalités inscrivent d'office dans ce registre tous les Vaudois et confédérés, citoyens actifs, qui ont leur domicile politique dans la commune. »

Article 11 : « La municipalité procède immédiatement (après que l'ordre de convocation lui est parvenu) à la revision du registre civique ; elle y ajoute les noms des citoyens qui ont acquis le droit de voter dans la commune, depuis la dernière assemblée, et en retranche les noms de ceux qui ont cessé de remplir les conditions requises. »

Article 12 : « Le registre civique est déposé, pendant les deux semaines qui précèdent la réunion de l'assemblée, à la secrétairerie municipale, où chaque citoyen peut en prendre connaissance et réclamer, s'il y a lieu. »

Article 13 : « Le registre civique est clos la veille de l'assemblée, à 8 heures du soir ; aucune inscription ne peut y être faite après cette clôture »

Article 14 : « La municipalité délivre d'office à chaque citoyen inscrit dans le registre civique une carte servant à constater son droit d'assister à l'assemblée. — Elle donne à ceux qu'elle a exclus, s'ils le requièrent, un extrait motivé de ses délibérations. — La même carte civique peut être valable pendant toute la durée d'une législature. »

Article 15 : « Les réclamations contre les admissions ou contre les exclusions sont portées au bureau de l'assemblée, qui en décide avant la clôture des opérations. »

Il y a là une organisation toute particulière.

En Hongrie (depuis la loi du 26 novembre 1874), les listes électorales sont permanentes et soumises à une révision annuelle. La confection et la révision des listes sont confiées à une commission centrale, présidée par le premier fonctionnaire de la circonscription ou de la ville et composée de 12 à 24 membres, suivant le nombre de districts que la circonscription embrasse, de telle façon que chaque district y ait au moins deux membres. Les membres de cette commission sont élus par l'assemblée générale de la circonscription ou de la ville, au moyen de bulletins, à la majorité des voix et pour trois ans. Il est appelé de ses décisions à la cour d'appel, en tant qu'elles se rapportent au droit électoral; au ministre de l'intérieur, dans les autres cas.

La liste des électeurs est dressée et revisée annuellement par un comité de trois membres, à ce délégué par la commission centrale. Tout électeur peut réclamer contre une omission ou une admission quelconque, dans les 10 jours qui suivent la publication de la liste électorale. La commission centrale statue sur les réclamations. Il peut être interjeté appel dans les huit jours devant la cour royale, qui statue sur ces affaires dans des sections composées de cinq membres élus au scrutin secret par la cour, et présidées par le président de la cour de cassation, le président de la cour suprème, et subsidiairement le vice-président de la cour de cassation et les présidents de chambre de la cour suprème, dans l'ordre de leur nomination. La commission centrale dresse la liste définitive eu égard aux décisions de la cour d'appel.

En Angleterre, la matière est régie par le *Registration Act* de 1885. Les listes électorales sont dressées par paroisse. Ce sont les *overseers*, les inspecteurs des pauvres, à qui incombe la préparation des listes, et ce n'est pas une petite affaire, avec une législation aussi compliquée que la législation anglaise ! Ils sont placés sous le contrôle des *Revising Barristers*, qui peuvent les réprimander et même les mettre à l'amende. Les *Revising Barristers* sont un rouage essentiel de l'organisation électorale. Ce sont des avocats exerçant depuis plusieurs années et désignés dans chaque ressort judiciaire par le premier des juges chargés de présider à la révision des listes électorales. Indépendamment des conseils qu'ils donnent aux *overseers* pour la préparation des listes, ils vérifient leur travail, rectifient les erreurs et tiennent au courant le registre des électeurs ; ils suppriment, même d'office, les noms des individus décédés ou frappés d'incapacité, ou qui ont cessé de réunir les conditions auxquelles le droit de suffrage est attaché. L'appel des décisions des *Revising Barristers* est porté devant la Cour du Banc de la Reine.

Un exemple des obscurités de la législation anglaise et du pouvoir des *Revising Barristers* : de graves difficultés ont été soulevées au sujet de la capacité électorale des militaires. Suivant une opinion très répandue, la discipline s'opposait à ce que les militaires fussent admis à voter dans les élections politiques. Les *Revising Barristers* n'ont pas partagé cette manière de voir et ont inscrit sur les listes les militaires qui réunissaient d'ailleurs les conditions exigées par la loi. On s'est demandé alors si les soldats mariés et les officiers, commissionnés ou non, ainsi que les sous-officiers qui habitent dans les casernes, où logent également des officiers supérieurs sous les ordres desquels ils sont placés, doivent jouir du *Service Franchise*. Les *Revising Barristers* ont rendu des décisions contradictoires, et, sur appel, la Cour du Banc de la Reine a reconnu aux officiers subalternes, sous-officiers ou soldats habitant dans les casernes, le droit de suffrage, parce qu'ils occupent des logements séparés et indépendants et sont au service, non des officiers supérieurs, mais de la Reine.

§ 5

Nous pouvons maintenant tirer quelques conclusions de cette étude comparée.

Que doit se proposer la législation électorale en cette matière ? Évidemment, la réalisation la plus complète des conditions suivantes : que les listes soient dressées et révisées par une commission inspirant pleine confiance ; — que toutes réclamations relatives au droit électoral puissent se produire utilement, non seulement de la part des parties intéressées, mais de la part de tout électeur ; — que les réclamations soient jugées par une autorité parfaitement indépendante, placée en dehors des passions politiques. Notre législation actuelle ne satisfait pas pleinement à ces *desiderata*.

On a réclamé, dans ces derniers temps, l'institution de registres civiques dans chaque commune, analogues à ceux qui fonctionnent en Suisse. Dans une récente proposition de loi soumise aux Chambres, M. Louis Passy demandait qu'il fût établi dans chaque mairie un registre sur lequel tout citoyen français, à l'âge de 21 ans, serait tenu de faire inscrire « sa déclaration de majorité »[1]; ces registres constitueraient des espèces de registres de l'état civique. Le déclarant recevrait en retour un « livret civique », qui serait l'attestation et la garantie de son titre d'électeur, et sur lequel seraient transcrits au fur et à mesure les changements de domicile politique qui viendraient à se produire.

L'obligation de la demande ne nous semblerait pas devoir être approuvée. En principe, l'exercice d'un droit n'est pas subordonné à la condition que le titulaire en fera la demande expresse ; mais on pourrait passer sur la question de principe, si la formalité proposée offrait une utilité réelle ; c'est ce qui ne nous parait nullement démontré. C'est sans doute une louable pensée que de vouloir arracher la masse des citoyens à l'attitude passive et désintéressée qu'elle affecte trop souvent à l'égard de ses droits électoraux et de la chose publique ; mais il resterait à savoir si c'est en lui imposant une formalité de plus qu'on y réussira et si la conséquence ne serait pas de faire la part plus belle aux agitateurs et aux violents, qui n'auraient garde de se laisser oublier, en écartant du scrutin des hommes plus indifférents que dangereux.

Quant à la question des registres civiques en eux-mêmes, elle est différente, et l'on comprend que d'excellents esprits inclinent vers ce système. Peut-être la tenue de semblables registres offrirait-elle d'assez grandes difficultés pratiques. Dans le fait, nos listes électorales actuelles, avec quelques améliorations, échapperaient à la critique. Nous voudrions que la commission chargée de la revision des listes fût autrement-composée, et surtout que le recours à l'autorité

---

1. On trouve un système analogue dans la loi électorale du Chili du 20 août 1890. Le registre des électeurs est formé par la junte électorale, qui inscrit tous les Chiliens habitant la subdélégation et *en ayant fait la demande personnellement*, pourvu qu'ils aient plus de 21 ans et qu'ils sachent lire et écrire.

judiciaire fût organisé dans des conditions offrant plus de garanties.

Nous avons vu comment le travail est préparé et comment il est statué d'abord sur les réclamations : une commission de trois membres, composée du maire, président, d'un délégué du préfet et d'un délégué du conseil municipal, revise la liste ; et les réclamations sont d'abord jugées par elle, avec adjonction de deux nouveaux délégués du conseil municipal. Nous avons vu aussi quel est le recours organisé contre ses décisions : elles sont déférées au juge de paix, sauf recours en cassation. En ce dernier point surtout, notre législation prête à la critique : le juge de paix, magistrat amovible, ne constitue pas une juridiction offrant toutes les garanties suffisantes en pareille matière. Nous ne voudrions pas l'exclure ; mais il devrait, selon nous, lui ou son suppléant, faire partie de la commission chargée de la révision, qui comprendrait avec lui un délégué du préfet, pris en dehors du conseil municipal, et trois membres du conseil municipal, tirés au sort chaque année en conseil de préfecture, ou bien élus d'après un système assurant la représentation des minorités. Tout membre du conseil qui en ferait la demande devrait avoir le droit d'assister aux travaux de la commission, sans voix délibérative. Le juge de paix représenterait dans cette commission le ministère public ; il serait chargé de constater toutes infractions à la loi et serait investi du droit d'appel contre ses décisions. Il ne semble pas nécessaire de faire intervenir l'autorité judiciaire pour homologuer les listes, comme en Grèce, tant qu'il n'y a pas réclamation. L'essentiel est que le recours puisse s'exercer avec toutes garanties. Pour ce recours, on peut hésiter entre le tribunal civil et la cour d'appel. Cette juridiction a l'inconvénient d'être placée plus loin des intéressés et le tribunal de première instance offre sans nul doute les plus sérieuses garanties, surtout avec la possibilité du recours en cassation.

Inutile d'ajouter que les formes des recours devraient être aussi simples, les délais aussi courts que possible et qu'ils devraient être jugés sans frais.

Il ne nous paraîtrait pas utile de faire intervenir un rouage électif nouveau entre la commission de révision et l'autorité judiciaire, comme en Espagne et en Italie : c'est compliquer inutilement la procédure.

Quant à ceux qui peuvent formuler des réclamations, nous admettrions assez volontiers la distinction de la législation grecque, dans laquelle le droit de demander la radiation d'un individu indûment inscrit appartient à tout électeur de la circonscription ; mais seuls les intéressés ou leurs représentants peuvent réclamer contre une prétendue omission.

Au fond, il faudrait que tous les jugements ou arrêts intéressant la capacité électorale fussent délivrés par extraits, dans le plus bref délai, aux maires des communes où les condamnés ont leur domicile, et que les maires fussent tenus d'en donner immédiatement connaissance, tant au conseil municipal qu'à la commission de révision, qui devrait opérer sans délai la radiation.

Il faudrait que les listes, une fois arrêtées, fussent publiées et affichées dans un local à ce destiné, de manière à être portées à la connaissance de tous.

Avec cela, il conviendrait de porter des peines sévères contre toute fa'sification, de quelque nature qu'elle fût, des listes électorales par ceux qui y participent à un titre quelconque.

D'autres améliorations de détail pourraient sans doute être apportées au système de nos listes électorales : si celles-là étaient réalisées, elles échapperaient, ce nous semble, aux critiques les plus sérieuses.

CHAPITRE II

DES COLLÉGES ÉLECTORAUX.

Les collèges électoraux sont déterminés par les circonscriptions électorales : la circonscription électorale est l'étendue de territoire dans laquelle tous les citoyens inscrits concourent en commun à la nomination des représentants ou administrateurs attribués par la loi. En principe, l'étendue des circonscriptions électorales dépend tout à la fois du nombre des représentants à nommer et du mode de scrutin. Elle dépend plus encore du mode de scrutin que du nombre des représentants : il est clair que le scrutin de liste permet d'élargir notablement les circonscriptions électorales ; le suffrage indirect aura le même effet ; l'un et l'autre permettent de réduire, plus que le suffrage direct et uninominal, le nombre des représentants.

D'une manière générale, est-il bon que les assemblées politiques ou administratives soient nombreuses ?

Avant de répondre à cette question, jetons un coup d'œil rétrospectif sur nos anciennes assemblées politiques et regardons autour de nous.

Les États Généraux de 1789 comprenaient 1.145 membres : 584 du Tiers-État, 291 du Clergé et 270 de la Noblesse. La constitution du 14 septembre 1791 fixa le nombre des membres de la Législative à 745. La Convention en comprit 778 : l'Assemblée législative avait décidé que les colonies, *faisant partie intégrante* de l'Empire français, enverraient des députés à la Convention. Sous la constitution de l'an III, il y eut le Conseil des Cinq-Cents ; quant au Conseil des Anciens, il se composa de 250 membres. La constitution de l'an VIII attribua 300 membres au Corps législatif et 100 au Tribunat, qui fut bientôt réduit à 50 et enfin supprimé. Sous la Restauration, la Chambre élective, qui avait 629 membres durant les Cent-Jours, fut réduite à 402, puis à

258 ; la loi du 29 juin 1820 porta son nombre à 430. Sous le Gouvernement de Juillet, la Chambre des députés compta 459 membres.

Le décret du 15 mars 1848 avait fixé à 900 le nombre total des représentants, y compris les colonies ; mais la constitution de 1848 le ramena à 750.

Sous le second Empire, le nombre des députés au Corps législatif suivit le mouvement des citoyens inscrits ; il varia de 261 à 292.

L'Assemblée nationale élue en 1871 comprenait 768 membres. Sous la constitution de 1875, le nombre des membres de la Chambre des députés a varié de 533 à 584 : il est aujourd'hui de 581. Le nombre des sénateurs est invariablement de 300.

Dans la Grande-Bretagne, la Chambre des Communes comprend 670 membres (495 pour l'Angleterre, 72 pour l'Écosse et 103 pour l'Irlande) pour une population totale de 38 millions en chiffres ronds. Le Reichstag allemand en comprend 397, pour une population de 50 millions. La Chambre des députés d'Autriche, 425, depuis la réforme de 1896, et celle de Hongrie 453, la population de ces deux pays étant environ de 42 millions ; celle de l'Italie, 508, pour une population de 30 millions ; celle de l'Espagne, 433, avec une population de 17 millions ; celle du Portugal, 114 (d'après le tableau annexé à la loi de 1896), pour une population de 4 1/2 millions ; celle de la Suisse, 145, avec 3 millions d'âmes ; celle de la Belgique, 152, avec un peu plus de 6 millions. Aux États-Unis, la Chambre comprend aujourd'hui 325 membres.

Tous les pays qui précèdent ont deux Chambres, et partout la Chambre haute est notablement moins nombreuse que l'autre. La Grèce n'a qu'une seule Chambre, composée de 207 membres (depuis la loi du 31 décembre 1891), pour une population qui va à peine à 2 1/2 millions d'habitants ; la Serbie, dont la population est à peu près la même, a 173 députés.

Nous aimons mieux une assemblée politique de 2 à 300 membres qu'une de 6 à 700 ; nous croyons que l'on fera généralement de meilleure besogne dans la première que dans la seconde ; qu'elle sera mieux composée et comprendra moins de médiocrités ; qu'elle se préoccupera moins des intérêts de clocher ; qu'elle obéira moins facilement aux entraînements et que les discussions y seront plus calmes et moins confuses. Nous serions porté à croire que le nombre actuel de nos députés pourrait être avantageusement diminué de moitié. Dans ce cas, le département devrait évidemment être substitué à l'arrondissement comme circonscription électorale, et vraisemblablement le suffrage à double degré au suffrage direct !

Nous avons remarqué déjà que, dans tous les États qui ont deux Chambres, la seconde, la Chambre haute est moins nombreuse que l'autre. Il en est ainsi pour deux raisons : d'abord, cette Chambre est souvent la représentation d'États ou de groupes corporatifs et non d'individus ; ensuite, quand elle est élective, elle est assez généralement issue du suffrage indirect, et le suffrage indirect — c'est un de ses avantages — permet beaucoup plus que le suffrage direct de réduire le nombre des représentants.

En France, depuis 1875, les circonscriptions pour la nomination des sénateurs ont été établies par départements et par colonies. L'élection se fait au scrutin de liste partout où il y a plus d'un membre à nommer. La répartition des sénateurs entre les circonscriptions départementales a été déterminée par l'article 2 de la loi du 9 décembre 1884.

Les circonscriptions électorales doivent être déterminées par la loi. Sous le second Empire, le Corps législatif retentit constamment des doléances de l'opposition sur la manière dont le gouvernement remaniait à son gré les circonscriptions. Il est clair qu'une question de cette importance ne doit pas être abandonnée à l'arbitraire et qu'elle doit être réglée par la loi.

Aujourd'hui, en France, les collèges électoraux doivent être convoqués par décret du pouvoir exécutif. Il n'en a pas toujours été ainsi.

Mais, la réunion de plein droit peut être une source de confusion et de trouble social, et la nécessité d'une convocation est sans danger sous un régime de responsabilité ministérielle.

L'art. 9 du décret réglementaire du 2 février 1852 porte que « les collèges électoraux devront être réunis autant que possible un dimanche ou un jour férié ». Il est bon que cela soit décidé par la loi et l'on ne voit guère la raison de déroger à cette règle.

Pour le conseil général, le conseil d'arrondissement et le conseil municipal, la loi fait une obligation légale de choisir le dimanche.

Pour les élections au Sénat, toutes les opérations doivent être terminées le même jour. Le premier scrutin est ouvert à huit heures du matin et fermé à midi ; le second est ouvert à deux heures et fermé à cinq heures ; le troisième est ouvert à sept heures et fermé à dix heures (l. 2 août 1875, art. 14 ; l. 9 décembre 1884, art. 8).

Pour la Chambre des députés, le conseil général, le conseil d'arrondissement, le scrutin, qui ouvre tantôt à huit, tantôt à sept heures du matin, est clos uniformément à six heures du soir. Pour le conseil municipal, c'est l'arrêté du préfet qui détermine l'ouverture et la fermeture du scrutin, qui doit être ouvert pendant six heures au moins.

Le *lieu* du scrutin dépend dans une certaine mesure du mode de scrutin, suivant qu'il est direct ou indirect. Pour la nomination des députés, sous le régime censitaire, les électeurs se réunissaient au chef-lieu d'arrondissement électoral ou administratif désigné par le roi. Après l'établissement du suffrage universel, l'art. 25 de la loi du 15 mars 1849 disposa que les électeurs se réuniraient au chef-lieu de canton. Ce système, qui entraînait des déplacements onéreux et provoquait beaucoup d'abstentions, fut supprimé par l'art. 3 du décret du 2 février 1852, lequel décida que les électeurs se réuniraient au chef-lieu de la commune. Le vote au chef-lieu de canton reparut en 1871, avec les décrets du gouvernement de la Défense nationale, qui s'étaient bornés à remettre en vigueur la législation de 1849 ; mais l'Assemblée nationale rétablit bientôt le vote au chef-lieu de la commune, par une loi du 10 avril 1871.

C'est le seul système rationnel sous le régime du suffrage direct : il est inadmissible qu'on oblige tous les électeurs à se déplacer quand il est si facile de les faire voter chez eux. Chaque commune peut être divisée par arrêté du préfet en autant de sections que l'exigent les circonstances locales et le nombre des électeurs. Ces sections ne sont établies que pour faciliter le vote; elles n'ont aucun rapport avec les sections électorales prévues à l'art. 11 de la loi municipale de 1884.

Le système du vote à la commune tend à prévaloir partout : ainsi, en Belgique, où le vote avait lieu auparavant au chef-lieu de l'arrondissement administratif (nous dirions à la préfecture ou à la sous-préfecture), le vote à la commune a triomphé dans la nouvelle législation électorale (l. 28 juin 1894, art. 138).

Par exception, pour la nomination des sénateurs au suffrage indirect, le collège électoral se réunit au chef-lieu du département ou de la colonie (l. 2 août 1875, art. 12).

CHAPITRE III

DES BUREAUX ÉLECTORAUX.

La composition des bureaux chargés de présider à toutes les opérations électorales est de la plus haute importance pour la sincérité du vote.

Le décret de la Constituante du 8 janvier 1790 donnait aux assemblées électorales le droit d'organiser elles-mêmes leur bureau ; et il en fut de même pour les élections de la Législative, de la Convention et des Conseils des Cinq-Cents et des Anciens. La Convention y substitua, le 25 fructidor an III, des règles assez compliquées, dans le détail desquelles il est inutile d'entrer.

Sous le régime censitaire, la présidence des collèges électoraux constitua une fonction, à la nomination du roi. Les présidents désignés par le gouvernement choisissaient un bureau provisoire ; chaque collège ou section de collège nommait, après sa réunion, des scrutateurs et un secrétaire définitif. Si ces présidents trouvaient des bureaux assez complaisants pour les seconder, bien des abus étaient à craindre. La loi du 9 avril 1831 modifia le système suivi sous la Restauration, en attribuant la présidence provisoire des collèges électoraux aux présidents, vice-présidents juges et juges suppléants des tribunaux de première instance, suivant l'ordre du tableau, dans les villes, chefs-lieux de tribunal ; partout ailleurs, la présidence provisoire appartenait au maire, à ses adjoints et aux conseillers municipaux, suivant l'ordre du tableau. Le collège, une fois réuni, choisissait son bureau définitif.

D'après la loi électorale du 15 mars 1849, les collèges et sections étaient présidés, au chef-lieu de canton, par le juge de paix et ses suppléants, et, à défaut, par les maires, adjoints et conseillers municipaux de la commune désignée comme chef-lieu de la circonscription électorale ; les assesseurs étaient pris, suivant l'ordre du tableau, parmi les conseillers municipaux sachant lire et écrire ; à leur défaut, les assesseurs étaient les deux plus âgés et les deux plus jeunes électeurs présents, sachant lire et écrire (art. 35 et 36, l. 15 mars 1849).

Aujourd'hui, la composition des bureaux électoraux est réglée par les articles 12, 13 et 14 du décret réglementaire du 2 février 1852, combiné avec les dispositions de la loi du 5 avril 1884. Le bureau de chaque collège est composé d'un président, de quatre assesseurs et d'un secrétaire. Les collèges et sections sont présidés par les maires, adjoints et conseillers municipaux de la commune ; à leur défaut, les présidents sont désignés par le maire parmi les électeurs sachant lire et écrire.

Les deux plus âgés et les deux plus jeunes électeurs présents à l'ouverture de la séance, sachant lire et écrire, remplissent les fonctions d'assesseurs. Le secrétaire est désigné par le président et les assesseurs ; il n'a que voix consultative.

Trois membres du bureau au moins doivent être présents pendant tout le cours des opérations. Toutefois, il a été décidé que l'irrégularité résultant de ce que le bureau n'a été composé momentanément que de deux membres ne vicie pas l'élection, si cette irrégularité n'a favorisé aucune fraude.

Pour les élections sénatoriales, le bureau est constitué suivant les prescriptions de l'article 12 de la loi organique du 2 août 1875. Il est présidé par le président du tribunal civil du chef-lieu du département ou de la colonie, assisté des deux plus âgés et des deux plus jeunes électeurs présents à l'ouverture de la séance. Le bureau, ainsi composé, choisit un secrétaire parmi les électeurs. En cas d'empêchement, le président est remplacé par le vice-président et, à son défaut, par le juge le plus ancien. Conformément à l'article 13 de la même loi, le bureau répartit les électeurs sénatoriaux par ordre alphabétique en sections de vote comprenant au moins cent électeurs. Il nomme les présidents et scrutateurs de chacune de ces sections.

Ce qui est l'exception chez nous est la règle en Belgique. Les bureaux électoraux sont présidés par des fonctionnaires de l'ordre judiciaire.

Le premier bureau du chef-lieu de l'arrondissement administratif fonctionne comme bureau principal du collège électoral : il est présidé par le président du tribunal de première instance, ou, à son défaut, par le juge qui le remplace (l. 28 juin 1894, art. 142). Dans les communes chefs-lieux d'arrondissement ou de canton, les bureaux sont présidés par l'un des juges ou juges suppléants du tribunal de première instance, selon l'ordre d'ancienneté, par les juges de paix ou leurs suppléants et. au besoin, par des personnes désignées par le président du premier bureau parmi les électeurs de l'arrondissement jouissant du triple vote. En cas d'empêchement ou d'absence, au moment des opérations, de l'un des présidents ainsi désignés, le bureau se complète lui-même. En cas de désaccord sur le choix à faire, la voix du plus âgé est prépondérante.

Le bureau de chaque section se compose, indépendamment du président, de quatre assesseurs, de quatre assesseurs suppléants et c   secrétaire.

Les assesseurs sont d   es par le président de chaque bureau ; ce sont, parmi les électeurs de la section, les moins âgés au-dessus de 40 ans, jouissant du triple ou, subsidiairement, du double vote (art. 146). Le secrétaire est nommé par le président ; il n'a pas voix délibérative. La loi prononce une amende de 50 à 200 fr. contre le président, l'assesseur ou l'assesseur suppléant qui n'aura pas fait connaître ses motifs d'empêchement dans le délai fixé, ou qui, après avoir accepté les fonctions, s'abstiendra sans cause légitime de les remplir (art. 147 et l. 12 septembre 1895, art. 9). Les membres du bureau reçoivent un jeton de 5 fr. ; les présidents et membres du bureau principal, un jeton de 10 fr., plus une indemnité de voyage.

En Espagne, c'est, comme chez nous, l'alcade, ou, à son défaut, les adjoints ou conseillers, sur son ordre, qui président les bureaux électoraux ; mais nous avons vu que les candidats ont le droit de nommer des assesseurs ; c'est là une garantie suffisante.

Les dispositions de la loi électorale italienne sont particulièrement intéressantes sur ce point.

Dans chaque section électorale, il est constitué un bureau provisoire, qui est présidé : 1° dans les lieux où réside une cour d'appel, par le président ou par les conseillers de la cour, par ordre d'ancienneté ; 2° dans les lieux où il n'y a pas de cour d'appel, par le président, les vice-présidents, les juges titulaires ou juges suppléants, par ordre d'ancienneté ; 3° dans les autres lieux, par les juges de paix et leurs suppléants ; 4° et, si la commune n'est pas chef-lieu de canton, par les syndics, leurs assesseurs et les conseillers communaux, par ordre d'ancienneté. Les fonctions de scrutateur provisoire sont remplies par deux conseillers de la commune dans laquelle se réunit l'assemblée électorale, tirés au sort par la junte municipale, le jour qui précède les élections, et par les deux plus jeunes électeurs présents. La section, dès que 20 électeurs au moins sont présents, élit le bureau définitif, composé d'un président et de quatre scrutateurs. Chaque électeur écrit sur son bulletin trois noms seulement et l'on proclame élus les 5 qui ont obtenu le plus grand nombre de voix. Celui qui a le plus de voix est le président. A égalité de voix, le plus âgé est proclamé. Le bureau ainsi composé nomme son secrétaire parmi les électeurs présents, et dans l'ordre suivant : 1° les notaires ; 2° les greffiers et greffiers suppléants de justice de paix ; 3° les secrétaires communaux et leurs suppléants ; 4° les autres électeurs. Si, à 10 heures du matin, les opérations électorales pour la constitution du bureau définitif ne sont pas commencées et qu'il ne se trouve pas dans la salle 20 électeurs pour y procéder, le bureau provisoire devient définitif et nomme son secrétaire, en suivant l'ordre ci-dessus indiqué. Dans tous les cas, il y a là des garanties très sérieuses : c'est un système que nous pourrions imiter avec avantage

En Angleterre, on trouve, nous l'avons constaté déjà, une organisation toute particulière. La direction suprême des opérations électorales appartient à un magistrat qui porte le nom de *Returning Officer* et dont les fonctions sont déterminées par une loi du 13 août 1875. C'est lui qui fixe la date du vote, qui détermine le nombre et l'emplacement des salles de vote, qui dépouille le scrutin et proclame le résultat.

En général, c'est le shérif dans les comtés et, dans les bourgs, le maire qui fait fonctions de *Returning Officer*.

Lorsqu'il y a des élections générales, le lord Chancelier fait préparer et adresser aux *Returning Officers* des mandats leur ordonnant de procéder aux élections de leurs bourgs et comtés respectifs : les élections doivent avoir lieu dans un délai de 4 jours pour les bourgs et de 9 jours pour les comtés. Chaque section électorale est présidée par un *Presiding Officer*, qui est le représentant du *Returning Officer* et qui a le contrôle de toutes les opérations électorales. Tout citoyen capable et majeur peut être nommé *Presiding Officer*, à l'exception des agents électoraux des candidats et de ceux qui ont été employés à l'élection ; il vaut mieux ne pas nommer un électeur, à moins qu'il déclare ne pas vouloir voter. Le *Returning Officer* peut lui-même faire fonctions de *Presiding Officer* ; mais il devra s'en abstenir s'il y a plusieurs salles de vote, sa présence pouvant être requise ailleurs. Le *Presiding Officer* est assisté d'un ou plusieurs secrétaires (*poll clerks*) : les uns et les autres font la promesse solennelle de ne rien faire, dans l'élection, qui soit défendu par le *Ballot Act* de 1872. Le *Presiding Officer* dirige l'élection, avec des pouvoirs très étendus : ainsi, si un aliéné, un ivrogne, un infirme se présente pour voter, c'est lui qui décide, sous sa responsabilité, s'il est suffisamment *compos mentis* pour être admis au vote.

Si toutes les formalités légales n'étaient pas scrupuleusement remplies, le président et le secrétaire seraient responsables vis-à-vis du candidat dont ils auraient compromis l'élection.

CHAPITRE IV

Une question de principe, et des plus graves, domine la législation relative au vote : le vote doit-il être secret?

Cette question surprend dans l'état de nos mœurs. Cependant, non seulement beaucoup de législations dans le passé et quelques-unes dans le présent, mais des publicistes de marque, tels que Stuart Mill, se sont prononcés pour le vote public. Résumons le raisonnement de Stuart Mill :

L'électeur interprétera le vote secret comme lui étant donné pour lui, dans son intérêt personnel, comme un droit et non comme une fonction; cette idée fera plus de mal que le secret ne peut faire de bien. Le vote secret est bon dans des cercles, dans des sociétés privées, où chacun vote d'après ses inclinations ; il y évite des querelles personnelles; il en est autrement dans les élections politiques, où le bien public doit être le seul guide. Cependant, Mill admet que, quand la masse des électeurs est dans la dépendance, le secret est nécessaire, comme à la fin de la république romaine ou de la république athénienne ; mais il estime qu'aujourd'hui, la cause d'un mauvais vote est bien plutôt dans les intérêts particuliers ou de caste que dans les influences étrangères : de deux maux, il faut choisir le moindre.

Stuart Mill nous semble avoir ici complètement perdu de vue les nécessités pratiques. Théoriquement, son raisonnement est irréprochable. Mais voyons la réalité des faits. Est-il vrai que le pouvoir de contraindre les votants ait décliné au point que le vote puisse être rendu public? La vérité est que la grande majorité des électeurs est sous l'une ou l'autre de ces dépendances : une dépendance *politique* ou une dépendance *sociale*.

La dépendance politique est redoutable surtout dans un pays où le fonctionnarisme est développé, comme en France. Le gouvernement peut influencer et toute l'armée des fonctionnaires et toute l'armée de ceux qui aspirent à le devenir.

L'histoire est instructive : toutes les fois que le Pouvoir a voulu se rendre maître des élections, il a supprimé ou altéré le secret du vote. Il y a un siècle, Robespierre faisait prendre l'arrêté suivant par le conseil général de la Commune de Paris : « Le Conseil général, considérant que le « salut de la patrie réside dans le choix qu'on va faire des « membres appelés à la Convention nationale ; que les « *assemblées électorales ayant constamment trompé les* « *espérances du peuple, il est instant de prendre des mesu-* « *res pour prévenir les abus résultant d'un mode d'élec-* « *tions évidemment vicieux,* lorsqu'il ne reste plus assez « de temps pour l'abolir ; *que la publicité est la sauvegarde* « *du peuple,* arrête, le substitut du procureur de la Com- « mune entendu : 1º que les sections ordonneront à leurs « électeurs de faire leurs élections à haute voix et par « appel nominal ;... 3' que les séances du corps électoral « se tiendront en présence du peuple et que, la salle de « l'Évêché n'offrant pas les dispositions nécessaires pour « recevoir le public, l'assemblée électorale siégera dans « le local occupé par les Amis de la Constitution ».— On ne saurait être plus cynique et rien ne saurait être plus ins- tructif !

Voilà le danger que Stuart Mill ne semble pas avoir aperçu. Le parti au pouvoir ne dispose toujours que de trop de moyens pour agir sur les élections ; la publicité du vote, c'est la liberté enlevée à une fraction incalculable du corps électoral et un moyen infaillible d'oppression.

A côté de la dépendance politique, si redoutable dans un pays comme le nôtre, il y a la dépendance *sociale*, qui ne l'est pas moins aujourd'hui, avec l'organisation moderne, sous le régime de la grande industrie. Rappelons-nous qu'il y a, dans l'industrie, 3 millions environ d'ouvriers contre 1 million de patrons : peut on soutenir que ces 3 millions d'électeurs seraient absolument libres avec le vote public ?

Stuart Mill dit que le secret inspirera l'idée que le vote appartient à l'électeur dans son intérêt particulier. Et pourquoi donc? La servilité qui résulterait de la publicité serait bien plus propre à abaisser les caractères !

La tendance universelle est d'ailleurs manifestement contraire à l'opinion de Stuart Mill. Partout, à mesure que le suffrage s'est élargi, on a senti la nécessité de rendre le vote secret : voyons comment il a lieu en France et dans quelques autres pays.

Aux termes du règlement du 24 janvier 1789, les électeurs primaires pour les États Généraux étaient désignés à haute voix. Mais les députés étaient nommés au scrutin, par des bulletins pliés, que chaque électeur déposait lui-même dans l'urne.

Le principe du secret du vote a été successivement consacré par la constitution du 5 fructidor an III (art. 31), par la loi électorale du 26 fructidor an III (titre 1, art. 10 et 11), par les lois du 29 juin 1820 (art. 6), du 19 avril 1831 (art. 48), du 15 avril 1849 (art. 47, 48 et 57).

Ces dispositions ont passé dans les décrets de 1852, et, si elles n'ont pas toujours été respectées en fait, elles n'ont jamais cessé d'avoir force légale. On les retrouve aujourd'hui dans l'art. 5 § 2 de la loi du 30 novembre 1875 sur l'élection des députés, rendu applicable à l'élection des sénateurs par l'art. 27 de la loi organique du 2 août 1875, et dans l'art. 25 de la loi du 5 avril 1884.

Les prescriptions de détail destinées à assurer la sincérité du vote sont écrites dans les articles 21 et 22 du décret réglementaire du 2 février 1852.

Chaque électeur doit préparer son bulletin en dehors de la salle du scrutin.

La loi n'interdit pas, elle prévoit même les bulletins écrits à la main ; mais l'art. 30 du décret de 1852 prescrit d'annuler les bulletins dans lesquels *les votants se font connaître*. Le secret du vote n'interdit pas à un électeur illettré de faire écrire son bulletin par une autre personne, pourvu que ce soit en dehors de la salle de vote. Le papier des bulletins doit être blanc et sans signes extérieurs ; les votes qui ne seraient pas sur papier blanc ne doivent pas être reçus.

Les bureaux électoraux sont compétents pour apprécier les bulletins qui doivent être annulés comme violant le secret du vote, sous réserve de la décision définitive, qui appartient à l'assemblée compétente.

L'électeur doit remettre son bulletin fermé au président, qui a le devoir de refuser les bulletins non fermés. Chaque électeur est, d'ailleurs, libre de plier son bulletin comme il lui plaît ; mais les bulletins pliés de manière à laisser apparaître une mention imprimée portent atteinte au secret du vote.

Le vote est un acte essentiellement personnel, qui ne peut être accompli par procuration, comme en 1789.

Avant le commencement du vote, l'urne du scrutin doit avoir été fermée à deux serrures, dont les clefs restent, l'une entre les mains du président, l'autre entre celles du scrutateur le plus âgé. Les électeurs sont, dit la loi, appelés successivement par ordre alphabétique ; l'appel étant terminé, il est procédé au réappel de tous ceux qui n'ont pas voté. Dans la pratique, très peu d'électeurs se présentent au moment de l'ouverture du scrutin et il n'y a généralement ni appel ni réappel.

L'impression qui se dégage de ce simple exposé est que les précautions prises par notre législation pour assurer le secret du vote sont insuffisantes. Nous allons voir dans quelques législations étrangères des mesures beaucoup plus efficaces.

Voici, par exemple, comment en Angleterre, le vote, qui était jadis public, par acclamation ou sur registres, a lieu aujourd'hui, d'après les prescriptions du *Ballot Act* de 1872.

A l'ouverture du scrutin, le président (*presiding officer*) montre à tous les assistants que la boîte du scrutin est bien vide, il y appose son cachet de telle manière qu'elle ne puisse être ouverte sans le briser, et il le place en vue de tous ; et la boîte ne doit être enlevée de la salle sous aucun prétexte. L'électeur qui entre dans la salle est conduit par un constable au secrétaire du vote, qui lui demande ses noms et s'assure s'il figure sur le registre des électeurs. Si oui, pendant que le secrétaire marque d'un trait le nom du votant pour indiquer qu'il a reçu un bulletin, le président détache d'un registre à souche, après avoir noté sur la souche le numéro du votant, un bulletin de vote, qu'il estampille : le numéro pris sur la souche permettra, en cas de contestation et d'enquête, de retrouver l'électeur. Un seul bulletin doit être remis à chaque électeur, et sans aucune autre marque que l'estampille officielle et le numéro correspondant à celui de la souche, numéro que ne doivent pas connaître les candidats ni leurs agents. Muni du bulletin, l'électeur se retire dans l'un des compartiments aménagés dans la salle du vote, et là, en secret, il marque d'une croix, au moyen d'un crayon déposé dans le compartiment, la case laissée en blanc, du côté droit, en face des noms des candidats. La marque du bulletin en secret est prescrite à peine de nullité. Le vote d'ailleurs ne serait pas nul parce que l'électeur se serait servi d'autre chose que d'un crayon, aurait marqué autre chose qu'une croix, aurait mis la marque ailleurs qu'à la place qui lui est réservée; mais il y aurait nullité s'il avait mis quelque signe de nature à le faire reconnaître. Il y aurait encore nullité si l'électeur avait écrit sur son bulletin plus de noms qu'il n'y a de candidats à élire.

Son bulletin marqué secrètement, l'électeur doit le plier de manière à cacher son vote, mais en laissant voir la marque officielle mise au dos, et, quittant le compartiment isolé, il fait voir au président l'estampille et, en sa présence, dépose son bulletin, ainsi plié, dans la boîte, puis il quitte la salle.

Si un électeur ne sait pas lire, ou est physiquement incapable de voter de la manière prescrite, ou si un juif déclare ne pouvoir, le vote étant un samedi, accomplir les formalités prescrites par le *Ballot Act*, le *Presiding Officer* peut, en présence des agents des candidats, mais après avoir fait retirer le public, écrire son bulletin sous sa dictée et le mettre dans la boîte, et il doit faire tout ce qui dépend de lui pour assurer le secret du vote.

Après quoi, le *Presiding Officer* remet tous les documents scellés, avec la boîte du scrutin, au *Returning Officer*.

Les règles que nous venons de voir s'appliquent aux élections administratives, sauf des différences de détail dans lesquelles il ne nous paraît pas utile d'entrer : par exemple, on ne défère jamais de serment à l'électeur.

Nous allons retrouver un système tout à fait analogue dans la législation belge, qui a pris modèle sur la législation anglaise.

Au moment où le scrutin s'ouvre, l'électeur se présente, muni, par les listes des candidats agréés, affichées depuis cinq jours sur tous les points de l'arrondissement, de tous les renseignements nécessaires sur les noms, la situation et la couleur politique de ces candidats. Il reçoit du président du bureau un ou plusieurs bulletins, suivant le nombre de votes qui lui est attribué (l. 28 juin 1894, art. 174), bulletins imprimés « *sur papier électoral* », conforme au modèle dont le libellé et la forme figurative sont déterminés par la loi (l. 28 juin 1894, art. 195 ; l. 12 septembre 1895, art. 129). Ces bulletins portent les noms des candidats agréés, ainsi qu'il a été dit pour les affiches. L'authenticité de ces bulletins est garantie par une pénalité sévère contre les contrefacteurs.

Le bulletin est remis à l'électeur, plié en quatre à angles droits et estampillé au verso d'un timbre marquant le numéro du bureau et la date de l'élection.

Dans l'enceinte du bureau sont construits, par les soins de l'administration et sur un modèle uniforme, déterminé par la loi, des espèces de loges ou compartiments isolés et clos, de manière à mettre l'électeur à l'abri de tout regard indiscret (l. 28 juin 1894, art. 170). A mesure de l'appel fait par le secrétaire sur la liste générale, chaque électeur, muni du bulletin que lui a remis le président, entre dans un des compartiments pour y formuler son vote (l. 28 juin 1894, art. 174).

S'il veut voter pour tous les candidats d'une liste, il noircit, au moyen du crayon mis à sa disposition dans l'isoloir, le point clair central dans la case mise en tête de la liste des candidats. S'il veut donner son suffrage à tel seulement des candidats d'une ou de diverses listes, il noircit seulement le point clair central de la case placée à la suite du nom de chacun des candidats pour lesquels il vote (art. 175). Pour les candidats isolés, la case est placée au-dessus de leurs noms dans les élections législatives, et à côté dans

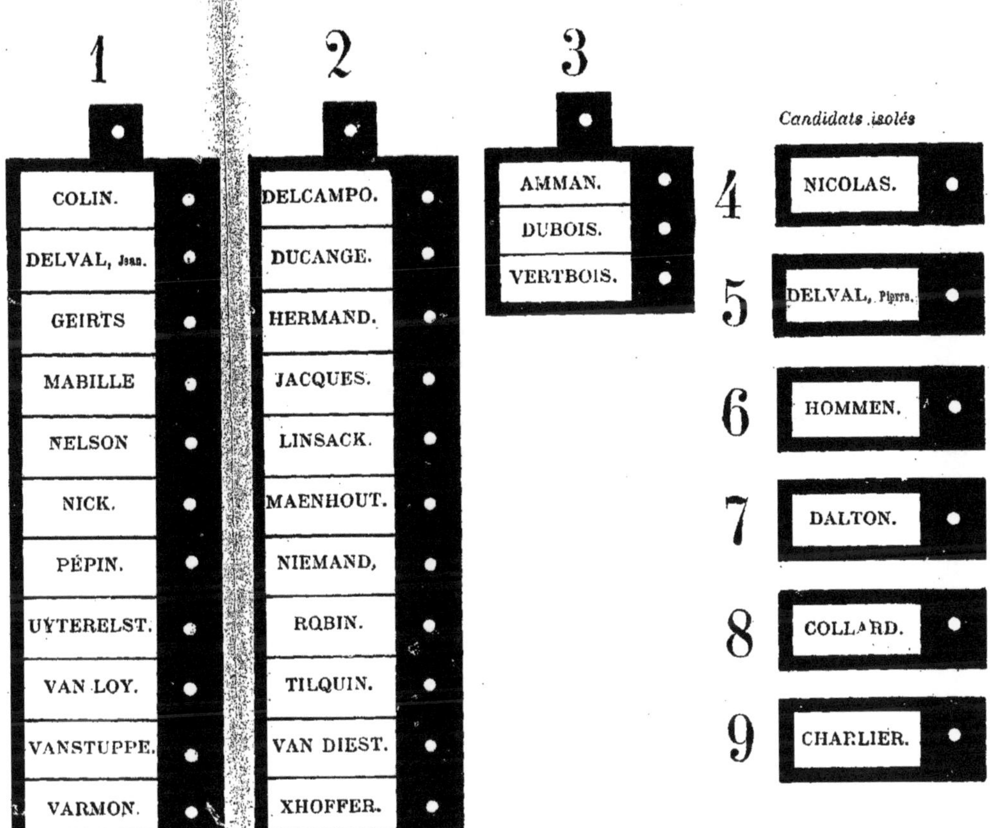

Instructions pour l'impression du bulletin.

1° Le prénom est ajouté si les candidats portent le même nom de famille ;

2° La dernière colonne est réservée aux candidats présentés isolément ; leurs noms y sont inscrits dans l'ordre déterminé par le sort. Les autres colonnes sont réservées aux listes complètes ou incomplètes. Dans chaque liste, les candidats sont inscrits selon l'ordre alphabétique. Les listes comprenant le plus grand nombre de candidats occupent les premières colonnes, à gauche. L'ordre, entre celles qui comprennent le même nombre de candidats, est indiqué par le sort ;

3° La case placée en tête de la liste a une surface au moins double de celles des cases latérales.

les élections communales, conformément au modèle dont nous donnons ci-contre le spécimen.

Si un électeur est aveugle ou infirme, le président l'autorise à se faire accompagner d'un guide ou d'un soutien (art. 174) ; il paraît que, dans la pratique, on accorde la même faveur à l'électeur illettré ; car, si le système dispense d'écrire, il ne dispense pas de lire.

L'électeur, son bulletin étant ainsi préparé, revient le présenter au président du bureau. Ce bureau lui-même, où il va porter son vote, est également protégé par des cloisons mobiles contre l'accès et le regard des électeurs (L. 28 juin 1894, art. 170). Le votant présente au président son bulletin, plié réglementairement, et le dépose dans l'urne après que le président a vérifié le nombre de ses votes d'après la lettre de convocation et que le président ou un assesseur désigné par lui a estampillé celle-ci (art. 170). Il est interdit à l'électeur de déplier son bulletin en sortant du compartiment isoloir, de manière à faire connaître le vote qu'il a émis ; s'il le fait, le président lui reprend le bulletin déplié, qui est aussitôt annulé, et l'oblige à recommencer son vote (art. 170).

Tel est le mécanisme copié sur le système anglais, par lequel la législation belge a essayé d'assurer le secret le plus absolu dans le vote. M. de Laveleye affirmait, dans son ouvrage sur « *Le Gouvernement dans la démocratie* », que chacun se félicitait des résultats : « On « peut dire que la fraude est devenue impossible. Le vote « est absolument secret. Il s'ensuit que les abus d'influence « ou de corruption ont presque entièrement disparu. A « quoi bon acheter la voix d'un électeur à prix d'argent et « de promesses, si on ne peut savoir pour qui il vote, puis-« que tous les bulletins sont semblables et transformés de « la même façon ? »

Ce système a été consacré dans les Pays-Bas par la loi électorale du 7 septembre 1896 : l'opération du vote se fait, comme en Belgique, dans un compartiment isoloir, où l'électeur marque d'un coup de tampon, sur le bulletin de vote à lui remis par le bureau, le candidat de son choix.

En Grèce, fonctionne un mode de votation tout particulier, et qui mérite d'être cité, plus encore à titre du curiosité électorale que comme exemple à suivre.

Sur une table ou sur des tables mises l'une à côté de l'autre et vis-à-vis de la place où le bureau électoral siége, doivent être déposées autant d'urnes qu'il y a de candidats. Chaque urne doit avoir sur sa face antérieure une tablette fixe sur laquelle est inscrit le nom du candidat. Le même nom du candidat auquel l'urne appartient, ainsi que son prénom, sont inscrits en lettres lisibles sur la surface de la couverture des urnes et des sacs. Chaque urne, faite de métal de l'espéce désignée par ordonnance royale, uniformément pour tout le territoire, doit avoir intérieurement deux divisions, distinguées extérieurement par deux couleurs. La division à droite, destinée aux *oui*, est de couleur blanche ; la division à gauche, destinée aux *non*, est de couleur noire. Le *oui* et le *non* doivent être inscrits sur le front de l'urne, en lettres majuscules. Dans la partie du devant de l'urne, s'ouvre un trou circulaire, correspondant à un tube long de 27 centimètres et de 12 centimètres de diamètre, par lequel l'électeur introduit sa main et dépose son vote. L'intérieur de l'urne où les boules doivent être déposées est tapissé de drap de laine. Les sacs qui sont destinés à recevoir les boules sont de couleur blanche ou noire, selon qu'ils sont pour le *oui* ou pour le *non*. Les urnes sont visitées par le bureau électoral et par les candidats ou leurs représentants, pour qu'il soit bien constaté qu'elles sont vides ; puis elles sont fermées et scellées par le bureau et recouvertes avec le couvercle de chaque boîte et ces boîtes sont fermées à trois clefs qui sont remises : l'une au membre du bureau désigné par la majorité, une autre au membre désigné par la minorité et la troisième au représentant de l'autorité judiciaire. Les électeurs entrent dans la salle du vote cinq à la fois et se présentent au bureau, qui, après avoir reconnu leur identité et avoir constaté qu'ils sont inscrits sur la liste électorale, remet à chacun des employés au vote cinq petites boules, qui sont déposées dans un vase *ad hoc*. Les employés portant les vases à boules se tiennent chacun à côté de l'urne à laquelle ils sont attachés et remettent à l'électeur, au moment où il passe devant l'urne, une boule, en prononçant en même temps distinctement le nom et le prénom du candidat auquel l'urne appartient. L'électeur prend la boule, la lève entre le pouce et l'index, pour montrer qu'il n'en tient qu'une seule, et immédiatement après passe la main dans l'urne et vote.La même opération se répète jusqu'à ce que l'électeur ait passé devant toutes les urnes. Le vote au moyen de boules se retrouve encore en Serbie (loi électorale du 25 mars 1890). Le vote par bulletins est manifestement plus pratique !

Quand on étudie la législation électorale des cantons suisses, on voit, à mesure que le courant démocratique s'accentue, augmenter la préoccupation du secret du vote.

Ainsi les cantons du Tessin (1888), de Neuchâtel (1891), de Lucerne et de Genève (1892), de Vaud (1893), font des lois pour prescrire le vote sous une enveloppe officielle. Telle législation, comme celle de Neuchâtel, prescrit que des locaux spéciaux et même des compartiments d'isolement soient aménagés dans chaque section pour que l'électeur puisse écrire son vote en secret.

En Norvège, le vote était oral et public : la loi du 1er juillet 1884 y a substitué le vote secret, au moyen d'enveloppes officielles.

En Bavière, où l'élection avait lieu par bulletins signés, la loi du 22 mars 1881 a consacré le système du vote secret, par bulletins non signés. De même la nouvelle loi électorale autrichienne de 1896 décide que le vote a exclusivement lieu par bulletins, qui doivent être remis pliés au président.

Si nous passons dans le Nouveau Monde, nous constaterons la même préoccupation : dans plusieurs États de la Confédération américaine, des lois récentes ont été faites pour assurer plus complètement le secret du vote. Une loi de l'État de New-York, approuvée le 21 avril 1891, prescrit l'impression et la distribution des bulletins de vote au nom des candidats déclarés au moins quatre jours à l'avance, et les candidats ou leurs agents électoraux peuvent les examiner. Chaque bulletin sera traversé par une ligne pointillée, distante d'un pouce du bord supérieur ; cette partie supérieure, appelée *souche*, ne portera qu'un numéro imprimé au verso ; le bulletin portera, imprimés en caractères différents, l'indication de la fonction et le nom du candidat. Il y aura autant de bulletins différents que de

partis politiques en présence. La dimension des bulletins
est réglée minutieusement et chaque bulletin porte au dos
la mention : « Bulletin officiel pour la section de... ». Les
bulletins sont disposés de telle sorte qu'une fois pliés ils
puissent être détachés de la souche, sans que l'on voie ce
qu'ils contiennent; chaque souche porte un numéro d'ordre.
Les officiers publics qui ont mission de désigner les lieux
du scrutin doivent faire préparer dans chacun des cabines
munies « de pupitres, plumes, porte-plume, encre, papier
buvard, crayon, colle », où l'électeur, à l'abri de tout
regard, pourra préparer son bulletin de vote; c'est là que
l'électeur, après avoir reçu un buiietin des mains du
secrétaire, y écrit ou y colle le nom de son candidat et
remet ensuite le bulletin plié en quatre au secrétaire, qui,
avant de le déposer dans l'urne, en détache la souche,
laquelle est conservée à part.

Une loi de l'État de Californie, du 20 mars 1891, prend
également toutes sortes de précautions pour assurer le
secret du vote, notamment par l'aménagement dans
chaque salle de vote de locaux spéciaux, où l'électeur
peut écrire son vote à l'abri des regards des autres.

Dans le Massachusetts, une loi du 31 mai 1892 a aussi été
votée « *pour mieux assurer le secret des élections.*

D'après la loi électorale chilienne du 20 août 1891,
l'électeur s'enferme dans un cabinet et met son vote sous
une enveloppe ; il le porte ensuite au bureau et le dépose
dans l'urne.

Rares sont aujourd'hui les pays où le vote reste public.
Il en est ainsi en Danemark, où le vote a lieu d'une façon
toute particulière : c'est une véritable réunion publique, où
sont discutés les titres des candidats, qui peuvent prendre
la parole, ainsi que leurs parrains ; la discussion est dirigée par le président du bureau, qui en prononce la clôture,
et le vote a lieu par *levée de mains,* en suivant l'ordre
alphabétique des noms des candidats, à moins que les
électeurs n'aient réclamé l'appel nominal. Le candidat qui
obtient le plus de suffrages est provisoirement considéré
comme élu ; toutefois, lorsqu'il n'y a qu'un candidat, il faut
qu'il réunisse plus de la moitié des suffrages exprimés.
Le vote par appel nominal peut être demandé soit par

un candidat non élu, soit par un de ses parrains, soit par 50 électeurs : il y est alors procédé et les électeurs donnent successivement leur vote de vive voix. Un pareil système est, à coup sûr, peu recommandable, et il ne faut jamais avoir assisté à une réunion publique pour l'approuver.

Le vote a également lieu par déclaration verbale en Prusse ; il y a un scrutin séparé pour chaque candidat à élire. A l'appel de son nom, chaque électeur se présente au bureau et indique le nom de son candidat; le secrétaire inscrit ce nom sur la liste des délégués en marge de celui du votant, à moins que ce dernier ne désire l'inscrire lui-même.

On peut dire que la question est aujourd'hui tranchée par l'expérience : à mesure que l'esprit démocratique a gagné du terrain, on a senti partout la nécessité d'assurer de plus en plus le secret du vote et l'on peut dire que la meilleure législation est celle qui réalise le mieux cet idéal. La nôtre laisse beaucoup à désirer à cet égard. Elle appelle une réforme. Le système du vote sous enveloppe officielle dans un compartiment séparé, qui tend à se généraliser, nous paraîtrait le meilleur.

Certaines législations font précéder le vote soit de la lecture de certains textes, soit de certains serments. Ainsi, en Norvège, les assemblées électorales se tiennent à la campagne, dans l'église principale de la paroisse, dans les villes, à l'église, à l'hôtel de ville ou autre lieu approprié, et, avant de procéder aux élections, il est fait lecture à haute voix de la constitution, dans les villes par le premier des magistrats municipaux, et à la campagne par le pasteur (art. 55 et 56 de la constitution). En Prusse aussi, les opérations électorales sont ouvertes par la lecture de plusieurs articles de la loi [1].

Voici une curieuse disposition de la loi électorale autri-

---

1. On trouve dans certaines constitutions américaines des dispositions curieuses à propos du vote. Ainsi, celles de la Louisiane et de la Californie ont admis l'inviolabilité de l'électeur le jour de l'élection ; il ne peut pas être arrêté. Cependant, s'il est dans le cas de l'être, son vote ne serait guère à regretter ! La législation de la Louisiane décide que, les jours d'élection, la vente et le don des liqueurs fortes sont prohibés dans le rayon d'un mille autour du lieu du vote.

chienne du 14 juin 1896 (art. 40) : « Le président de la commission électorale fait connaître aux électeurs assemblés,
avant l'ouverture du scrutin, la teneur des articles 9 *a*, 19,
20 et 20 *a* de la présente loi, sur les conditions exigées pour
la capacité électorale ; il leur explique comment le vote et
le calcul des voix doit avoir lieu, et les exhorte à voter suivant leur libre conviction, sans aucune arrière-pensée intéressée, en ne tenant compte que de leur meilleure science
et conscience. »

En France, la loi du 19 fructidor an V prescrivait aux
membres des assemblées primaires et électorales le serment de haine à la royauté et à l'anarchie, de fidélité et
d'attachement à la République et à la constitution de l'an
III. Sous la Restauration, chaque électeur, votant pour la
première fois, devait prononcer le serment suivant : « Je
jure fidélité au roi, obéissance à la Charte constitutionnelle
et aux lois du royaume. » — Ce rapprochement est instructif !

En Bavière, depuis la loi du 22 mars 1881, les électeurs
du 1er degré doivent prêter un serment constitutionnel, impliquant fidélité au roi, obéissance à la loi et respect à la
constitution, et les électeurs du 2e degré doivent prêter un
serment électoral, dont la teneur les oblige à voter en toute
indépendance et loyauté. — Le premier serment est excessif
et le second est inutile. C'est porter atteinte à la liberté de
l'électeur que de lui demander de jurer fidélité à un régime
politique et l'autre serment n'ajoutera rien à la loyauté et
à l'indépendance des électeurs.

CHAPITRE V

Il ne suffit pas d'assurer la sincérité du vote ; il importe encore au plus haut point d'assurer la sincérité du dépouillement du scrutin. Voyons d'abord, en résumé, comment les choses se passent chez nous.

Après la clôture du scrutin, l'urne est ouverte et le nombre des bulletins vérifié par le bureau, composé comme il a été dit. Si ce nombre est plus grand ou moindre que celui des votants, constaté par les émargements, il en est fait mention au procès-verbal.

Lorsque le bureau a terminé le compte des bulletins, il désigne parmi les électeurs présents un certain nombre de scrutateurs, sachant lire et écrire, lesquels se divisent par tables de quatre au moins. Dans les collèges ou sections où il s'est présenté moins de 300 votants, le bureau peut procéder lui-même, et sans l'intervention de scrutateurs supplémentaires, au dépouillement du scrutin. Pour les collèges divisés en plusieurs sections, le dépouillement du scrutin se fait par section. Le président du bureau répartit entre les diverses tables les bulletins à vérifier ; il surveille, avec les membres du bureau, l'opération du dépouillement. Les électeurs ont également le droit de surveillance : les tables sur lesquelles s'opère le dépouillement du scrutin doivent être disposées de telle sorte que les électeurs puissent circuler alentour (décret du 2 février 1852, art. 29).

A chaque table, l'un des scrutateurs lit chaque bulletin à haute voix et le passe à un autre scrutateur. Les scrutateurs ne doivent donner lecture ni des observations, ni des injures qui accompagneraient les noms des candidats. Les noms portés sur les bulletins sont relevés sur des listes préparées à cet effet. Deux scrutateurs doivent inscrire

simultanément sur les feuilles de dépouillement les suffrages obtenus par les divers candidats ; ils s'avertissent mutuellement lorsqu'ils ont noté 10 voix données au même
candidat. Quand le dépouillement d'un groupe de bulletins
est terminé, un des scrutateurs supplémentaires consigne
sur la feuille de dépouillement le nombre des suffrages obtenus par chaque candidat. Cette feuille est signée par les
scrutateurs supplémentaires. Ces relevés sont remis au
bureau avec les bulletins qui ont donné lieu à contestation
et avec les bulletins blancs ou nuls.

Immédiatement après le dépouillement, le résultat du
scrutin est rendu public ; la proclamation en est faite par
le président du bureau, et les bulletins, autres que ceux qui
doivent être annexés au procès-verbal, sont brûlés en pré·
sence des électeurs. Le procès-verbal des opérations électorales de chaque commune est rédigé en double exemplaire par le secrétaire que le bureau a désigné (décret du
2 février 1852, art. 30). L'un des exemplaires reste déposé
au secrétariat de la mairie ; l'autre est transmis au sous-
préfet de l'arrondissement, qui le fait parvenir au préfet ;
il est destiné à faire partie du dossier soumis à l'assemblée
ou à la juridiction compétente.

Le *recensement général des votes*, en ce qui touche les
élections à la Chambre des députés, s'opère, pour chaque
circonscription électorale, au chef-lieu du département,
en séance publique, par les soins d'une commission, composée de trois membres du Conseil général et, à Paris, de
cinq membres du conseil général ; ce sont les préfets qui
désignent les membres du conseil général appelés à faire
partie des commissions de recensement ; chaque commission nomme son président. La commission est saisie par
le préfet des procès-verbaux des bureaux électoraux, classés par cantons ; elle vérifie les calculs et les totalise ; elle
examine les bulletins douteux qui ont été annexés, rectifie, s'il y a lieu, les décisions prises, mais doit maintenir
les bulletins annexés, afin que la Chambre puisse statuer
en dernier ressort. Le recensement terminé, le président
de la commission en fait connaître le résultat : il proclame
élu celui des candidats qui a satisfait aux conditions prescrites par la loi.

Pour les élections au conseil général et au conseil d'arrondissement, le recensement général des votes est fait au chef-lieu de canton par le bureau du chef-lieu.

Pour les élections sénatoriales, les résultats du scrutin sont recensés par le bureau électoral et proclamés immédiatement par lui.

Tel est le résumé des opérations du dépouillement du scrutin, tel qu'il est pratiqué chez nous. Là encore, et nous dirons même là surtout, les garanties sont insuffisantes.

Voici, par exemple, la législation belge, qui prend des précautions autrement minutieuses pour assurer la sincérité du dépouillement.

Lorsque le scrutin est clos, le président, qui est, nous le savons, un magistrat de l'ordre judiciaire, ouvre l'urne et en met le contenu dans une enveloppe scellée des cachets de tous les membres du bureau, et il va, accompagné des témoins, transporter ces plis au bureau de dépouillement, établi au chef-lieu du canton électoral. Ce bureau est composé de trois présidents des bureaux de canton désignés par un tirage au sort effectué par le bureau principal, trois jours avant celui du scrutin. Il y a un bureau de dépouillement par trois bureaux de vote et le dépouillement est réparti entre eux d'après un tirage au sort effectué par le bureau principal, trois jours avant celui du scrutin. Lorsque le bureau a reçu tous les plis qui lui sont destinés, le président, en présence des membres du bureau et des témoins, ouvre les plis et compte, sans les déplier, les bulletins qu'ils contiennent ; puis, lui et l'un des membres du bureau, après avoir mêlé tous les bulletins, les déplient et les classent suivant l'ordre établi par la loi ; lorsque la classification est terminée, les autres membres du bureau et les témoins examinent les bulletins sans déranger le classement et soumettent au bureau leurs observations et réclamations, qui sont actées au procès-verbal. Le bureau principal, auquel tous ces procès-verbaux sont adressés, procède, en présence des témoins, au recensement général des votes. Tel est le résumé des articles 177 à 189 du Code électoral belge de 1895.

La législation italienne mérite encore d'être citée comme exemple. Nous avons vu les précautions prises par elle pour la constitution des bureaux électoraux. On sait que le bureau définitif est nommé à l'élection par la séction électorale, dès que 20 électeurs au moins sont présents, avec le système du vote limité, et que celui qui a obtenu le plus de voix est le président.

Voici, en deux mots, comment s'opère le dépouillement du scrutin. L'urne étant ouverte et le nombre des bulletins ayant été vérifié, un des scrutateurs prend successivement chaque bulletin, le déplie, le remet au président, qui en donne lecture à haute voix et le fait passer au scrutateur élu par le plus petit nombre de voix. Les autres scrutateurs et le secrétaire notent le nombre de voix obtenues par chaque candidat (art. 68). Le bureau de la section proclame le résultat du scrutin et le certifie exact dans le procès-verbal (art. 71). Ensuite, les présidents des bureaux définitifs de chaque section ou les scrutateurs qui en remplissent les fonctions, se réunissent dans la salle de la première section sous la présidence d'un magistrat, désigné par le président de la cour d'appel, avec le concours du secrétaire de la première section. A cette assemblée ont le droit d'être présents tous les électeurs du collège. L'assemblée fait le recensement des votes, prononce sur tous les incidents relatifs à l'élection et proclame le résultat complet du vote du collège (art. 73, modifié par la loi du 28 juin 1892).

On voit que, en ce qui concerne le dépouillement du scrutin, comme sur beaucoup d'autres points, notre législation pourrait faire d'utiles emprunts à plusieurs législations étrangères.

Voyons maintenant les résultats du vote. Quelles sont les conditions exigées par la loi pour être élu ?

La majorité requise pour la validité d'une élection peut être *absolue* ou *relative*. On entend par majorité absolue la moitié plus un du nombre des votants. La majorité relative est la simple pluralité des suffrages. Dans le calcul de la majorité absolue, les bulletins blancs ou nuls ne sont pas comptés.

Pour la nomination des députés aux États Généraux de 1789, la majorité absolue était exigée aux deux premiers tours de scrutin ; le troisième tour était un scrutin de *ballottage* entre les deux candidats qui avaient obtenu le plus de voix ; la majorité relative suffisait et, en cas d'égalité de suffrages, le plus âgé était élu. Les mêmes règles furent appliquées par le décret du 22 décembre 1789 et par la loi du 13 fructidor an III, qui toutefois supprima la condition du ballottage. La loi du 25 fructidor an III ne conserva qu'un seul tour de scrutin avec la majorité absolue et traça pour le deuxième tour une procédure bizarre et compliquée. Non moins compliqué était le système de votation organisé par la loi du 13 ventôse an IX, pour la formation des triples listes créées par la constitution de l'an VIII : ces systèmes n'offrent plus d'intérêt.

Sous la Restauration, la loi du 5 février 1817 exigeait, aux deux premiers tours de scrutin, la majorité absolue des suffrages exprimés et la réunion du quart plus une des voix des électeurs inscrits ; le troisième tour était un scrutin de ballottage ; la majorité relative suffisait. La loi du 19 avril 1831 voulait, aux deux premiers tours, la majorité absolue des suffrages exprimés et le tiers des voix composant le collège.

Le décret du gouvernement provisoire du 5 mars 1848 inaugura un nouveau système : il se contenta de dire que nul ne serait élu s'il n'avait réuni 2.000 suffrages ; les élections se faisaient alors par département.

La loi du 15 mars 1849 ne rétablit pas l'obligation de la majorité absolue ; mais l'article 64 décida que nul ne serait élu au premier tour de scrutin s'il ne réunissait un nombre de voix égal au huitième de celui des électeurs inscrits sur la totalité des listes électorales du département.

L'article 6 du décret organique du 2 février 1852 établit un système analogue à celui qui est en vigueur aujourd'hui pour les élections à la Chambre des députés. Il exigeait, au premier tour de scrutin, la majorité absolue des suffrages exprimés et, de plus, un nombre de voix égal au quart des électeurs inscrits sur la totalité des listes électorales de la circonscription. Au deuxième tour de scrutin, la majorité relative suffisait.

Pour l'élection de l'Assemblée nationale en 1871, le décret du 29 janvier avait remis en vigueur les dispositions de la loi de mars 1849 ; mais l'Assemblée trouva les garanties insuffisantes et, par une loi du 18 février 1873. elle

rétablit les conditions de majorité exigées par le décret de
1852. La loi du 30 novembre 1875 a fait de même, ainsi que
la loi du 16 juin 1885, dont l'article 5 porte : « Nul n'est élu
au premier tour de scrutin s'il n'a réuni : 1º la majorité absolue des suffrages exprimés ; 2º un nombre de suffrages
égal au quart des électeurs inscrits. Au deuxième tour de
scrutin, la majorité relative suffit. » Le deuxième tour de
scrutin n'étant pas défini par la loi scrutin de ballotage, les
voix des électeurs pourraient se porter valablement sur un
citoyen qui n'a pas été candidat au premier tour. Le dernier paragraphe de l'article 5 de la loi de 1885 porte qu'en
cas d'égalité de suffrages, le plus âgé est élu. Les mêmes
règles s'appliquent aux élections municipales et aux élections départementales.

Quant aux élections sénatoriales, la loi du 2 août 1875
(art. 15) exige la majorité absolue des suffrages exprimés
et un nombre de voix égal au quart des électeurs inscrits
aux deux premiers tours de scrutin ; au troisième tour, la
majorité relative suffit, et, en cas d'égalité de suffrages, le
plus âgé est élu. Pour les sénateurs, comme pour les députés, la loi laisse les électeurs libres de désigner, au dernier tour de scrutin, un candidat nouveau. Celui qui a obtenu
la majorité requise est proclamé élu par la commission de
recensement ; mais ce n'est là qu'une proclamation de fait,
qui n'a pas le pouvoir de valider son titre.

En Angleterre, la majorité relative suffit [1] et, en cas de
partage, la voix du *Returning Officer* détermine l'élection :
le bénéfice de l'âge est moins arbitraire

En Allemagne, il faut que le candidat ait obtenu la majorité absolue des voix émises, défalcation faite du nombre
des bulletins nuls. Quand l'élection n'a pas donné de majorité absolue, il y a lieu à un scrutin de ballotage entre les
deux candidats qui ont obtenu le plus grand nombre de
voix. En cas de partage, c'est le sort qui décide.

En Saxe, l'élection a lieu à la majorité simple, mais avec
le tiers au moins des votants. En Bavière, la loi exige la
majorité absolue, et, comme la présence des deux tiers des
électeurs du deuxième degré est nécessaire pour la vali-

____

1. Il en est de même au Japon. (Loi du 11 février 1889.)

dité de l'élection, il en résulte qu'il faut, de plus, réunir le tiers des électeurs inscrits.

En Suisse, il faut la majorité absolue aux deux premiers tours de scrutin ; au 3°, il est procédé à un scrutin de ballottage entre un nombre triple de celui des députés à élire.

En Espagne, l'élection a lieu à la majorité relative, et, au cas d'égalité entre deux candidats,le président les déclare élus tous les deux, laissant au Congrès le soin de se prononcer entre eux [1].

La règle admise chez nous pour les élections à la Chambre des députés, au conseil général et au conseil municipal nous semble devoir être approuvée. Nous ne voudrions même pas de ce tempérament, proposé par quelques-uns et qui consisterait à annuler toute élection dans laquelle la moitié des électeurs inscrits n'aurait pas voté ; c'est assez, en vérité, de deux tours de scrutin, et l'on hésiterait sans doute à laisser la circonscription sans représentation pendant toute la durée de la législature. Nous pensons enfin que la même règle pourrait être sans inconvénient appliquée aux élections sénatoriales ; en fait, ceux qui ont observé de près ces élections savent que la perspective d'un 3° tour de scrutin à une heure très tardive suffit à déterminer le vote d'un grand nombre de délégués en faveur du candidat qui tient la tête ; mieux vaudrait se contenter de la majorité relative au 2° tour, en fixant le 2° tour à 4 heures, par exemple, au lieu de 2, de manière à laisser plus de temps aux électeurs pour réfléchir et se concerter.

Dans toutes les élections, notre législation, en cas d'égalité de suffrages, donne la préférence au plus âgé. Beaucoup de législations prescrivent le tirage au sort. La législation du Portugal appelle en première ligne celui qui a été déjà le plus longtemps député ; en 2° ligne. le plus âgé ; en 3° ligne, celui qui a été désigné par le sort. La législation française nous semble la meilleure.

---

1. Si l'un des deux candidats n'a pas l'aptitude légale, ou si le procès-verbal contient contre l'un d'eux des protestations justifiées,le Congrès proclame l'autre. A défaut de ces deux raisons de décider, il doit proclamer : 1° celui qui a exercé le plus souvent le mandat; 2° celui qui l'a exercé le plus longtemps ; 3° le plus âgé (loi du 26 juin 1890, art. 78).

CHAPITRE VI

DE LA VÉRIFICATION DES POUVOIRS.

Le droit de former une réclamation contre les opérations électorales appartient : 1° à tous les électeurs de la circonscription ; 2° aux candidats non élus ; 3° aux membres de l'assemblée dont l'élu fait partie, sauf pour les élections au conseil d'arrondissement ; 4° au Gouvernement, représenté par un ministre pour les élections législatives, par le préfet pour les élections administratives.

Il n'y a point de délai fixé par la loi pour les élections législatives ; la réclamation peut se produire tant qu'il n'a pas été statué sur la validité de l'élection. Pour les élections au conseil général, le délai est de dix jours ; le préfet a un délai de vingt jours depuis le moment où il a reçu les procès-verbaux. Pour les élections au conseil d'arrondissement et au conseil municipal, le délai est de cinq jours ; le préfet a un délai de quinze jours depuis la réception des procès-verbaux.

Les réclamations ne sont assujetties à aucune forme ; elles sont dispensées des droits de timbre et d'enregistrement.

Qui sera juge de ces réclamations ? La validité des élections peut être jugée, soit par les assemblées elles-mêmes, soit par un pouvoir distinct. Dans notre législation, les élections aux assemblées législatives sont jugées par les assemblées elles-mêmes, qui procèdent par voie de vérification des pouvoirs, tandis que les contestations relatives aux élections aux assemblées administratives sont déférées à la juridiction administrative.

Les assemblées politiques ont presque toujours revendiqué pour elles seules le droit de vérifier les pouvoirs de leurs membres.

En 1789, ce droit eût été partagé entre les États Généraux

et le chef de l'État, si l'on se fût conformé à la procédure
tracée par le règlement du 13 juin 1789 (art. 2 et 10). Mais
l'assemblée du Tiers État refusa de se soumettre à cette
procédure ; dès qu'elle se fut constituée par la validation
des pouvoirs non contestés, elle se saisit souverainement de
l'examen des pouvoirs contestés ; elle décida, le 19 juin
1789, que les pouvoirs sur lesquels il y avait des difficultés
seraient soumis à l'examen d'un « comité de vérification et
de contentieux » ; les résolutions de ce comité furent
rapportées à l'assemblée, qui prononça sans admettre de
recours contre ses décisions.

Le principe suivi par l'Assemblée fut incrit dans la
constitution du 14 septembre 1791, qui décida que les
décrets du corps législatif relatifs à la validité des élections
ne seraient pas sujets à la sanction royale. Les deux conseils
créés en l'an III restèrent en possession du droit de vérifier
les pouvoirs de leurs membres.

Sous le régime consulaire et impérial, il ne pouvait plus
être question de vérification des pouvoirs, puisque la
nomination des députés et des tribuns était faite par le
Sénat ; l'art. 21 de la constitution du 22 frimaire an VIII
donnait au Sénat le droit *d'annuler les listes d'éligibles*
dressées par les électeurs, lorsque ces listes lui seraient
déférées comme inconstitutionnelles par le Tribunat ou
par le Gouvernement.

La charte de 1814 était muette sur la vérification des
pouvoirs ; mais la Chambre revendiqua, dans son règlement, le droit de prononcer sur la validité des élections et
elle l'a exercé librement depuis 1814. Après la révolution
de juillet, ce droit fut inscrit d'une façon expresse dans
l'art. 62 de la loi organique du 19 avril 1831, et il a constamment été suivi depuis. Il est écrit aujourd'hui dans l'article
10 de la loi constitutionnelle du 16 juillet 1875 : « Chacune
des Chambres est juge de *l'éligibilité* de ses membres et de
la *régularité* de leur élection. » Il faut rapprocher de ce
texte l'art. 51, toujours en vigueur, du décret organique
du 2 février 1852, portant que « les condamnations pour
crimes ou délits électoraux ne peuvent en aucun cas avoir
pour effet d'annuler l'élection déclarée valide par les
pouvoirs compétents. »

Ainsi, le texte qui régit aujourd'hui la matière est aussi large que possible ; il attribue aux Chambres un pouvoir souverain, non seulement sur la régularité des opérations électorales, mais encore sur l'éligibilité des candidats.

On ne voit pas que les Chambres françaises aient jamais renvoyé aux tribunaux l'examen de questions d'état civil se rapportant à des vérifications de pouvoirs. Le bureau chargé de vérifier le dossier de l'élection et l'assemblée elle-même apprécient souverainement la question et n'ont pas à rendre compte des motifs de leur décision.

La question s'était posée au Sénat de savoir s'il y a lieu d'ajourner l'examen d'un dossier lorsque des protestations contre l'élection des délégués municipaux sont encore pendantes devant le Conseil d'État. En effet, une élection validée par le Sénat pourrait se trouver moralement viciée, s'il était démontré, après la validation, que les délégués qui ont concouru au vote n'avaient pas été régulièrement nommés. Malgré la gravité de cette raison, le principe de la souveraineté des assemblées en matière de vérification des pouvoirs l'a emporté et, dans la séance du 12 février 1885, le Sénat a voté une résolution indiquant sa volonté de statuer sur des opérations électorales sans attendre le jugement du Conseil d'État.

Le pouvoir des Chambres va-t-il jusqu'à valider l'élection d'un membre frappé d'inéligibilité ? Moralement, non ; et ce serait un véritable scandale que de voir le législateur lui-même donner l'exemple du mépris de la loi. Toutefois, nous n'apercevons pas la sanction et il nous paraît certain que, si une Chambre rendait un semblable verdict, quelque regrettable qu'il fût, il donnerait à celui qui en aurait obtenu le bénéfice droit de siéger dans l'enceinte législative. La question se posa devant la Chambre des députés, en 1879, à propos de l'élection de Blanqui, inéligible par suite de condamnations judiciaires. Le bureau chargé de l'examen du dossier conclut à l'invalidation. Cependant il se trouva une minorité pour soutenir que la Chambre « assem-« blée politique, pouvait, pour des raisons politiques, au « nom du pays dont elle est l'organe, relever un candidat « de l'incapacité qui viciait l'élection ». Et la même thèse fut développée devant la Chambre par M. Clémenceau :

« La Chambre, disait-il, n'est ni un jury, ni un tribunal ;
« nous sommes la Chambre des députés, c'est-à-dire un
« corps politique statuant sur une élection, c'est-à-dire sur
« un acte politique. La Chambre, en matière d'éligibilité,
« et sur ce point seulement, jouit d'un pouvoir souverain,
« d'un pouvoir discrétionnaire. J'ajoute que ce pouvoir sou-
« verain, que ce pouvoir discrétionnaire est la seule garan-
« tie que nous ayons de l'intégrité du suffrage universel. »
Et il rappelait qu'en 1848 et en 1871, des assemblées avaient
validé des élections faites sous l'empire de lois d'exil qui
entraînaient la perte des droits politiques. A quoi le Garde
des sceaux répondait qu'il n'y avait alors qu'une seule
Chambre souveraine, qui, pouvant modifier la loi, pouvait
implicitement faire ce qui était interdit par elle. La Chambre prononça l'invalidation ; mais la conclusion qui se
dégage néanmoins de ce débat, c'est que les Chambres,
statuant en matière de vérification de pouvoirs, ne se considèrent comme liées ni par le texte de la loi, ni par les
décisions du suffrage universel. Il faut cependant répéter
encore qu'une Chambre qui se mettrait au-dessus des lois
donnerait le plus déplorable exemple [1].

Les assemblées administratives, à la différence des chambres législatives, ne sont pas appelées à procéder à la vérification des pouvoirs de leurs membres. La loi du 10 août
1871 avait donné aux conseils généraux la vérification des
pouvoirs de leurs membres ; mais bientôt la loi du 31 juillet
1875 confia ce soin au Conseil d'État. Pour les élections au
conseil d'arrondissement et au conseil municipal, la compétence appartient au conseil de préfecture, avec appel au
Conseil d'État ; le délai d'appel est de deux mois pour le
conseil d'arrondissement et d'un mois pour le conseil municipal (l. 22 juin 1833, art. 50-54 ; l. 22 juillet 1889, art. 57 ;
l. 5 avril 1884, art. 37 et suiv.).

Revenons au principe de la vérification des pouvoirs par
les assemblées politiques. C'est le principe qui prévaut encore dans la plupart des législations électorales : aux États-

1. Dans les séances des 26 novembre et 6 décembre 1889, la Chambre
refusa de valider l'élection de M. Dillon, inéligible par suite d'une condamnation à la déportation, et d'un autre candidat dont la déclaration de
candidature était irrecevable.

Unis, en Allemagne et dans les États allemands, en Autriche, en Belgique, où la question fut agitée lors de la revision de 1892, dans les Pays-Bas, en Espagne.

En Italie, l'art. 60 du Statut porte : « Chacune des Chambres est seule compétente pour juger de la validité des *titres d'admission* de ses propres membres ». Faut-il voir là une formule restrictive, ne s'appliquant pas aux questions d'éligibilité ? L'affirmative est au moins douteuse !

La constitution de la Roumanie contient une disposition particulière : aucune élection ne peut être invalidée que par les deux tiers du nombre des membres présents (art. 40, revisé par la loi des 8/12 juin 1884). C'est là un remède peu rationnel aux dangers des invalidations prononcées par esprit de parti : on comprend que la constitution exige une majorité spéciale, soit des deux tiers, lorsqu'il s'agit de modifier un état de choses antérieurement accepté, par exemple, de toucher à la loi constitutionnelle ; mais c te exigence ne parait pas avoir de raison d'être lorsqu'il s agit de se prononcer sur la validité d'un titre, législatif ou autre.

L'Angleterre s'est depuis longtemps, et avec grande raison, séparée sur ce point de la pratique à peu près universellement admise. Autrefois, la Chambre des Communes statuait seule sur les questions concernant l'élection de ses membres, d'après une procédure toute spéciale [1], et qui offrait, à coup sûr, plus de garanties d'une bonne justice que le système suivi dans les autres pays : Le président tirait au sort 33 membres, que les parties intéressées réduisaient à 11 par voie de récusation ; en outre, chacune des parties avait le droit de choisir un membre parmi ceux que le sort n'avait pas désignés et de le charger de représenter ses intérêts dans le comité. Ainsi porté au nombre de 13 membres, le comité se constituait en tribunal, examinait les pièces, interrogeait les témoins, entendait les plaidoiries des avocats des parties et rendait ensuite un jugement sans appel ; le jugement n'était communiqué à la Chambre que pour être enregistré dans les procès-verbaux.

---

1. *Grenville act,* de 1770.

Un bill de 1848 institua un comité permanent, appelé comité des élections, et composé de 6 membres, désignés par le *speaker* de la Chambre et sous l'approbation de celle-ci. Lorsqu'une élection était contestée, le comité désignait. pour en connaître, 5 membres, qui prêtaient serment de rendre bonne et fidèle justice et se constituaient en véritable tribunal.

Il n'y avait qu'un pas à faire pour remettre à l'autorité judiciaire la vérification des élections contestées. C'est ce qu'a fait le bill du 31 juillet 1868. La Chambre des Communes n'a conservé que les questions d'éligibilité ; toutes les contestations relatives aux opérations électorales sont renvoyées à l'autorité judiciaire. Le bill de 1868 avait chargé un seul juge de la Haute Cour de Londres de trancher ces questions ; celui du 5 août 1879 lui en a adjoint un second. Ils instruisent l'affaire, entendent les témoins et les parties intéressées, en réfèrent au besoin à la Cour, s'il y a lieu à interprétation juridique, et enfin transmettent à la Chambre des Communes leur jugement motivé ; s'ils sont en désaccord, leur rapport en fait mention et l'élection est validée. Leur décision est définitive ; elle ne peut être portée en appel que devant la Cour et seulement pour une difficulté juridique. La décision est transmise au président de la Chambre, qui la fait transcrire au procès-verbal : cette simple formalité suffit, lorsque l'invalidation a été prononcée, pour enlever à l'élu le droit de siéger.

Le système anglais a été apprécié d'une façon très sage par un membre de la Chambre des Communes : « A « quoi bon, par la vérification des pouvoirs, recommencer « dans la Chambre l'agitation électorale ? A quoi bon « échanger, comme premier salut, entre les membres qui « arrivent des accusations véhémentes et inaugurer des « débats d'affaires par des débats de passions ? La loi élec-« torale, comme toutes les lois, doit être appliquée par les « tribunaux. La grande majorité des élections étant incon-« testée, cela suffit pour que la Chambre se constitue et se « mette au travail sans délai : elle y gagne de la concorde « et du temps. »

Les Chambres, en effet, perdent souvent un temps considérable, au début de chaque législature, dans la besogne fastidieuse de la vérification des pouvoirs. Mais ce n'est là que le petit côté de la question.

La vérification des pouvoirs par la Chambre elle-même constitue souvent l'atteinte la plus grave au principe de la séparation des pouvoirs ; et, à ce point de vue, il faudrait aller plus loin que la législation anglaise, qui réserve à la Chambre des Communes les questions d'éligibilité. Qu'il s'agisse de décider une question d'état, de nationalité, ou d'examiner s'il a été contrevenu à la loi électorale, tout cela rentre dans le domaine naturel de l'autorité judiciaire. Craint-on que l'autorité judiciaire ne soit pas suffisamment indépendante du pouvoir ? Rien ne serait plus facile que de constituer un tribunal offrant toute garantie à cet égard. Mais la Chambre elle-même est probablement celui de tous qui en offre le moins !

Le système anglais a le grand avantage de soustraire le jugement des élections aux passions politiques et aux rivalités de partis. On a vu, dans les temps de luttes ardentes, des invalidations en masse, prononcées par une majorité qui fermait les yeux sur des abus criants commis par ses partisans ; et cela même ne contribue pas peu à aviver les luttes politiques.

On trouve dans l'histoire parlementaire bien des faits qui sont de nature à faire réfléchir sur le danger signalé. Ainsi, le 9 germinal an VI, une proclamation du Directoire au peuple français portait ceci :... « Citoyens. rassurez-vous, » le Gouvernement veille... Si le Corps législatif a su, le » 18 fructidor, chasser de son sein les traîtres qui y siégeaint » depuis quatre mois, il saura bien écarter aussi ceux qu'on » voudrait y faire entrer. *C'est dans ses mains qu'est déposé* » *le pouvoir de juger les opérations des assemblées élec-* » *torales;* ce pouvoir, il doit l'exercer en floréal prochain ; » et croyez que *sa justice, son attachement à la Constitu-* » *tion sauront marquer du sceau de la réprobation les* » *choix que la violence, l'intrigue... auraient dictés.* » Et, le 19 floréal, une résolution des Cinq-Cents annulait les opérations électorales dans une série de départements... « Con- » sidérant que le Corps législatif, organe constitutionnel et » nécessaire de la volonté nationale, *se doit à lui-même et* » *à la République entière de déclarer à la nation quels*

» *sont les choix à l'égard desquels ses mandataires consti-*
» *tués en assemblées électorales ont opéré en sens con-*
» *traire au mandat qu'elle leur avait confié...;* Considérant
» qu'en remplissant une fonction aussi importante, *le Corps*
» *législatif doit rejeter sans ménagement tous les choix*
» *qui sont le produit de la conspiration...; qu'il est essentiel*
» *de ne composer les autorités constituées que de républi-*
» *cains purs et vertueux.... »*

C'est cynique ; mais c'est instructif !

Aussi approuvons-nous sans hésitation les législations récentes qui sont entrées dans la voie tracée par la législation anglaise.

En Hongrie, d'après l'art. 89 de la loi électorale du 26 novembre 1874, le jugement des élections contestées devait appartenir à la Cour suprême; une loi spéciale devait régler la procédure à suivre. Un projet de loi fut présenté par le ministre de la justice, tendant à réaliser la disposition de l'art. 89 de la loi électorale ; mais il n'a pas abouti par suite du désaccord entre les deux Chambres. C'est un des comités de jugement, composés de sept membres nommés par la Chambre dans son sein et auxquels elle délègue tous ses pouvoirs, qui statue sur les élections contestées.

Le Portugal est plus avancé. Un tribunal de vérification des pouvoirs avait été institué par la loi du 21 mai 1884. Il se compose du président du Tribunal suprême de justice, président, et de six membres : trois juges du Tribunal suprême et trois juges de la Cour d'appel de Lisbonne, les uns et les autres désignés par le sort. D'après la loi de 1884, ce tribunal était appelé à juger seulement les opérations électorales ayant donné lieu à protestation dans les assemblées primaires ou dans les commissions de dépouillement, et seulement quand la demande en était faite par 15 députés dont les pouvoirs avaient été vérifiés. Désormais, et d'après la loi du 21 mai 1896 (art. 94), ce tribunal est appelé, non seulement à juger toutes les contestations, mais encore à vérifier toutes les élections, indépendamment de toutes réclamations ou protestations. Ses décisions doivent être rendues dans les 15 jours et, si l'élection est contestée, dans les 30 jours de la réception des procès-verbaux (art. 96). Ses audiences sont publiques ; on avise les parties

intéressées pour qu'elles puissent présenter leurs moyens;
on met toutes les pièces à leur disposition (art. 97). Le
tribunal est compétent pour connaître de la légalité de
toutes les opérations électorales et de l'éligibilité des
députés. Ses décisions sont sans recours.

Enfin, au Japon, qui ne se contente pas ici de copier,
mais veut donner l'exemple, d'après la loi du 11 février
1889 sur l'élection des membres de la Chambre des députés,
toute demande en annulation d'élection doit être formée,
dans le mois, devant la Cour d'appel : ie demandeur est
même tenu de déposer un cautionnement de 300 yen.

CHAPITRE VII

La matière des fraudes électorales est d'une capitale importance. On le voit assez par la multiplicité des mesures que le législateur a cru nécessaire d'édicter, en tout pays, en ces derniers temps, pour réprimer et prévenir les fraudes qui trop souvent corrompent les élections. Chez nous, certaines régions du pays se sont fait à ce sujet une triste célébrité.

Nous ne nous proposons pas de traiter ce sujet dans tous ses détails, ce qui serait long et fastidieux ; nous en résumerons seulement les dispositions essentielles et nous rechercherons, dans quelques-unes des législations étrangères qui ont le plus soigneusement réglementé la matière, s'il n'y aurait pas d'utiles emprunts à faire.

Le siège de la matière est dans le décret organique du 2 février 1852. C'est à lui que se réfèrent principalement les lois du 2 août et du 30 novembre 1875, sur l'élection des sénateurs et des députés, en le complétant (articles 19 et 27 de la loi du 2 août 1875 ; articles 3, 5 et 22 de la loi du 30 novembre 1875) et la loi du 5 avril 1884 (art. 14).

Les fraudes électorales peuvent se rapporter, soit à la confection des listes, soit aux manœuvres destinées à influencer le vote, soit à l'exercice illégal du vote, soit à la tenue des opérations électorales, soit à la falsification du scrutin. Tout cela forme un ensemble que nous embrasserons dans une seule et rapide étude.

A. — Les fraudes, en matière d'inscription sur les listes électorales, sont prévues et punies par l'art. 31 du décret de 1852, auquel il faut joindre l'art. 6 de la loi du 7 juillet 1874 (l. 30 novembre 1875, art. 22).

Ces dispositions sont insuffisantes : elles ne prévoient pas, à beaucoup près, tous les délits qui peuvent être com-

mis dans la confection des listes électorales. Par exemple,
la cour de cassation a dû juger que les retranchements
opérés volontairement et de mauvaise foi par un maire
sur les listes électorales, au moment de la révision de ces
listes, en vue d'empêcher certains électeurs de prendre
part au vote, ne tombaient pas sous le coup de la loi [1].

B. — Les manœuvres destinées à influencer le vote
comprennent deux catégories de faits : les faits de corruption et d'intimidation, et les fausses nouvelles, diffamations,
etc.

a. La corruption électorale est prévue et punie par l'article 38 du décret du 2 février 1852, complété par l'article
19 de la loi du 2 août 1875. Le premier de ces textes punit
d'un emprisonnement de 3 mois à 2 ans et d'une amende
de 500 à 5.000 fr. « quiconque aura donné, promis ou reçu
des deniers, effets ou valeurs quelconques, *sous la condition*, soit de donner ou de procurer un suffrage, soit de
s'abstenir de voter », et « ceux qui, sous les mêmes conditions, auront fait ou accepté l'offre ou la promesse d'emplois publics ou privés ». La peine est doublée si le coupable est fonctionnaire public. — L'art. 19 de la loi organique du 2 août 1875, sur l'élection des sénateurs, rendu
applicable à l'élection des députés par l'art. 3 § 4 de la loi
du 30 novembre 1875, prévoit et punit la tentative de corruption ; il décide que toute tentative de corruption par
l'emploi des moyens énoncés dans les articles 177 et suivants du Code pénal, pour influencer le vote d'un électeur
ou le déterminer à s'abstenir de voter, est passible d'un
emprisonnement de 3 mois à 2 ans et d'une amende de 50
à 500 fr., ou de l'une de ces deux peines seulement. — Il
faut remarquer d'ailleurs que l'art. 38 du décret de 1852 ne
subordonnait pas l'application de la peine à la condition que
les offres eussent été acceptées et qu'elles eussent influencé
le vote [2]. Mais ce qui résulte du texte, c'est que les largesses
d'un candidat ne suffisent pas à constituer le fait de corruption ; il faut qu'elles aient été faites *sous la condition*
de donner ou procurer un suffrage ou de s'abstenir de voter ;

1. Cassation, 9 nov. 1878 ; Bull. n° 211.
2. Cassation, 18 nov. 1882 ; Bull n° 249 ; 9 janvier 1885 ; Bull n° 22.

il faut qu'il s'y joigne un marché, avoué ou sous-entendu. Par suite, il a été jugé [1] que des libations gratuites offertes par des candidats à des électeurs ne tombent pas sous l'application de la loi pénale, s'il n'est pas établi avec précision qu'elles aient eu pour but d'obtenir des suffrages. Quel autre but auraient-elles donc pu avoir?

L'art. 39 du décret du 2 février 1852 prononce des peines contre les faits de pression et d'intimidation : « Ceux qui, soit par voies de fait, violences ou menaces contre un électeur, soit en lui faisant craindre de perdre son emploi ou d'exposer à un dommage sa personne, sa famille ou sa fortune, l'auront déterminé à s'abstenir de voter ou auront influencé son vote, seront punis d'un emprisonnement d'un mois à un an et d'une amende de 100 à 1.000 fr. La peine sera du double si le coupable est fonctionnaire public ».

Toute *tentative* de contrainte par voies de fait ou menaces pour influencer le vote d'un électeur ou le déterminer à s'abstenir de voter est punie d'un emprisonnement de trois mois à deux ans, et d'une amende de 50 à 500 fr., ou de l'une de ces deux peines seulement. (Code pénal, art. 177 ; l. 2 août 1875. art. 19 ; l. 30 novembre 1875, art. 3 ; l. 9 décembre 1884. art. 3 ; — Cassation, 7 décembre 1878 : Bull. nᵒ 237.)

Le délit de corruption et de pression électorale est celui que le législateur doit surtout s'attacher à prévenir ; car c'est le plus fréquent et le plus à craindre. Il est permis de regretter que la justice soit désarmée en présence de faits qui tendent manifestement à corrompre le suffrage.

Quant aux manœuvres consistant en fausses nouvelles, diffamations, etc., elles sont punies par l'article 40 du décret de 1852, auquel il faut ajouter l'article 27 de la loi du 29 juillet 1881.

C. — L'exercice illégal du droit de vote est prévu et puni par l'article 33 du décret de 1852 : « Quiconque aura voté dans une assemblée électorale, soit en vertu d'une inscription obtenue dans les deux premiers cas prévus par l'art 31, soit en prenant faussement les noms et les qualités d'un électeur inscrit, sera puni d'un emprisonnement de 6 mois à 2 ans et d'une amende de 200 à 2.000 fr. ».

1. Toulouse, 2 janvier 1889.

L'exercice du droit de vote par un individu régulièrement inscrit, mais déchu du droit de voter, soit par suite d'une condamnation judiciaire, soit par suite d'une faillite non suivie de réhabilitation, est prévu et puni par l'article 23. D'autre part, tout citoyen qui a profité d'une inscription multiple pour voter plus d'une fois est puni par l'article 34.

D. — Une série de dispositions, que nous nous contenterons de résumer brièvement, ont été édictées en vue de protéger l'indépendance des collèges électoraux et les urnes électorales : ce sont les articles 20, 37, 41 à 47 du décret organique du 2 février 1852. Il est interdit d'entrer dans la salle du vote avec des armes quelconques. Les actes de violence dirigés contre un collège électoral sont punis par les articles 41 à 45 du décret de 1852. Si le scrutin a été violé, la peine est d'un an à cinq ans d'emprisonnement et de 1.000 à 5.000 fr. d'amende. La même peine est prononcée contre l'enlèvement de l'urne contenant les suffrages émis et non encore dépouillés ; si cet enlèvement a eu lieu en réunion et avec violence, ou si la violation de l'urne est le fait des membres du bureau ou des agents de l'autorité préposée à la garde des bulletins, la peine est la réclusion.

E. — Enfin, la falsification du scrutin a été prévue et réprimée par les articles 35 et 36 du décret de 1852 et par l'article 112 du Code pénal. L'article 35 du décret de 1852 porte : « Quiconque, étant chargé, dans un scrutin, de recevoir, compter ou dépouiller les bulletins contenant les suffrages des citoyens, aura soustrait, ajouté ou altéré des bulletins, ou lu un nom autre que celui inscrit, sera puni d'un emprisonnement d'un an à cinq ans et d'une amende de 500 à 5.000 fr. ». L'article 36 prononce la même peine contre tout individu qui, chargé par un électeur d'écrire son suffrage, aura inscrit sur le bulletin un nom autre que celui qui lui était désigné. Le cas où la falsification et le détournement seraient commis par une personne n'ayant aucune fonction dans l'assemblée électorale est prévu par l'article 112 du Code pénal.

Bien des faits répréhensibles ne tombent pas sous le coup de ces textes. Ainsi, il a été jugé que le fait de refuser de recevoir un bulletin n'y rentre pas[1], et encore que ces textes ne sont pas applicables aux membres d'un bureau de recensement qui ont annulé le scrutin d'une commune sous prétexte que les scrutateurs ont apposé des croix au lieu de parafes pour constater les émargements[2].

Arrivons à la poursuite des délits électoraux.

Il est d'abord bien certain que le pouvoir souverain des Chambres de statuer sur la validité des opérations électorales ne porte aucune atteinte à l'exercice de l'action publique pour la répression des crimes et délits électoraux. Le parquet a donc incontestablement le droit, même avant l'examen des pouvoirs par la Chambre, de procéder aux investigations nécessaires pour établir les preuves des crimes ou délits qu'il présume avoir été commis. Il faut d'autant moins hésiter à décider ainsi que, autrement, la courte prescription établie par la loi rendrait très souvent impossible la répression de ces infractions, s'il fallait attendre que la Chambre eût statué. En effet, l'action publique et l'action civile, en cette matière, sont prescrites par trois mois à partir du jour de la proclamation du résultat de l'élection (décret du 2 février 1852, art. 50). On a voulu justifier cette disposition en disant qu'elle permet aux passions de s'apaiser et aux rancunes de disparaître. Ce motif nous paraît insuffisant et il nous semble bien que le délai de prescription est trop court, du moins pour certaines infractions particulièrement graves, prévues par les textes qui précèdent.

L'action publique peut, aux termes de l'article 123 de la loi électorale du 15 mars 1849, non abrogé par le décret de 1852, être mise en mouvement par tout électeur de la circonscription[3]. Cette disposition, que nous retrouverons dans plusieurs législations étrangères, ne peut qu'être approuvée.

Les dispositions du décret du 2 février 1852, que nous venons de voir, sont applicables aux élections départemen-

1. Cass., 2 février 1882; Bull. n° 34; 24 mai et 14 juillet 1884; Bull. n°s 179 et 195.
2. Cass., 7 avril 1881; Bull. n° 95.
3. Cass. 16 mars 1878.

tales et municipales [1]. Toutefois, il a été décidé que les dispositions relatives à la tentative de corruption ne peuvent être étendues aux élections des conseils généraux [2].

Tel est le résumé des dispositions de la législation française sur les fraudes électorales. Elle aurait grand besoin d'être complétée et renforcée.

C'est ce que va mettre davantage en évidence l'examen de quelques législations étrangères.

Voici, par exemple, la législation anglaise, qui mérite une mention particulière.

On sait que la loi anglaise fixe le maximum des dépenses qui peuvent être faites à l'occasion d'une élection. Ce maximum varie suivant le nombre des électeurs. Dans les bourgs, c'est £ 350 (8.750 fr.) quand le nombre des électeurs ne dépasse pas 2.000 ; £ 380 (9.500 fr.), s'il dépasse 2.000, plus £ 30 par chaque fraction de 1.000 électeurs ou plus ; dans les comtés, £ 650 (16.250 fr.), quand le nombre des électeurs ne dépasse pas 2.000 ; £ 710 (17.750 fr.), s'il dépasse 2.000, plus £ 60 par chaque fraction de 1.000 en plus. Ainsi, soit une circonscription comprenant 9.300 électeurs, la limite extrême des dépenses permises est de £ 1130 (28.250 fr.). Ce maximun toutefois ne comprend : ni les dépenses personnelles du candidat, ni la somme payée au *Returning Officer* pour sa rémunération, ni les dépenses de transport par mer des électeurs dans le cas de comtés de telle nature que les électeurs ne puissent gagner le siège de l'élection sans traverser la mer, auquel cas le candidat est autorisé à leur en fournir les moyens. D'autre part, la loi détermine le nombre maximum des sous-agents, employés de vote, secrétaires et messagers que l'on peut employer, ainsi que le nombre de salles de comité que l'on peut louer.

De plus, la législation anglaise a édicté toute une série de lois pour réprimer les fraudes et les pratiques illégales dans les élections, lois qui témoignent assez par elles-mêmes de l'intensité du mal. Il est attesté, d'autre part, par certaines mesures législatives qui ont dû être prises, à la

1. Cass., 4 novembre 1853 ; Bull. n° 329 ; — l. 5 avril 1884, art. 14.
2. Cass., 9 avril 1831 ; Bull. n° 101.

suite d'enquêtes révélant des faits scandaleux, mesures qui sont tout à fait étrangères à nos mœurs : c'est ainsi que la loi du 22 août 1881 et celle du 25 août 1883 notamment ont suspendu temporairement de leurs droits certains collèges électoraux à raison des fraudes qui y avaient été constatées.

La dernière loi d'ensemble sur les fraudes électorales est celle du 25 août 1883, complétée par la loi du 6 juillet 1895 [1].

Nous noterons les dispositions suivantes :

ARTICLE 1er. — « Toute personne qui, dans un but de corruption, par elle-même ou par autrui, avant, pendant ou après l'élection, donne ou procure, soit directement, soit indirectement, à boire ou à manger à une autre personne, ou encore procure tout ou partie des fonds nécessaires pour ce faire, qu'il s'agisse d'amener à voter ou à s'abstenir, sera coupable de *treating*. »

« Tout électeur qui accepte, dans un but de corruption, les susdites distributions, sera également coupable de *treating*. » — Remarquons, d'une part, que la législation anglaise prévoit expressément, et avec grande raison, le fait de distribution de boissons et d'aliments, et que, d'autre part, elle se contente, avec non moins de raison, que ces choses aient été données *dans un but de corruption*, sans exiger, comme notre loi française, qu'elles l'aient été *sous la condition* d'obtenir un vote. C'est infiniment plus pratique : jamais la condition n'est expresse ; il suffit qu'elle soit tacite et résulte des faits.

ARTICLE 2. — « Toute personne qui, directement ou indirectement, par elle-même ou par autrui agissant en son nom, usera de violence ou de contrainte, ou menacera d'en user, qu'il s'agisse d'un dommage temporel ou spirituel, à l'égard d'une autre personne, pour faire voter ou s'abstenir, entravera, par un moyen frauduleux, le libre exercice des droits électoraux, sera coupable d'*indue influence*. » — Cette disposition encore est bien plus compréhensive que la loi

---

1. On trouve dans le *Parliamentary election manual* de M. T. C. H. HEDDERWICK, une table synoptique « of corrupt and illegal practices which avoid election », p. xxv et aussi p. 29 et suiv.

française, et la disposition de la loi anglaise vise avec raison la menace d'un dommage *spirituel*, qui n'est pas prévu par la législation française.

ARTICLE 4. — Le candidat convaincu, à l'occasion du jugement d'une protestation, d'avoir connu des faits de *corrupt practices,* autres que ceux de *treating* et d'*indue influence* commis dans l'élection où il a été nommé, ou d'avoir commis lui-même des délits de *treating* ou *d'indue influence,* sera frappé d'inéligibilité pour la circonscription ; son élection, si elle a eu lieu, sera nulle. Il sera frappé des mêmes incapacités que s'il avait été condamné criminellement pour le délit de *corrupt practice.* »

ARTICLE 7. — « Il est interdit de faire aucun paiement, aucun contrat en vue du paiement, en vue de favoriser l'election d'un candidat pour les causes suivantes:

(*a*) Transport des électeurs à la salle de scrutin par chevaux, voitures ou chemins de fer ;

(*b*) Location de bâtiments ou terrains pour l'exhibition de placards, professions de foi ou exhibition même de ces affiches ;

(*c*) Location de salles de comités excédant le nombre fixé par la première cédule annexée à l'act.

« Tout paiement ou contrat fait en contravention de ces dispositions est qualifié d'*illegal practice* ; ceux qui recevraient ce paiement ou participeraient au contrat, sachant commettre une contravention, seraient également coupables d'*illegal practice* (exception en faveur des afficheurs de profession). »

ARTICLE 20. — Les débits de boissons à consommer sur place ou à emporter, les restaurants, les cercles (sauf ceux où se réunissent les clubs politiques permanents), les salles d'école recevant une subvention de l'État ou leurs dépendances, ne pourront être employés comme salles de comité ; la prise en location, l'emploi de ces locaux constitue le délit d'*illegal hiring,* comme aussi leur location, si le loueur connaît l'usage auquel on les destine. »

ARTICLE 28. — « Aucun paiement relatif à l'élection ne peut être fait que par l'agent électoral, qui centralise également tous les dons ou souscriptions faits dans l'intérêt de la candidature. (Exception pour les dépenses faites par le *Returning Officer* ou par les particuliers payant de leur bourse des dépenses minimes faites par eux-mêmes). »

« Les contraventions à ces dispositions constituent une *illegal practice*. »

ARTICLE 29. — Les paiements relatifs à des dépenses électorales doivent, au-dessus de 40 shillings, être l'objet d'une quittance détaillée. »

« Les créances relatives aux menues dépenses devront être réclamées dans les quatorze jours qui suivront la proclamation de l'élection, sous peine de déchéance. Le paiement des factures présentées passé ce délai constituerait une *illegal practice*. »

« Les paiements, sous la même sanction, devront être faits dans les vingt-huit jours qui suivront la proclamation. »

« Les contraventions commises à ces dispositions sans l'assentiment du candidat ne pourront faire annuler son élection, ni entrainer pour lui aucune incapacité. »

ARTICLE 30. — « Les réclamations des créanciers, en cas de contestations, sont soumises à la taxation. »

ARTICLE 33. — « Dans un délai de trente-cinq jours après la proclamation, l'agent électoral doit transmettre au *Returning Officer* un état indiquant :

Tous les paiements faits par l'agent électoral, avec pièces justicatives à l'appui ;

Les dépenses personnelles du candidat ;

Les sommes payées au *Returning Officer* ;

L'état des réclamations contestées ;

L'état des factures non encore soldées ;

L'état des sommes reçues par l'agent en vue de l'élection, soit du candidat, soit d'autres personnes, avec indication des noms des bailleurs de fonds. »

« En même temps, ou dans les sept jours suivants, le candidat devra transmettre au *Returning Officer* une déclaration par lui faite devant un juge de paix. »

« Si les rapports et déclarations susdits n'ont pas été transmis au *Returning Officer* dans le délai imparti, le candidat ne pourra siéger à la Chambre des Communes, ni y voter avant l'accomplissement des formalités. »

« La déclaration sciemment fausse est punie comme parjure et considérée comme *corrupt practice*. »

Le *Returning Officer* doit publier une analyse de l'état des recettes et dépenses dans deux journaux locaux, aux frais du candidat. Le rapport de l'agent électoral, les déclarations et pièces à l'appui sont conservés pendant deux ans par le *Returning Officer*, qui les tient à la disposition de tout requérant.

Ajoutons que le *director of public prosecutions* doit assister à l'audience de la Cour chargée de juger les contestations relatives à l'élection et instruire quand des faits de *corrupt* ou d'*illegal practice* sont révélés.

Il y a là un ensemble de dispositions assez étrangères à nos mœurs. Nous ne disons pas qu'il faille les transporter chez nous ; nous constatons seulement que certains délits électoraux trop fréquents sont atteints par la législation anglaise, qui ne tombent pas sous le coup de la loi française.

Dans la législation belge, de nombreuses dispositions ont prévu et réprimé les fraudes diverses qui peuvent être commises à l'occasion des élections. Dans ce pays, où deux partis qui, jusqu'à ces derniers temps du moins, semblaient de forces presque égales, se sont constamment et ardemment disputé le pouvoir, les élections ont périodiquement donné lieu à des récriminations réciproques. Il serait trop long d'énumérer toutes les lois qui ont eu pour objet d'assurer la sincérité et la liberté du vote ; nous signalerons seulement la loi du 16 janvier 1877, *sur le secret du vote et sur les fraudes électorales*. Certaines de ces fraudes n'ont plus d'application possible ; elles appartiennent au régime censitaire : les partis avaient trouvé le moyen, en éludant ou en faussant les dispositions trop peu sévères de la loi, de créer, pour les besoins de chaque élection, des électeurs fictifs et temporaires, qui, une fois l'élection finie et faussée, cessaient de payer les impôts qu'on avait soldés pour eux et sortaient de la liste électorale, sauf à y rentrer plus tard, si besoin était ; la loi de 1877 avait en partie pour but de remédier à ces abus, en rendant plus sévères et plus difficiles à éluder les conditions et les justifications du cens électoral : c'est de l'histoire ancienne.

La nouvelle loi électorale a, dans ses articles 196 à 220, édicté une longue série de dispositions dans le but de réprimer les fraudes électorales ; nous y retrouvons la plupart des incriminations de notre législation française; mais aussi quelques-unes que nous n'avons pas : nous noterons seulement les points qui nous paraissent présenter un inlérêt particulier :

La loi belge a le tort, comme la loi française, de subordonner l'application de la peine, au cas de corruption, à la circonstance que les dons et promesses aient été faits *sous la condition* d'obtenir un suffrage ou l'abstention de voter. Mais du moins ses dispositions sont plus larges.

La loi punit celui qui, sous prétexte d'indemnité de voyage ou de séjour, aura donné ou offert aux électeurs une somme d'argent, des valeurs, des boissons ou comestibles, ainsi que ceux qui les auront acceptés, et elle dispose que « les aubergistes, débitants de boissons ou autres commerçants ne seront pas recevables à réclamer en justice le paiement des dépenses de consommations faites à l'occasion des élections (art. 199). Elle punit comme auteurs ceux qui ont fourni les fonds ou qui ont donné mandat à l'effet de commettre les faits de corruption (art 200). Elle frappe tout membre ou employé d'un bureau de bienfaisance ou d'un comité de charité, tout membre ou employé d'une administration charitable publique qui aura donné ou offert des secours à des indigents sous la condition d'obtenir un suffrage ou une abstention, ou qui aura refusé ou suspendu des secours par le même motif (art. 202). Elle punit encore « quiconque aura engagé, réuni ou aposté des individus, même non armés, de manière à intimider les électeurs ou à troubler l'ordre ». Les peines du faux en écriture privée sont édictées contre ceux qui auront apposé la signature d'autrui ou de personnes supposées sur les actes de présentation de candidats, d'acceptation de candidatures ou de désignation de témoins. Les fraudes tendant à faire augmenter indûment le nombre des votes d'un citoyen sont également prévues et réprimées. La contrefaçon des bulletins électoraux est punie comme faux en écriture publique. La poursuite des crimes et des délits électoraux se prescrit par six mois.

La législation italienne peut également être consultée avec profit sur cette grave matière des fraudes électorales.

Les articles 99 à 112 de la loi électorale, codifiée par le décret du 28 mars 1895, prévoient, d'une manière plus complète que la loi française, les délits qui peuvent être commis à l'occasion des élections. Quelques-unes de ces dispositions méritent d'être citées.

Notons d'abord les incriminations nouvelles qui ont été introduites par la loi du 11 juillet 1894, relative aux listes électorales :

ARTICLE 99.— « Quiconque, y étant légalement obligé, n'accomplit pas dans le temps et de la manière prescrits, les opérations pour la révision de la liste électorale, la confection et l'affichage des listes, les notifications y relatives, est puni d'une amende de 50 à 500 lires ; et, si le fait a été commis dolosivement, la peine est de la détention pouvant s'élever jusqu'à un an et d'une amende de 100 à 3.000 lires.

ARTICLE 100. — « Quiconque opère l'inscription ou la radiation d'un électeur sans les documents prescrits par la loi est puni d'une amende de 50 à 300 lires ; et, si le fait a eu lieu dolosivement, la peine est celle de la détention jusqu'à 3 mois ou d'une amende pouvant aller jusqu'à 1.000 lires et, dans tous les cas, avec l'interdiction des droits d'électorat et d'éligibilité de 2 à 5 ans.

ARTICLE 101. — « Quiconque dresse une liste électorale, ou une copie en tout ou en partie fausse, ou altère une liste vraie, ou cache, soustrait ou altère des documents électoraux, est puni de la détention jusqu'à trois ans et d'une amende jusqu'à 3.000 lires, avec interdiction du droit d'électorat et d'éligibilité de 3 à 9 ans. Les mêmes peines sont applicables à quiconque supprime ou détruit, en tout ou en partie, des documents électoraux. »

ARTICLE 102. — « Quiconque aura, par des moyens frauduleux, obtenu indûment pour soi-même ou pour autrui une inscription sur les listes ou la radiation d'un ou de plusieurs électeurs, sera puni de la détention jusqu'à un an, d'une amende jusqu'à 2.000 lires et de l'interdiction des droits politiques de 3 à 6 ans. »

ARTICLE 103. — « La simple omission d'une inscription ou d'une radiation sur les listes entraîne, pour celui qui en a la responsabilité légale, une amende de 50 à 300 lires ; et, s'il y a eu intention frauduleuse, la peine de la détention jusqu'à trois mois, celle de l'amende jusqu'à 1.000 fr. et l'interdiction des droits électoraux de 3 à 6 ans.

L'article 104 punit de peines analogues le refus de publier les tableaux et listes des électeurs, de communiquer les listes et autres documents relatifs aux élections, d'en laisser prendre copie dans les cas prévus par la loi.

En rapprochant ces dispositions de celles de la loi française relatives aux fraudes dans les inscriptions, on voit combien est insuffisante cette dernière, qui n'a nullement prévu les abus qui peuvent être commis par ceux qui sont chargés de la confection des listes ou des opérations électorales. Il y a là une grave lacune, qu'il serait nécessaire de combler.

La législation italienne est également plus complète dans la définition de la corruption et de la pression électorale. Elle n'exige pas, pour incriminer les faits de corruption électorale, qu'on ait offert, promis ou donné de l'argent, des valeurs, des emplois publics ou privés ou *quelque autre avantage, à la condition* de voter ou de s'abstenir de voter ; elle se contente qu'on l'ait fait « *pour déterminer un électeur à voter ou à s'abstenir de voter* »; et elle considère comme moyens de corruption « même les indemnités pécuniaires données à l'électeur pour frais de voyage ou de séjour, le paiement de nourriture ou de boisson aux électeurs, ou toute rémunération sous prétexte de dépenses ou de services électoraux; mais la peine, dans ce cas, est réduite de moitié (art. 105).

L'article 106 prévoit et punit la candidature officielle : « Les officiers publics, employés, agents ou chargés d'une administration publique qui, en abusant de leurs fonctions, soit directement, soit par instructions données aux personnes placées dans leur dépendance hiérarchique, tentent d'engager les suffrages des électeurs en faveur ou au préjudice d'une candidature déterminée, ou de les pousser à l'abstention, sont punis d'une amende de 500 à 2.000 fr. ou, suivant la gravité des circonstances, de 3 mois à 1 an de prison. Ladite amende ou prison s'applique aux ministres d'un culte qui cherchent à engager les votes des électeurs en faveur ou au préjudice de candidatures déterminées, ou à les pousser à l'abstention, soit par des allocutions, soit par des discours dans des édifices destinés au culte, ou dans les réunions d'un caractère religieux, soit par des promesses ou menaces de l'ordre spirituel, soit par les instructions données à leurs subordonnés hiérarchiques. » — Cette disposition est notable ; elle nous paraît devoir être approuvée. Comme citoyen, le ministre du culte doit jouir de la même liberté d'action que tous les citoyens ; mais, dans l'exercice de ses fonctions, il usurpe s'il abuse de son autorité dans un but politique.

Il faut encore noter l'article 111 : « Quiconque, appartenant à un bureau électoral, admet sciemment à voter celui qui n'en a pas le droit ou refuse d'admette celui qui l'a, est puni de la prison jusqu'à un an et do l'amende jusqu'à 1.000 fr. — Quiconque, appartenant à un bureau électoral, par des actes ou omissions contraires à la loi, rend frauduleusement impossible l'accomplissement des opérations électorales, ou cause la nullité de l'élection, ou en change le résultat, ou s'abstient frauduleusement soit de proclamer le résultat du scrutin, soit de transmettre les procès-verbaux à l'autorité compétente, est puni de la prison jusqu'à 2 ans et de l'amende jusqu'à 2.000 fr. ». — Tout cela est excellent : on ne saurait pousser trop loin les prévisions en matière de fraudes électorales.

Une autre législation récente mérite encore, sur cet important sujet, d'appeler l'attention : c'est la loi espagnole du 26 juin 1890.

La loi du 26 juin 1890 distingue les *délits* et les *infractions*.

Les délits sont prévus par les articles 85 à 98. Quelques-unes de ces dispositions méritent d'être citées :

L'article 85, qui punit, non seulement les faux commis sur les pièces visées par la loi électorale, mais « toute omission intentionnelle dans les mêmes pièces, si elle est de nature à affecter le résultat du vote. »

L'article 88, qui prévoit toute une série d'agissements condamnables de la part des fonctionnaires publics :

« Seront punis de la peine de l'emprisonnement et d'une amende de 500 à 5.000 pesetas, lorsque le Code pénal n'en édicte pas de plus grande, les fonctionnaires publics qui, au mépris des dispositions de la loi électorale, contribuent à l'un des actes ou à l'une des omissions suivantes :

1° A ce que les listes, soit préparatoires, soit définitives, ne soient pas exactement dressées et ne demeurent pas exposées pendant le temps et au lieu voulus ; — 2° A tout changement des jours, heures et lieux des diverses formalités ; — 3° A toute pratique frauduleuse dans les opérations de formation des listes, de constitution des conseils, de vote et de dépouillement ; — 4° A ce les procès-verbaux ne soient pas dressés dans leur forme et teneur, ou ne soient pas signés ou transmis en temps opportun ; — 5° A changer ou modifier le bulletin de vote remis par l'électeur au moment du vote, ou à le dissimuler avant de le déposer dans l'urne ; — 6° A empêcher les électeurs, candidats et notaires d'examiner l'urne avant le vote et les bulletins pendant le dépouillement ; — 7° A émarger de façon intentionnellement inexacte ; — 8° A recenser inexactement les votes ou à lire inexactement les bulletins ; — 9° A découvrir le secret du vote pour influer sur le résultat de l'élection ; — 10° A faire une proclamation de résultat inexacte ; — 11° A toutes déclarations mensongères, ou à tous actes ayant pour but de cacher la vérité au cours des opérations électorales ; — 12° A l'ajournement de ces opérations sans motif grave. »

L'article 90, qui donne une définition très large de la pression électorale et qui la punit :

« Tout acte, omission ou manifestation, ayant pour objet d'exercer une action sur les électeurs constitue le délit de pression électorale et sera puni d'une amende de 125 à 2.500 pesetas, s'il n'est prévu et puni de peines plus graves par le Code pénal. »

L'article 191, qui en donne des exemples remarquables :

« Commettent le délit de pression électorale, *bien que l'intention d'agir sur les électeurs n'apparaisse pas :*

1° Les autorités civiles, militaires ou ecclésiastiques, qui préviennent ou recommandent aux électeurs de donner ou de refuser leur vote à une personne déterminée, ou ceux qui, faisant usage de moyens ou agents officiels, ou se servant de timbres, enveloppes, cachets ayant un caractère officiel, recommandent ou réprouvent des candidatures déterminées ;

2° Les fonctionnaires publics qui accomplissent quelqu'un des actes de leurs fonctions de façon anormale, en vue de l'élection, du jour de la convocation au jour de l'élection ;

3° Ceux, y compris les ministres de la couronne, qui, sans cause légitime, publiée dans la *Gazette de Madrid* ou dans le *Bulletin de la province,* nomment, destituent, changent ou suspendent des agents et employés de l'administration, dans la période qui s'étend du décret de convocation au jour du scrutin général. »

Voici encore une disposition remarquable :

Article 97. — « Tous les délits électoraux emportent comme peines communes : celle de la privation spéciale temporaire ou perpétuelle, du droit de suffrage, lorsque le coupable est fonctionnaire public, et celle de la suspension dn même droit, lorsque ce coupable est un simple particuculier. Au cas de récidive, c'est l'incapacité absolue et perpétuelle pour les fonctionnaires, et l'incapacité absolue, mais temporaire, pour les simples particuliers. »

L'étude comparée que nous venons de faire met suffisamment en relief les lacunes de notre législation française. Elle laisse en dehors de ses prévisions une foule d'actes frauduleux qui peuvent être commis dans la tenue des listes électorales par les autorités mêmes chargées de cette fonction. Elle a le tort grave de subordonner expressément l'application de la peine, en matière de corruption électorale, à la circonstance que les largesses aient été faites *sous la condition* de voter de telle manière ou de s'abstenir de voter, ce qui rend la répression à peu près impossible : le marché, en pareil cas, est à peu près toujours tacite, mais n'est pas moins certain. D'autre part, elle est beaucoup trop limitative dans l'énonciation des moyens de corruption ; elle laisse en dehors de ses prévisions un des moyens les plus usuels de corruption, les libations et les prestations d'aliments ; mieux vaudrait ne pas préciser et punir tous ceux qui, dans un but électoral, font des libéralités soit en argent, soit en nature. Il serait excellent aussi, comme l'a fait la législation belge, de refuser aux aubergistes et débitants de boissons toute action en paiement des dépenses de consommation faite à l'occasion des élections. Beaucoup de faits de pression électorale échappent aux prévisions de la loi française ; la législation italienne peut servir de modèle à cet égard. Enfin, nous avons reconnu que les dispositions qui prévoient la falsification du scrutin sont également insuffisantes.

Tout cela est capital; et nous signalerons encore une lacune grave : toutes les fraudes constatées en matière électorale devraient entraîner la privation, au moins temporaire, des droits électoraux.

CHAPITRE VIII

Il nous reste, pour terminer cette étude de législation électorale comparée, à dire quelques mots de la nature et de la durée du mandat conféré par l'élection. Nous employons l'expression de *mandat*, parce qu'elle est consacrée par l'usage et par la loi elle-même. Nous rappelons toutefois, comme nous avons essayé de le démontrer au début, que ce mandat diffère essentiellement du mandat civil.

Nous avons développé cette thèse que le droit d'élection n'est qu'un droit de sélection : on demande à chacun de désigner, dans sa sphère, les plus capables et les meilleurs ; mais ceux-là ne sont pas les mandataires de ceux qui les ont nommés ; ils sont les représentants du pays tout entier, s'il s'agit des assemblées législatives, de tous les intérêts de la circonscription, s'il s'agit des assemblées administratives.

La conséquence logique qui se déduit de là, c'est la proscription du mandat impératif, qui a toujours été cher à l'école jacobine, parce qu'il est la conséquence logique du système du gouvernement direct, préconisé par elle. Au contraire, dans la définition que nous avons proposée de la représentation nationale, le mandat impératif est inadmissible. Cela, bien entendu, n'exclut pas les programmes électoraux : le candidat a le droit incontestable de faire connaitre ses vues à ses électeurs et de leur dire comment il se propose de voter sur telle ou telle question de principe. Le mandat impératif suppose un engagement formel de voter dans tel ou tel sens, ou encore une promesse formelle de démission ou une démission en blanc pour le cas où il ne voterait pas de telle ou telle manière. Cela est inconciliable avec l'idée que nous nous faisons de la représentation nationale. En pratique d'ailleurs, le mandat impératif a un vice radical: il supprime toute discussion et toute délibération ! Le travail législatif se réduit à une opération purement machinale, consistant à recueillir des votes dictés à l'avance et que nulle raison ne peut changer: cette seule considération suffirait à condamner le mandat impératif. Aussi a-t-il été prohibé par la plupart des constitutions (constitution des Pays-Bas, art. 86 ; de l'Allemagne, art. 89; de la Prusse, art. 83 ; de l'Autriche, art. 16 ; de la Suisse, art. 91 ; de l'Italie, art. 41 ; du Portugal, art. 14 ; du Danemark, art. 56). Chez nous, il est actuellement proscrit par l'article 13 de la loi du 30 novembre 1875.

La question de la validité du mandat impératif s'éleva, dès la réunion des États généraux, en 1789. Lorsque surgit la fameuse discussion sur le point de savoir si on allait voter par tête ou par Ordre, les députés de la noblesse et du clergé se retranchèrent derrière le mandat impératif pour se prétendre enchaînés au vote par Ordre. Et il faut convenir que cette prétention était alors beaucoup plus admissible qu'aujourd'hui, à raison du caractère corporatif que présentait l'État et de sa division en classes. Cependant, le roi se vit obligé, par une déclaration du 23 juin 1789, de casser les mandats impératifs. L'article 3 portait: « Le roi casse et annule comme anticonstitutionnelles, contraires aux lettres de convocation et opposées aux intérêts de l'État, les restrictions de pouvoir qui, en gênant la liberté des députés aux États Généraux, les empêcheraient d'adopter les formes de délibération prises séparément, par Ordre ou en commun, par le vœu distinct des trois Ordres. » Et l'article 6 : « Sa Majesté déclare que, dans les tenues suivantes d'États Généraux, elle ne souffrira pas que les cahiers ou les mandats puissent jamais être considérés comme impératifs. Ils ne doivent être que de simples instructions confiées à la conscience et à la libre opinion des députés dont on aura fait choix. » L'instruction sur la *formation des assemblées représentatives et des corps administratifs*, du 8 janvier 1790, portait cette condamnation en excellents termes du mandat impératif: « Les mandats impératifs étant contraires à la nature du Corps législatif, qui est essentiellement délibérant, à la liberté des suffrages dont chacun de ses membres doit jouir pour l'intérêt général, au caractère de ses membres, qui ne sont point la représentation du département qui les a envoyés, mais les représentants de la nation, enfin à la nécessité de la subordination politique des différentes sections de la nation au corps de la nation entière, aucune association d'électeurs ne pourra ni insérer dans les procès-verbaux de l'élection, ni rédiger séparément aucun mandat impératif. Elle ne pourra même charger les représentants qu'elle aura nommés d'aucun cahier ni mandat particulier. »

La constitution de 1791 et celle de l'an III, en déclarant que « les représentants nommés dans le département ne seront pas représentants d'un département particulier, mais de la nation entière, ajoutaient: « et il ne pourra leur être donné aucun mandat. »

La question du mandat impératif fut souvent agitée sous le gouvernement de juillet. En 1846, l'élection de M. Drault, nommé dans la Vienne, fut attaquée parce qu'il avait accepté un mandat impératif. M. Guizot, président du conseil, prononça un grand discours contre la théorie du mandat impératif ; et *l'élection de M. Drault fut annulée.*

L'article 35 de la constitution de 1848 prohibait le mandat impératif. La constitution de 1852 était muette sur la question et, lors des élections de 1869, le mandat impératif fut accepté par Gambetta, dans le fameux *Programme de Belleville.* Mais la fraction modérée de la Gauche le repoussa énergiquement. Les députés de ce groupe, réunis chez Jules Favre, déclarèrent dans un manifeste « ne relever que de leur conscience ». « On a essayé, disaient-ils, de « réhabiliter la théorie du mandat impératif ; les députés « soussignés repoussent cette prétention, comme fausse « et dangereuse et ne pouvant conduire, si jamais elle « s'accréditait, qu'à la tyrannie des minorités. »

En 1871, Victor Hugo essaya de réhabiliter le mandat impératif, en le baptisant d'un nom nouveau : c'est le mandat *contractuel.* « Je suis prêt, répondit-il aux comités « qui lui offraient la candidature sous condition d'un pro« gramme déterminé, à donner l'exemple du mandat « contractuel, bien autrement efficace et obligatoire que « le mandat impératif. Le mandat contractuel, c'est-à-dire « le contrat synallagmatique entre les mandants et les man

« dataires, crée entre l'électeur et l'élu l'identité absolue du
« but et des principes ». — Victor Hugo fut un grand poète,
mais un médiocre politique !

Le 29 novembre 1894, M. Chauvière et quelques autres
députés appartenant au parti socialiste ont déposé sur le
bureau de la Chambre une proposition de loi rendant le
mandat impératif obligatoire pour ceux qui l'ont accepté.
Le juge de paix du canton de la circonscription où le candidat a été élu devait connaitre des infractions commises
par le député au programme souscrit par lui et prononcer,
sans appel, l'annulation du mandat, sur la réquisition d'un
ou plusieurs électeurs de la circonscription. La commission d'initiative parlementaire a refusé de prendre en
considération cette étonnante proposition.

La loi du 30 novembre 1875, avons nous dit, déclare le
mandat impératif nul et de nul effet. Mais suffit-il de déclarer le mandat impératif nul ? Ne serait-il pas nécessaire
d'étendre la sanction plus loin et d'invalider l'élection de
celui qui a accepté un mandat impératif, comme l'a fait la
Chambre en 1846 ? Si on n'annule pas l'élection, de deux
choses l'une : ou le candidat qui a accepté le mandat impératif obéira, en fait, à ce mandat, bien que la loi l'en
dégage, et tous les inconvénients du mandat impératif se
produiront ; ou il n'obéira pas, et l'on verra siéger comme
représentant un homme qui a donné l'exemple de la déso-
béissance à la loi en acceptant un mandat qu'elle prohibe
et qui donne l'exemple de l'improbité en manquant à toutes ses promesses vis-à-vis des électeurs ! Quand la loi
civile a voulu prohiber d'une manière efficace les substitu-
tions, elle ne s'est pas contentée de déclarer nulle la
substitution elle-même ; elle a invalidé l'institution principale. La loi électorale ferait sagement en invalidant, non
pas seulement le caractère impératif du mandat, mais le
mandat lui-même, l'élection elle-même.

Dans toutes les élections, en France et dans la plupart
des autres pays, l'élu reste libre d'accepter ou de décliner
le mandat qui lui est conféré.

Nous ne connaissons que la législation de la Suède et
de la Norvège comme ayant déclaré obligatoire le mandat
législatif. La constitution suédoise reconnait comme cau-

ses d'excuse : 1° les empêchements que la loi générale reconnaît comme excuses légales ; 2° un âge supérieur à 60 ans ; 3° le fait d'avoir déjà pris part, en qualité de membre du Riksdag, à trois sessions ordinaires. La constitution norvégienne porte que la légitimité des motifs d'excuse sera appréciée par les électeurs du 2° degré, avec droit d'appel au Storthing ; elle décide aussi que celui qui a siégé au Storthing à trois sessions ordinaires n'est pas tenu d'accepter un nouveau mandat. Ces dispositions tendent à prouver que l'ambition n'est pas très développée dans ces pays : on n'en sent guère le besoin chez nous, ni ailleurs.

Mais voici une question bien délicate et qui est diversement résolue par les législations électorales : le mandat conféré par l'élection, politique ou administratif, doit-il être gratuit ? La question est haute ; elle intéresse la dignité et le recrutement des assemblées ; le côté financier est le tout petit côté.

En France, une indemnité a presque toujours été attribuée au mandat législatif. Même sous l'ancienne monarchie, on voit que les députés aux États Généraux étaient indemnisés de leurs frais de séjour et de déplacement [1]. L'Assemblée Constituante consacra ce principe le 1ᵉʳ septembre 1789, adoptant les conclusions du rapport du duc de Liancourt, qui disait : « Il est de toute vérité que les commettants doivent pourvoir aux besoins de leurs représentants. » Il en fut ainsi pendant la Révolution et le 1ᵉʳ Empire. Sous le régime de la constitution de l'an VIII, les tribuns touchaient 15.000 fr. par an ; les députés, 10.000 ; les sénateurs, de 20 à 25.000.

Sous la Restauration et sous le gouvernement de juillet, le système de la gratuité prévalut : il est vrai qu'on était alors sous le régime censitaire ; toutes les pétitions qui demandaient le suffrage universel et le rétablissement de l'indemnité furent constamment écartées par l'ordre du jour.

Le principe de l'indemnité législative fut rétabli, d'abord par un décret du gouvernement provisoire, puis par la constitution de 1848, dont l'article 38 portait : « Chaque représentant du peuple reçoit une indemnité, *à laquelle*

1. BOUILLÉE, *Histoire des États Généraux*, II., p. 248.

il ne peut renoncer ». Après le coup d'État de 1851, l'indemnité législative fut d'abord supprimée (constit. du 14 janv. 1852, art. 37) ; mais pour reparaître presque aussitôt (S. C., 25 décembre 1852, art. 14) : elle était de 2.500 fr. par mois de session. En vertu du même sénatus-consulte (art. 11), les sénateurs (dont le traitement avait été d'abord facultatif) recevaient une indemnité de 30.000 fr.

Les membres de l'Assemblée nationale de 1871 touchaient une indemnité annuelle de 9.000 fr., en vertu du décret du 27 janvier 1871, qui remettait en vigueur la législation électorale de 1849. C'est encore en vertu de cette même législation que l'indemnité des sénateurs et des députés est aujourd'hui de 9.000 fr. (l. 2 août 1875, art. 26 ; l, 30 novembre 1875, art. 17). Les sénateurs et les députés ne peuvent y renoncer.

Ils ne paraissent guère d'ailleurs disposés à entrer dans cette voie, et, dans la dernière discussion du budget, la motion a été présentée et longuement discutée de porter à 15.000 fr. l'indemnité des sénateurs et des députés. La majorité, il faut le dire à l'honneur de la Chambre, a repoussé la proposition ; mais jamais, paraît-il, la Chambre n'avait été aussi garnie que ce jour-là ; tout le monde était à son poste ; et nous serions bien étonné si la motion n'était pas reprise à bref délai. C'est pourtant une de ces questions sur lesquelles il serait bienséant de consulter le corps électoral !

Au contraire, pour toutes les assemblées administratives, il est de principe que le mandat est gratuit. On avait proposé, en 1871, de faire exception pour les membres de la commission départementale, obligés à d'assez fréquents déplacements ; mais le principe de la gratuité l'emporta. Il l'emporta également dans la discussion de la loi municipale du 5 avril 1884, dont l'article 74 porte : « Les fonctions de maires, adjoints, conseillers municipaux sont gratuites. Elles donnent seulement droit au remboursement des frais que nécessite l'exécution des mandats spéciaux. Les conseils municipaux peuvent voter, sur les ressources ordinaires de la commune, des indemnités aux maires pour frais de représentation. »

Les fonctions parlementaires sont gratuites dans le

Royaume-Uni ; seul, le président de la Chambre des Communes reçoit une indemnité de 150.000 fr. Il est vrai que certains partis commencent à réclamer. A l'occasion du *Home rule Bill*, la Chambre des Communes a demandé au Gouvernement de faire connaître les règles admises à cet égard dans les principaux États, et les résultats de cette enquête ont été publiés dans le *Times*, en juin 1893. Le 25 mars 1892, la Chambre a rejeté par 227 voix contre 162, une proposition de M. Fenwick, demandant que les membres du Parlement fussent salariés.

La gratuité existe également en Allemagne ; le Reichstag a récemment voté, à une forte majorité, une motion invitant les gouvernements confédérés à lui présenter un projet de loi sur la matière ; mais le Bundesrath n'a pas été de cet avis.

Les fonctions législatives sont gratuites encore en Espagne, en Portugal (sauf pour les représentants des colonies), en Italie. En Allemagne et en Italie, les représentants ont droit au parcours gratuit sur les chemins de fer ; en Portugal, les municipalités peuvent allouer à leurs représentants jusqu'à 16 shillings 8 deniers par jour, *s'ils ont besoin de cette subvention*.

Dans plusieurs pays, en Belgique, en Autriche, en Suède, les membres de la Chambre haute ou Sénat ne reçoivent aucune indemnité.

Dans certains pays, en Bavière, en Saxe, en Autriche, en Norvège, en Danemark, en Bulgarie, en Roumanie, l'indemnité est fixée *par jour*, plus les frais de voyage ; quelques législations disent « *par jour de présence* », et d'autres ordonnent de retenir le montant de l'indemnité en cas d'absence non autorisée.

La question de principe nous paraît très délicate. On peut faire, il faut le reconnaître, un argument très grave contre le système de la gratuité : on peut dire que c'est un cens déguisé pour l'éligibilité ; que ceux-là seuls peuvent briguer la fonction qui possèdent une fortune suffisante pour vivre de leurs revenus ; que les électeurs n'auraient pas la liberté complète de leurs votes, s'ils ne pouvaient les accorder indistinctement à tous les citoyens qu'ils jugent dignes de leur confiance, si des raisons matérielles devaient peser dans la balance. Cependant d'excellents esprits, et très libéraux, repoussent le principe de l'indemnité. Stuart Mill le combat avec force : il voit dans l'indemnité législative une prime donnée à la courtisanerie ; elle engendre la cohorte des politiciens de profession. Si un parti veut un représentant qui n'ait pas de fortune personnelle, rien de plus simple, dit Stuart Mill, que d'ouvrir une souscription publique, et il cite de nombreux exemples.

Il nous paraît incontestable que la gratuité est une excellente garantie au point de vue du recrutement parlementaire ; elle rehausse la fonction, dont l'honneur seul constitue la rémunération, et surtout elle en écarte tous ceux pour qui la politique est une profession, et qui sont la plaie du régime parlementaire. Mais on ne saurait nier que le mouvement démocratique qui s'accentue partout ne soit peu favorable au système de la gratuité et ne pousse, au contraire, à l'exagération des indemnités parlementaires, comme le prouve l'exemple des États-Unis. Là, les sénateurs et les députés reçoivent une indemnité de 5.000 dollars (25.000 fr.) par an, plus des frais de voyage (10 deniers par mille) et des frais de bureau (25 livres sterl. par an). Nous n'hésitons pas à penser que cette indemnité est très exagérée ; nous croyons que cette tendance manifeste de la démocratie est regrettable, et que l'indemnité parlementaire, si on ne peut s'empêcher de l'admettre, doit être aussi réduite que possible ; il faut bien se garder de lui donner le caractère d'un traitement ; il faut qu'elle demeure une simple indemnité, destinée à permettre de vivre à ceux qui n'auraient aucune fortune personnelle.

Un vice du fonctionnement parlementaire en France semble favoriser la tendance à l'exagération de l'indemnité parlementaire : les Chambres siègent presque en permanence ; sauf le temps des vacances, les sessions extraordinaires se combinant avec les sessions ordinaires, la fonction législative est devenue un métier ; elle absorbe à peu près toute l'activité des élus et ne leur laisse guère de temps pour vaquer à quelque autre fonction lucrative, à moins qu'ils ne négligent l'autre et ne fassent voter pour eux, ce qui se voit trop souvent. Mais cela est un abus criant ; cette fabrique de lois à jet continu est une véritable monstruosité. Il suffit, pour s'en convaincre, de voir le temps que passe la Chambre à la discussion du budget, à propos duquel toutes les institutions de l'État sont périodiquement remises en question. La Constitution dit que les Chambres doivent être réunies en session cinq mois au moins chaque année (l. 16 juill. 1875, art. 1) : ce minimum devrait être aussi un maximum. A force de vouloir légiférer, on fait de détestable besogne.

Ce qui nous paraît, en tout cas, bien certain, c'est qu'on doit lutter énergiquement contre la tendance, qui s'est déjà manifestée dans plusieurs centres et qui même s'est réalisée dans quelques-uns, d'introduire le principe de l'indemnité dans les assemblées administratives. Il ne se justifie, en ce qui touche les fonctions législatives, que par cette considération qu'elles absorbent aujourd'hui la plus grande partie de l'activité des élus, qui ne peuvent exercer utilement une autre profession, qui du moins ne devraient jamais consacrer à d'autres occupations le temps réclamé par leurs fonctions, de telle sorte que, si une indemnité n'était pas attachée à la fonction législative, cette fonction ne pourrait, en fait, être remplie que par des riches. Cette raison, seule capable de justifier un principe qui prête d'ailleurs aux plus sérieuses critiques, ne saurait être invoquée relativement aux membres des assemblées administratives, assemblées qui ne se réunissent qu'à des intervalles plus ou moins éloignés, qui se composent le plus ordinairement d'hommes habitant les lieux mêmes et qui ne sont pas un obstacle à l'exercice d'une profession lucrative. Rien ne serait plus pernicieux que de faire de ces fonctions, qui doivent être recherchées comme un honneur et confiées aux plus capables et aux plus dignes, une profession à l'usage de tous les déclassés et de tous les politiciens en quête d'emploi.

Une dernière question, qui se rattache encore à notre sujet, est celle de la durée du mandat et de son renouvellement.

Aucune limite n'avait été assignée par les actes de convocation au mandat de notre première Assemblée Constituante ; elle se sépara volontairement lorsqu'elle pensa que son œuvre était achevée ; elle avait limité à deux ans le mandat de ses successeurs, qui furent, avant l'expiration de ce délai, remplacés par la Convention, élue sans limitation de mandat.

La constitution de l'an III décida que les conseils des Anciens et des Cinq-Cents seraient élus l'un et l'autre pour trois ans, et qu'ils seraient renouvelables tous les ans par tiers; le renouvellement s'effectuait de plein droit: chaque année, au 1er germinal, les assemblées primaires se réunissaient pour nommer les électeurs; le 20 germinal, les électeurs s'assemblaient pour nommer les deux conseils; les nouveaux élus entraient en fonction le 1er prairial.

Sous la constitution de l'an VIII, le corps législatif et le tribunat se renouvelaient tous les ans par cinquième.

Le Sénat du premier Empire n'était soumis à aucun renouvellement : ses membres étaient inamovibles et à vie. Il en fut de même de la Chambre des Pairs sous la Restauration et sous la Monarchie de Juillet. Pour la Chambre des députés, le renouvellement par cinquième fut d'abord maintenu; il disparut en 1824, avec la loi de Villèle, qui créa le renouvellement intégral de la Chambre élective tous les sept ans. L'article 31 de la Charte de 1830 réduisit à cinq ans la durée du mandat législatif.

Aucune limite n'avait été assignée au mandat de la Constituante de 1848, qui se sépara volontairement le 27 mai 1849, après avoir siégé un an. D'après l'article 31 de la constitution du 4 novembre 1848, l'Assemblée nationale était élue pour trois ans et devait se renouveler intégralement.

Le corps législatif du second Empire était nommé pour six ans et se renouvelait intégralement; les sénateurs étaient inamovibles et à vie.

L'Assemblée de 1871, dont la durée ne pouvait être limitée par le décret de convocation, s'est séparée volontairement le 8 mars 1876, après avoir siégé près de cinq ans.

Sous la constitution actuelle, la Chambre des députés est nommée pour quatre ans et se renouvelle intégralement (1. 30 nov. 1875, art. 15); les membres du Sénat sont nommés pour neuf ans et renouvelés par tiers tous les trois ans (1. 9 décembre 1884, art. 7).

Les conseillers généraux et les conseillers d'arrondissement sont nommés pour six ans et renouvelables par moitié tous les trois ans. Les conseillers municipaux sont nommés pour quatre ans et se renouvellent intégralement.

En résumé, les pouvoirs des députés et des conseillers municipaux durent quatre ans ; ceux des conseillers généraux et des conseillers d'arrondissement, six ans ; ceux des sénateurs, neuf ans. La Chambre des députés et les conseils municipaux sont soumis au renouvellement intégral ; le Sénat, les conseils généraux et les conseils d'arrondissement, au renouvellement partiel.

Deux questions se posent, d'ailleurs étroitement liées : celle de la durée du mandat et celle du mode de renouvellement. Deux considérations essentielles doivent entrer en ligne de compte : on doit s'efforcer d'obtenir une expression aussi exacte que possible de la volonté nationale, et, d'autre part, il faut que les représentants aient le temps d'apprendre leur métier ; il ne faut pas que le travail législatif soit à tout moment interrompu ; il faut assurer aux gouvernants une certaine indépendance.

Comparons avec les législations étrangères.

En ce qui concerne la Chambre des députés, la durée du mandat est de 7 ans en Angleterre ; il est vrai que les dissolutions y sont fréquentes et il est rare qu'une législature aille jusqu'à l'expiration de son mandat ; la durée est de 6 ans en Autriche, 5 ans en Allemagne, 5 en Hongrie, en Italie, en Espagne ; elle est, comme en France, de 4 ans, en Belgique, dans les Pays-Bas, en Grèce ; 3 ans en Suisse, en Portugal, en Danemark, en Suède et en Norvège, au Brésil ; 2 ans aux États-Unis et au Mexique. Presque dans tous les pays, la Chambre se renouvelle intégralement ; en Belgique cependant, la Chambre se renouvelle par moitié tous les 2 ans, sauf en cas de dissolution, où le renouvellement est intégral.

Pour le Sénat ou Chambre haute, dans les pays où cette Chambre est élective, la durée du mandat est généralement plus longue que celle de l'autre Chambre. La durée de 9 ans, avec renouvellement par tiers, admise en France, se retrouve dans les Pays-Bas, dans la République Argentine, au Brésil. En Espagne, la partie élective du Sénat est nommée pour 10 ans et se renouvelle par moitié tous les cinq ans. En Suède, les membres de la 1re Chambre (qui correspond à notre Sénat) sont, comme en France, nommés pour 9 ans, mais se renouvellent intégralement. En Belgique, en Danemark, en Roumanie, le Sénat est élu pour 8 ans et se renouvelle par moitié tous les 4 ans. Celui des États-Unis est nommé pour 6 ans et se renouvelle par tiers ; celui du Mexique est nommé pour 4 ans et se renouvelle par moitié tous les 2 ans. En Norvège, les pouvoirs de Lagthing, qui n'est qu'une fraction du Storthing, durent, comme ceux de ce dernier, trois ans.

On voit que presque toutes les constitutions ont admis le principe du renouvellement intégral pour la Chambre des députés et du renouvellement partiel pour le Sénat ou Chambre haute ; cependant, en Belgique, les deux Chambres se renouvellent par moitié, tous les deux ans ou tous les quatre ans.

En ce qui touche la durée du mandat, celle de 9 ans adoptée pour le Sénat nous paraît très convenable ; et nous croyons que la durée des pouvoirs de la Chambre est trop courte. Il est visible que l'esprit démocratique tend à la réduire au minimum, parce que, moins elle est longue, plus est grande la dépendance de l'élu, et la tendance démocratique est évidemment vers le gouvernement direct du peuple ; mais cela précisément nous parait tout à fait contraire à l'intérêt général, qui veut que les plus capables et les meilleurs soient investis du pouvoir et qu'ils aient la plus grande indépendance possible pour le bien exercer. Le grand mal du régime parlementaire actuel, c'est la dépendance des représentants vis-à-vis de leurs électeurs et celle du gouvernement vis-à-vis des représentants: c'est là ce qui donne naissance à une confusion de pouvoirs qui s'accentue tous les jours et paralyse l'action gouvernementale, ce qui fait prévaloir de plus en plus les intérêts particuliers sur l'intérêt général, ce qui creuse un gouffre dans le budget et ce qui rabaisse le Parlement. Tout ce qui contribue à augmenter l'indépendance des représentants doit être accepté comme un bienfait, et il est évident que cette indépendance est en proportion de la durée des pouvoirs.

On peut dire que, si la durée des pouvoirs des représentant est trop longue, la volonté nationale ne peut se manifester qu'à de rares intervalles. Mais précisément, il y a à cet inconvénient un remède topique, celui du renouvellement partiel, et c'est ce qui nous le ferait préférer au renouvellement intégral.

On a dit que le renouvellement intégral avait le défaut grave de frapper de caducité tous les travaux parlementaires qui n'étaient pas terminés à la fin de la législature. Nous avouerons que cet argument n'est pas décisif ; car il serait facile de préserver de la caducité, en cas de renouvellement intégral, les travaux arrivés à une certaine hauteur, mais à une certaine hauteur seulement. Ce qui nous porte à donner la préférence au renouvellement partiel, c'est qu'il permet, sans méconnaître la volonté nationale, de donner aux pouvoirs conférés par l'élection une durée notablement plus longue ; si un grand courant d'opinion s'établit dans le pays, ce courant ne manquera pas de se manifester par des élections partielles aussi sûrement que par des élections générales et les Chambres en tiendront compte ; mais les traditions n'en seront pas moins conservées dans les assemblées politiques ; le sang nouveau qui leur sera infusé préparera l'évolution nécessaire en évitant la révolution ; l'apprentissage des nouveaux venus se fera de lui-même au contact des anciens, et l'on évitera les brusques changements de politique, ce que Royer Collard appelait « la périodicité de la tempête ».

CONCLUSION

Nous voici arrivé au terme de cette étude de législation comparée : il est temps d'en tirer les conclusions.

Nous disions, en la commençant, qu'une bonne législation électorale doit tendre à réaliser, dans la plus large mesure possible, les trois idées que voici :

1° Que le choix des représentants émane de la nation dans son ensemble : c'est la condition de la liberté politique ;

2° Que les plus capables et les plus dignes soient choisis : c'est la meilleure et presque la seule garantie d'un bon gouvernement ;

3° Que les élus soient aussi indépendants que possible dans l'exercice de leur mandat : c'est le meilleur préservatif de l'intérêt général à l'encontre des petits intérêts particuliers.

De ces trois idées directrices, il en est deux, la seconde et la troisième, les plus essentielles pour la bonne gestion de la chose publique, qui sont tout à fait perdues de vue dans notre pratique électorale et parlementaire. Il faut chercher la cause du mal dans les funestes théories de Rousseau relativement à la souveraineté et à la représentation. C'est parce que le principe même de la démocratie a été mal compris et abusivement appliqué qu'on a vu se développer, dans la plupart des pays parlementaires, deux maux qui, si l'on n'y remédiait, ne tarderaient pas à mettre en péril les institutions libres : c'est, d'une part, l'abaissement du niveau des assemblées politiques, et, d'autre part, l'asservissement du gouvernement et la confusion des pouvoirs.

L'abaissement du niveau des assemblées politiques est un fait universel et constant. On parle souvent de « faire l'éducation du suffrage universel ». Nous craignons bien que ce ne soit là une de ces formules vides de sens, qu'on répète sans s'en rendre compte. Nous avons le suffrage universel depuis 1848 et, si l'on veut laisser de côté la période impériale, pendant laquelle on l'a ouvertement conduit par la main, il a eu assez d'occasions de s'exercer librement depuis trente ans : sommes-nous plus avancés qu'en 1848 ou en 1870 ? Le suffrage est-il plus éclairé dans ses choix ? S'exerce-t-il avec plus de dignité et de moralité ? C'est que la vraie éducation du suffrage universel, c'est l'éducation morale ; et nous n'avons guère fait de progrès dans cette voie : je crains bien qu'on n'ait marché à reculons !

Et puis, le suffrage universel trouve, dans l'asservissement du gouvernement et la confusion des pouvoirs, une cause active de corruption. C'est l'objet d'une plainte universelle. Hier, dans la discussion du budget, le président du Conseil « saluait le jour nouveau où les ministres pourront « être les directeurs de la politique et de l'administration « de ce pays, sans avoir la préoccupation incessante des « questions de personnes et des petites recommandations ». En fait, c'est le Parlement qui gouverne ; toutes les nominations, toute l'administration sont dans ses mains. A la porte de quelque ministère que l'on frappe, on est écœuré de voir la cohorte de parlementaires qui l'assiègent. Et voilà comment, dans un pays centralisé comme la France, se règlent toutes les affaires du pays ! Et voilà comment se détraquent, l'un après l'autre, tous les ressorts de l'administration, annihilée par les influences parlementaires !

Et ces deux maux, que nous venons de signaler, et qui font courir les plus graves dangers au régime parlementaire, procèdent l'un de l'autre. Le régime parlementaire est corrompu par les politiciens, qui, à défaut de supériorité personnelle, n'ont d'autre moyen d'arriver à la fonction que l'intrigue et les promesses, et qui ne peuvent se maintenir dans un poste, auquel ils tiennent d'autant plus qu'il est au-dessus d'eux, qu'en flattant le corps électoral par des services arrachés au gouvernement. D'autre part,

la corruption du régime parlementaire, à mesure qu'elle
augmente, ouvre la voie plus large aux politiciens, en leur
fournissant les moyens d'arriver. Ainsi s'établit peu à peu
l'asservissement du Gouvernement par les parlementaires
et l'asservissement des parlementaires par les électeurs,
qui éloigne par le dégoût la plupart des hommes d'élite.

Nous n'exagérons rien ; et, si on ne met pas le fer dans
la plaie, nous craignons fort que le régime parlementaire
n'en meure à brève échéance. Voilà la raison et la justification des réformes que nous allons proposer.

Les premières concernent l'amélioration du corps électoral.

Il ne faut pas se lasser de répéter que le principe du
suffrage universel, que nous croyons juste et bon, signifie
simplement : droit de suffrage accessible à tous, sans considération de naissance, de fortune ou de condition sociale ;
mais que le suffrage ne doit être exercé que par ceux qui
en sont capables et dignes ; et que la détermination des
causes d'incapacité et d'indignité, en tant qu'elle respecte
le principe ci-dessus posé, est une pure affaire d'opportunité et d'utilité sociale, dont le législateur est, après tout,
le seul interprète autorisé.

Nous sommes fermement convaincu, en voyant fonctionner notre système électoral et en considérant les résultats qu'il donne, que notre législation actuelle n'offre pas
des garanties suffisantes relativement à la composition du
corps électoral.

Il faut écarter résolument du scrutin tous les éléments
de trouble social :

1° Tous ceux qui ont subi une condamnation à l'emprisonnement, quelle qu'en soit la durée (il y aurait lieu toutefois d'excepter les condamnations pour délits non intentionnels, n'impliquant qu'une imprudence ou une négligence,
lesquels, dans une bonne législation, ne devraient pas être
punis des mêmes peines que les délits intentionnels) ;

2° Tous ceux qui vivent de l'assistance et de la charité,
et non pas seulement ceux qui ont été condamnés pour
vagabondage et mendicité. Les cantons suisses sont, à n'en
pas douter, à l'avant-garde de la démocratie, et nous avons
vu que presque tous excluent du vote les individus qui vi-

vent de la charité publique. Et, en effet, ceux qui sont à la charge de la communauté ne sauraient prétendre à gérer la fortune publique; ce sont des gens qui n'ont rien à craindre des troubles sociaux et des révolutions, n'ayant rien à y perdre; ils sont d'ailleurs dans un état de dépendance plus que suspect; c'est une proie toute prête pour la corruption;

3° Tous ceux qui n'ont pas d'assiette fixe; car ce sont le plus souvent des éléments de désordre, dont l'état civil et la capacité ne peuvent pas être suffisamment constatés. L'exercice du droit de suffrage devrait, dans toutes les élections, être subordonné à la condition d'une résidence d'une année au moins, et peut-être conviendrait-il d'exiger une durée plus longue pour les élections administratives, surtout pour les élections municipales.

D'autre part, et pour que tous les intérêts fussent représentés, tout homme marié devrait avoir une voix supplémentaire, comme représentant sa femme, et tout père de famille devrait avoir, en plus, une voix supplémentaire à raison d'un certain nombre d'enfants à déterminer.

Avec cela, et en reportant à 25 ans l'âge de l'électorat, de manière à permettre à l'électeur de mûrir son jugement dans la gestion des affaires privées avant de s'immiscer dans les affaires publiques, on aurait un corps électoral très supérieur à celui que nous avons et le principe du suffrage universel ne serait nullement en souffrance.

Mais il ne suffit pas d'écarter du scrutin ceux qui sont reconnus *a priori* incapables ou indignes d'exercer ce droit. Il faut encore faire en sorte que ceux qui votent fassent un bon usage de leur suffrage. Trois choses peuvent y faire obstacle : la dépendance, la corruption, l'intérêt personnel; il faut prendre des mesures contre ce triple danger.

L'indépendance de l'électeur est la première garantie de la sincérité du vote, et, dans un pays comme le nôtre, elle est la condition *sine qua non* de la liberté politique. Pour qu'elle soit entière, il faut assurer, mieux que ne le fait notre législation, le secret absolu du vote. C'est, nous l'avons vu, la préoccupation croissante des législations, à mesure que s'est accentué le courant démocratique. Le système des bulletins placés sous des enveloppes officielles uniformes, dans des compartiments d'isolement, nous paraîtrait le plus pratique.

La corruption électorale est plus à craindre encore aujourd'hui que la pression ; nous l'avons vue s'étaler publiquement dans ces derniers temps et impunément : notre législation est tout à fait insuffisante à cet égard. Il paraît impossible de déterminer à l'avance tous les faits de corruption et de pression électorale ; il est nécessaire de laisser à cet égard un assez large pouvoir d'appréciation à l'autorité judiciaire, la loi se bornant à définir par leur but commun les faits délictueux. Deux réformes sont particulièrement urgentes : il faudrait se hâter d'effacer de notre loi pénale cette exigence, qui la rend inapplicable, « que les dons, promesses, etc., aient été faits *sous la condition* de donner ou procurer un suffrage ou de s'abstenir de voter » : cette condition est implicitement contenue dans tout acte de corruption électorale ; il faut laisser aux tribunaux le soin de l'apprécier. Il faudrait de plus que le candidat, non seulement condamné pour fait de corruption électorale, mais simplement invalidé pour semblables faits, fût par cela même inéligible, au moins temporairement, dans la même circonscription. Mais, pour cela, il serait nécessaire que les invalidations ne fussent jamais prononcées par esprit de parti ; c'est dire qu'elles ne devraient pas être prononcées par les Chambres elles-mêmes, mais par un haut tribunal, pris dans le corps judiciaire.

Les électeurs même les plus capables sont naturellement portés à faire prévaloir leur intérêt personnel sur l'intérêt général ; c'est là le grand mal du régime parlementaire actuel. Donc, l'objectif de la législation doit être d'assurer l'indépendance de l'élu vis-à-vis de l'électeur : c'est le contrepied de la théorie jacobine, qui a corrompu la notion du régime représentatif. Pour réaliser cet idéal, on peut employer un ensemble de mesures, dont nous indiquerons seulement les principales :

1° Il faut repousser tout système prenant pour base la représentation des intérêts : ce prétendu remède aggraverait les maux dont nous souffrons.

2° Il faut proscrire le mandat impératif, et il faut le

proscrire d'une manière efficace, c'est-à-dire en annulant l'élection de celui qui aura accepté un pareil mandat.

3° Il faut élargir les circonscriptions électorales. Non pas que nous approuvions ce rêve de quelques-uns : un collège électoral unique. C'est une utopie dangereuse : si elle était mise en pratique, la loi des majorités fonctionnerait brutalement et sans contrepoids. Comme beaucoup de paradoxes, elle contient une part de vérité : il serait excellent qu'une fraction du Parlement fût nommée, en dehors de toute circonscription déterminée, par le Parlement lui-même, qui s'ouvrirait ainsi à des individualités éminentes qui n'ont pas d'influence locale ou ne veulent pas affronter les luttes électorales et qui formeraient un excellent contingent.

A part cela, le vote doit avoir lieu par circonscriptions électorales, mais plus étendues que l'arrondissement. Le scrutin d'arrondissement, que nous avons, serait excellent avec de bonnes mœurs électorales, que nous n'avons pas. Il nous paraît condamné provisoirement par l'expérience : il facilite la corruption ; il fait de l'élu l'humble serviteur de l'électeur ; il l'oblige, pour tenir ses promesses et gagner des suffrages, à asservir le gouvernement ; il facilite l'avènement des politiciens, qui sont, on ne saurait se lasser de le répéter, la plaie du régime parlementaire.

4° Mais alors se pose nécessairement la question du suffrage direct ou du suffrage indirect : encore un préjugé à combattre, que celui qui confond suffrage *restreint* avec suffrage *indirect*. Dès là qu'on repousse la thèse délétère du gouvernement direct, que l'on considère les représentants, non comme des porte-voix dociles, mais comme des gouvernants, le mode de suffrage n'est plus une question de principe, mais d'opportunité : *le meilleur est celui qui donnera les meilleurs choix.*

Or, avec une circonscription électorale étendue, le suffrage direct est un leurre ; il est réellement impossible : fatalement des comités (qui presque partout déjà sont maîtres des élections dans le scrutin d'arrondissement) dirigeront souverainement les opérations électorales. Et dès lors, ne vaut-il pas mieux, même au point de vue démocratique, que l'élection appartienne à des hommes choisis par les électeurs ? Nous admettons bien cela pour le Sénat ; tous les hommes sensés lui accordent une autorité égale à celle de la Chambre des députés, quoiqu'il émane du suffrage indirect ; tous les hommes de bonne foi reconnaissent qu'il est mieux composé : pourquoi n'appliquerait-on pas ce système aux deux assemblées ?

Quant aux assemblées administratives, qui sont chargées de gérer des intérêts locaux, elles continueraient à être nommées par cantons ou par communes, au suffrage direct. Il y aurait lieu, selon nous, d'organiser un système de représentation proportionnelle dans les assemblées communales, de même que dans les grandes commissions du Parlement.

L'élargissement des circonscriptions électorales et le suffrage indirect permettraient de réduire de moitié au moins le nombre de nos assemblées parlementaires, et ce serait un grand bien : elles seraient mieux composées et feraient de meilleure besogne.

Il faudrait encore, pour assurer l'indépendance des représentants, que la durée des pouvoirs fût plus longue qu'elle ne l'est chez nous pour la Chambre des députés : six ans seraient un minimum et neuf ans vaudraient mieux. Le renouvellement partiel, par tiers, permettrait à l'opinion publique de se manifester et d'exercer son influence sur le Parlement, tout en assurant la perpétuité des traditions, la continuité des travaux et l'initiation des nouveaux membres.

Il ne suffit pas d'assurer l'indépendance de l'élu vis-à-vis des électeurs ; il faut encore l'assurer vis-à-vis du pouvoir. Le mandat législatif devrait être incompatible avec toute fonction ou situation plaçant, à un degré quelconque, celui qui l'exerce dans un état de dépendance vis-à-vis du Gouvernement, sans aucune exception, et avec toute fonction ou mandat dont l'exercice réclame une partie notable de l'activité de celui qui en est investi. A ce double point de vue, il y a de graves lacunes dans notre législation.

Il faudrait enfin assurer la parfaite sincérité des opérations électorales. A cet effet, deux réformes seraient essentielles. Il faudrait que des témoins, désignés par les candidats, assistassent à toutes les opérations électorales, pour les contrôler. Il faudrait surtout faire intervenir de la manière la plus large l'autorité judiciaire dans toutes les opérations électorales, avant, pendant et après le scrutin.

A ces réformes électorales devraient se joindre certaines réformes constitutionnelles urgentes, dans lesquelles nous n'avons pas à entrer ici : nous dirons seulement qu'elles devraient avoir principalement pour objet d'augmenter la force du Pouvoir Exécutif, aujourd'hui annihilé, et de limiter celle du Parlement, qui est omnipotent.

Mais il sera vraisemblablement nécessaire de réformer les idées avant de réformer les lois : c'est la tâche que doivent se proposer aujourd'hui tous les hommes éclairés qui ont souci de l'avenir des institutions libres !

TABLE DES MATIÈRES.

Caen — Imprimerie Ch VALIN, 7 et 9, rue au Canu

9 782013 469128